"十三五"普通高等教育金融系列规划教材

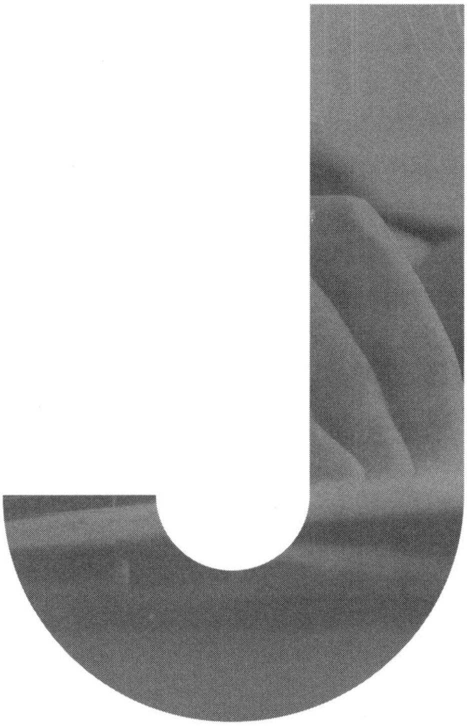

JINRONGXUE
ANLI FENXI

金融学案例分析

主　编　骆志芳　许世琴
副主编　唐晓玲　杨　柳　杨　珂

中国财经出版传媒集团
经济科学出版社
Economic Science Press

图书在版编目（CIP）数据

金融学案例分析/骆志芳，许世琴主编．—北京：经济科学出版社，2020.11
（“十三五”普通高等教育金融系列规划教材）
ISBN 978-7-5218-1757-7

Ⅰ.①金… Ⅱ.①骆…②许… Ⅲ.①金融学-案例-高等学校-教材 Ⅳ.①F830

中国版本图书馆CIP数据核字（2020）第137899号

责任编辑：刘 丽
责任校对：刘 昕
责任印制：王世伟

金融学案例分析
主 编 骆志芳 许世琴
副主编 唐晓玲 杨 柳 杨 珂
经济科学出版社出版、发行 新华书店经销
社址：北京市海淀区阜成路甲28号 邮编：100142
总编部电话：010-88191217 发行部电话：010-88191522
网址：www.esp.com.cn
电子邮箱：esp@esp.com.cn
天猫网店：经济科学出版社旗舰店
网址：http://jjkxcbs.tmall.com
北京季蜂印刷有限公司印装
787×1092 16开 16.25印张 370000字
2020年11月第1版 2020年11月第1次印刷
ISBN 978-7-5218-1757-7 定价：49.00元

前言

PREFACE

在金融领域出现了许多值得研究和探讨的金融实例，如何运用所学习的金融理论知识来分析金融现象，探究其背后的金融规律，已成为我们学习和研究金融学的一个十分重要的课题。同时，金融学的理论比较抽象，需要辅之以实例论证，将有利于学生通过案例理解和掌握金融学的基础理论。基于此，我们根据金融学教材框架体系，编写配套的《金融学案例分析》。

本书是围绕“金融学”课程内容来撰写的，案例覆盖了《金融学》的前14章，涉及货币与货币制度、信用、利息与利率、金融机构概述、商业银行、中央银行、投资银行与保险公司、金融市场概述、货币市场、资本市场、衍生金融工具市场、货币供求及均衡、通货膨胀与通货紧缩、货币政策等内容，目的在于通过案例教学进一步深化和丰富课堂教学，帮助学生理解金融学的基本原理和基本知识，促进学生理论与实践相结合，培养学生分析和解决实际问题的能力，进而提高课堂教学质量。

本书的具体编写分工情况如下：全书由骆志芳教授负责总体框架设计。各章节的撰写分工如下：第1章，骆志芳教授、杨珂讲师共同编写；第2章，骆志芳教授、杨珂讲师、冯芮茜共同编写；第3章，骆志芳教授、杨珂讲师、李静共同编写；第4章，骆志芳教授、杨珂讲师、胡玥帆共同编写；第5~7章，杨柳讲师编写；第8~10章，许世琴副教授编写；第11章，许世琴副教授和唐晓玲副教授共同编写；第12~14章，唐晓玲副教授编写。全书由骆志芳、许世琴、唐晓玲、杨柳、杨珂共同审阅、修改、总纂和定稿。校对工作由研究生黄韫璐、赵蔓、郑应平、张帆、刘星宇、刘奕杉、谢文敏、刘滕负责完成。

本书可作为财经类经济管理专业本科生、研究生、专科教育、成人教育等不同层次学习者的教材，也适合作为金融从业人员和对金融感兴趣的社会各界人士学习金融相关理论和实务的参考书籍。

本书参阅了大量同类教材和著作，并借鉴了某些相关内容，谨向文献的作者表示崇高的敬意。感谢经济科学出版社刘丽老师的支持和辛苦工作。感谢重庆工商大学财政金融学院各位领导及同仁的支持和帮助。

由于编者的水平和时间有限，本书难免会有疏漏之处，敬请广大读者批评指正。

编　者
2020 年 7 月 20 日

目录

CONTENTS

第1章　货币与货币制度案例

案例1.1　中国丰富多彩的古代钱币

1.1.1　案例介绍

1. 中国古代钱币萌芽于夏代

相传神农氏时，就出现了“日中为市”的市场雏形，到“行下之民，聚天下之货，交易而退，各得其所”是当时市场交换的写照，但这时的交换还只是简单价值形式上的物物交换，处于等价形式的商品只是个别的等价物，“轻重之数无所主宰”，没有货币。随着生产力的发展，特别是第二次社会大分工的出现，交换已成为经常的现象。货币是交换的产物，为适应交换的需要，客观上要求从众多的商品中分离一种或几种特殊的等价物充当交换的媒介，当这种特殊的等价物被固定在一种商品上时，该商品就具有了货币的属性。贝是中国最早的货币，也是中国历史上使用最普遍和最为长久的原始货币。

中国古代钱币萌芽于夏代，起源于殷商，发展于东周，统一于秦代，历经了四千多年的漫长历史，创造了七十多项世界之最。中国钱币系统之完整，门类之丰富，脉络之清晰，内涵之博大，是任何一个国家都无法比拟的。中国的古钱币文化内容丰富多彩，千百年来一直为人称道。中国是世界上最早使用铸币的国家。三千年前殷商晚期墓葬出土了不少“无文铜贝”，为最原始的金属货币。至西周晚期除贝币外还流通一些无一定形状的散铜块、铜锭等金属称量货币。

2. 中国古代钱币丰富多彩

原始社会后期至夏、商、周时代主要货币形态是实物货币，流通较广的是天然贝。后期出现少量金属称量货币、铸币，属货币萌芽与形成时期。那么古代哪些东西或者材料成为过货币呢?

（1）贝类货币。贝壳、贝币可以说是我国使用时间最早而且延续时间最长的一种实物货币，直到明朝末期和清朝初期，云南少数民族地区还在沿用这种货币。贝壳成为货币的条件有以下几个：第一是本身有实用的功能（如其装饰品的用途）；第二具有天然的单位；第三是坚固耐用；第四是便于携带。尤其是其天然的单位，在熔解金属技术尚不发达的古代，具有独到的天然优势。古代人民使用贝币，多用绳索将它们穿成一串，所以一串也成一单位。贝币最早的货币单位为“朋”，即十枚成一串，两串为一朋。在我国古代的甲骨文中，贝、朋两字常连在一起，贝字的意义，和现在的“财”字差不多。至今中国的文字中，许多与货币意义有关的字，像财、贵、贫、贱等，都是以贝字作为偏旁。

（2）金属货币。

①青铜工具。自西周到春秋，由于青铜器制作技术不断提高，青铜制作的生产工具大量出现，青铜工具的重要性已经在于作为装饰品用途的贝壳，所以在交换、贸易的过程中，有些生产工具如刀、铲、纱轮就成为流通手段和支付手段发展而成为一般等价物。青铜工具取代贝壳成为货币，其原因有两个：一是因为用作货币的贝壳实际数量并不多，已不能应付日益增加的市场需要；二是因为生产工具的实用价值要比仅能用作装饰品的贝壳要大。

②青铜货币。从春秋到战国时期，那些青铜制作的工具渐渐演变成为青铜货币，因为把工具当作市场流通的一般等价物，毕竟太过笨重了，交换太不方便。人们开始接受形似工具的青铜货币。战国时期的货币主要有三大体系：布币、刀币、环钱。首先，布币不是用布制作的货币，那时没有布，而是仿农具铲类演进而成一种金属铸币。最早的布币，完全保留着铲的形状。布币的流通区域非常广泛，春秋时的晋国，战国时的赵、韩、魏等国都使用布币。其次，刀币一看便知是实用的刀演变过来的，是当时的一种渔猎工具。刀币的流通范围没有布币广，偏于东部的齐、燕等国。这是因为古代西部地区的人多以农殖为主，所以用农具为货币。东部地区为近海，河流亦多，人民多从事渔猎生活，所以用刀币为货币。最后，环钱是圆形的，中间有一圆孔。旧石器时期有过钻孔的石珠，新石器时代有石环、石珠。在我国仰韶古文化遗址上，曾发掘出许多土制、石制的纺轮，都是圆形中间穿孔，与早期的环钱相似，所以，环钱极可能是由纺轮演变而来的。古代的璧就是玉环。环钱大小不等，上面的文字有多有少，它流通的范围比起布币、刀币要小得多，据专家们考证，环钱是秦国早期的货币。布币、刀币、环钱都是有形的金属货币，金属货币最初是减其重量而存其形态，到后来则改变形态而仅存其名，这类货币是从贝币等自然形态货币向金属铸币过渡的一种倾向体系。

③秦半两钱。秦始皇统一全国后，将秦国的币制推行于全国，以黄金为上币，单位为镒，即二十两，以铜钱为下币，即“半两”钱。黄金之所以为上币，是限于大数目的支付，如帝王的赏赐。而日常的民间交易，则用“半两”钱，秦代“半两”钱的出现，标志着中国金属货币进入一个新的时期，即重量名称和货币名称统一的记重货币。

④汉代五铢钱。汉王朝建立以后，于武帝元狩五年（公元前 118 年）开始铸五铢钱。一直到隋灭唐兴，五铢钱才消亡。五铢钱是中国历史上使用得最久、最成功的一种钱币。就其重量来说，五铢钱是标准货币，即使在唐武德四年宣布停止五铢的使用后，新钱的重量仍以五铢为标准。

⑤唐代开元通宝。《旧唐书·食货志》记载："（唐）高祖即位，仍用隋之五铢钱。武德四年（公元621年）7月，废五铢钱，行开元通宝钱，径八分，重二铢四絫，积十文重一两，一千文重六斤四两。""钱"从此成为重量单位，十钱一两的进位制由此诞生了。"开元"通宝常让我们望文生义，认为唐玄宗开元年间铸造，其实"开元"的意思是"开创新纪元"的意思；"通宝"是"在国内通行宝货"的意思。开元通宝钱的问世，结束了自西汉以来延续七百余年以重量五铢命名铸币的传统，开创了通宝、元宝钱体系，自唐朝起，钱币就不再以重量为名称了，而改称"宝"。自武德四年铸行开元通宝钱起，至1916年"洪宪通宝"止，通宝、元宝钱体系沿用了近1300年，其生命力之长久，在世界货币史上罕见。

⑥明朝白银成为法定货币。随着商品经济的恢复和高涨，加上明中后期以来巨额贸易顺差，海外白银大量流入，白银的使用日益广泛，成为主要的法定货币，形成了以银为主，以钱为辅的钱、银并行的货币流通制度。银铸币有银两和银元两种。我国长期使用银两，属称量货币，有银饼、银锭、银元宝和零碎银子等各种形制，使用时要看成色、称重量。海外流入的白银多为银元，价值稳定，受到沿海各省商人的欢迎和广泛使用。鸦片战争后，各省纷纷铸造龙洋——带龙图案的银元。白银价格适中而稳定，它的广泛使用便利了商品贸易，促进了商业资本的积聚。

⑦清代通宝钱币。后金在进关前就开始在关外铸造货币，努尔哈赤天命年间，铸造了满文的天命汗钱和汉文的天命通宝。皇太极时，又铸造了满文大钱天聪汉之钱。顺治年间，开始铸造顺治通宝，共分5种样式：一式为顺治元年铸造的，是一种仿古式的货币，正面铸有顺治通宝，背面是光背的。不久就又铸了二式货币，正面还是顺治通宝，反面是铸钱的汉字局名，如工、户、东、福等。三式是顺治十年铸造的，是一厘钱，反面铸有一厘和钱局名。一千文合银一两。四式货币是在顺治十七年铸造的，反面有满文宝字和满文局名，五式也是这一年造的，钱背面有满汉文的钱局名。此外，清代还流通银元，银两可以分为两大类：一类是道光年以前的；另一类是道光年间以后的。清代有三段时期发行纸币：一是清初顺治年间发行的顺治钞贯；二是咸丰年间发行的纸币，分为政府发行的大清宝钞、户部官票和地方金融机构发行的纸币；三是光绪年间，清地方金融机构——官银钱号，发行纸币。

3. 古代钱币的使用各地并不统一

纵观各个朝代的钱币发展，各地使用的货币并不统一，比如清代各省铸造的铜钱，只在本地流通，因此各省对货币调整的措施具有本地特色，且在同一时期内，各地又有不同。清代前期京师是全国的金融中心。顺治元年，两个中央直属的铸币局设在京师，户部的宝泉局和工部的宝源局。中央政府调控货币的部分措施，主要通过设在京师的两个铸币局，以及众多的钱庄、银号、当铺来完成，因此，透过京师货币供需的变化，也可以看到政府货币政策推行的全过程。

——资料来源：卢嘉彬，常华．中国古钱币［M］．长沙：湖南科技出版社，2009。

1.1.2 案例分析

1. 物物交换的困难与货币使用中的麻烦是货币起源与发展的主要原因

（1）物物交换的困难成为货币起源的动因。中国《易·系辞下》载："日中为市，致天下之民，聚天下之货，交易而退，各得其所。"这大概是以货易货的物物交换，其实困难重重。充当一般等价物的商品，如贝、玉、刀、铲、纺轮、弓、箭、皮、帛、牛、马、羊、猪、盐等在华夏的不同民族、不同地域发挥过交换媒介的作用，但交换仍很困难。贝则从商品群中脱颖而出，成为固定充当一般等价物的"货贝"，也就是中国古代普遍使用的"齿贝"，因其来自遥远的南方海边，弥足珍贵，又被称为"宝贝"。早在公元前3000年左右，两河流域的苏美尔人，在波斯湾沿岸有着很广阔的贸易，当时的交易方式是物物交换，用自己已有的物资去交换自己需要的物资，比如一只羊换一把石斧。原始实物货币可谓五花八门，贝壳、羽毛、布料、盐和牲畜都曾是交换工具。到了20世纪，在一些发展滞后的国家和地区，还有用特殊形状的羽毛、矿石和金属制品作为货币的现象。世界上的很多地方，都曾把贝壳当作货币来使用。欧洲人从西非购买奴隶，使用的就是贝币，亚洲、澳洲、非洲和美洲的许多地方，也都使用过贝币。印第安人的皮毛产品是当时殖民地经济中的热门商品，他们要求欧洲人使用"真正的钱"——贝壳串珠来做交易。

（2）"贝币"在市场交换中的麻烦带来了形形色色的货币。商朝中期以后，当时流通最广泛的贝币，由于来源不稳定致使交易发生不便，人们才寻找更适宜的货币材料来替代，有人制作玉贝、石贝、木贝、骨贝以及蚌贝，以补充天然海贝的不足。那时低面值的"贝币"在市场交换中的麻烦是显而易见的。例如，为了买一头牛，要背上成袋的"贝币"或者"仿贝"到市场上去，支付时的计算也很费事。而购买更贵重的商品时，携带的"贝币"恐怕要斗量车载了。因此，商朝中晚期（距今3100年左右），随着冶金工艺的发展，青铜冶炼技术日渐成熟，青铜币应运而生。青铜铸造的铜质仿形海贝，是人类历史上最早的金属铸币。在秦统一中国前的西周、东周时期，由于各诸侯国（部落）的生活居住环境不同，各以其主要生产工具或特选对象为原型，进行铸币，出现了复杂多样的金属仿形货币。因此在春秋战国时期，逐渐形成了具有诸侯割据地域特色的四大货币体系，即刀币、楚币、圜钱和布（铲）币。"布"为"镈"的假借字，由农耕经济的铲形农具"钱""镈"的发展演变而来，这也是后世把货币称之为"钱"的缘由。布币造型艺术特别富于审美价值，今天人们仍把布币视作中国钱币文化的象征。中国人民银行的行徽由三个金红色的布币组成；中国农业银行的行徽则用布币和麦穗构成；人民币的水印也有布币图案。

2. 货币的产生和发展促进了社会交换与经济的快速发展

货币的产生使物物交换有了方便的通道。货币作为交易媒介，并为大多数人所接受，使得商品流通的范围更为广泛，促进了商品经济的发展。而商品经济中，主要是商品的销售、资本的积累。货币的出现，使得生产者生产商品的目的从取得商品的使用价值变为获得利润。货币作为支付手段，暂时解决了因缺乏现金而不能购买商品的矛盾，减少了流通中所需要的货币量，从而有利于商品经济的发展。

但是，货币产生后会使厂家之间的竞争加剧，特别是纸币流通情况下，会导致通货膨胀或通货紧缩现象，使经济危机形成的可能性增大，进而加深商品经济的内在矛盾。

3. 中国货币体系的演变是发展的和向上的

西周、春秋战国实现了从实物货币向铸币的演化，出现了布币、刀币、圜钱、蚁鼻钱；还有具有一般使用价值和某种特殊使用价值的特性的实物货币，如黄金、白银、铜，在流通媒介形态上滞留了相当长的一段时间。《管子·国蓄》讲："先王以珠玉为上币，以黄金为中币，以刀布为下币。"秦统一六国后，"中一国之币为三等，黄金以溢名，为上币；铜钱识曰'半两'，重如其文，为下币。而珠玉龟贝银锡之属为器饰宝藏，不为币"，足以支持上面的判断。轻重、大小、质地相当的五铢钱通行达700年之久，定位在相当于3.5克这中外古代普遍适用的标准重量上，形制也很先进，唐"开元通宝"开启了宝钱制时代，宋、金、元、明、清（前期）纸币的流通，明中叶白银法币地位的确立等，都足以证明中国货币体系的演变是发展的、向上的。宋、金纸币的出现，元代推行纸币于全境，甚至推行到其辖域属地，明代则始终发行大明宝钞种纸币，充分说明中国古代币制的发达与先进，及其在世界古代货币发展史上的领先地位。

1.1.3　案例启示

1. 货币是商品交换长期发展的产物

在原始社会后期，出现了人类最初的商品交换。但当时还没有为交换而进行的生产，只是用满足自己需要后余下的产品来交换，因而交换尚带有很大的偶然性质。随着社会生产力的发展和第一次社会分工的出现，剩余产品增加，参加商品交换的种类越来越多，物物交换不断扩大。这时，一种商品经常和多种商品交换，交换的次数越来越频繁，物物交换的缺点也愈益明显，交换经常发生困难。因为物物交换必须是在双方都需要对方商品的情况下才能进行，而交换双方不一定正巧需要对方的商品，所以为了使自己的商品能交换到需要的物品，往往要费很多周折。这种低效率的交换方式很显然已跟不上经济发展的需要。

2. 商品经济的发展推动了货币形式的发展

货币形式亦称"货币价值形式"。它是固定地由充当一般等价物的特殊商品来表现其他所有商品价值的价值形式，这是价值形式发展的第四阶段，也是最高阶段。与一般价值形式相比，它的进步在于原来作为一般等价物的特殊商品是不固定的，因时因地而异，每一交换区域都有几种不同的商品交替地充当一般等价物。由于商品经济的进一步发展，一般等价物最终固定在某种特殊商品上，并且最后固定在黄金身上。几千年来，货币形式随着商品交换和商品经济的发展在不断地发展变化。迄今为止，货币形式大致经历了实物货币、金属货币、纸币和信用货币几个发展阶段，从总的趋势来看，货币形式随着商品产生流通的发展，随着经济发展程度的提高，不断从低级向高级发展演变。其演变规律可总结为：由自然货币向人工货币的演变；由杂乱形状向规范形状的演变；由地方铸币向中央铸币的演变；由文书重量向通宝、元宝的演变；由金属货币向纸币交子的演变；由手工铸币向机制纸币的演变。

3. 一般等价物是货币的本质特征

无论是实物形态的货币还是纸质形态的货币，其本质特征是充当一般等价物，具体表现为：第一，货币能够表现一切商品的价值。货币出现后，整个商品世界就分裂成为两极，一极是特殊商品——货币，另一极是所有的普通商品。普通商品是以各种各样的使用价值的形式出现，而货币则是以价值的尺度出现，普通商品只有通过与货币的比较，其价值才能得到体现，所有商品的价值只有通过与货币的比较之后，相互之间才可以比较。第二，货币对一切商品具有直接交换的能力。由于货币是价值和社会财富的一般代表，谁占有了货币，就等于占有了价值和财富，在实际交换中货币作为一般的交换手段，是不存在对方对其使用价值特殊需求方面的障碍的，货币的交换能力是超越使用价值特殊性限制的，是具有直接交换性质的。一般等价物是商品交换赋予货币的属性，与货币材料是否有价值和使用价值没有关系，普通商品的意义在于通过交换满足人们生产或生活方面的特殊需要；而货币的意义则在于充当表现一切商品价值的材料、充当一般的交换手段，为商品交换服务。可见，无论货币由什么来充当，它作为一般等价物的本性决不会改变，否则就不能称其为货币。

案例 1.2　世界上最早的纸币——交子

1.2.1　案例介绍

1. 北宋初年商品经济发展推动货币的需求量增大

宋朝的商品经济十分发达，宋朝的瓷器、丝绸和茶叶一直都是跨国贸易的紧俏商品，在广州、泉州、杭州、密州等地的出海港口，宋朝的商船将内地的手工业产品源源不断地运送到日本、印度、波斯、阿拉伯和东南亚等地。由于宋朝处于国际贸易的中心位置，所以进行跨国贸易的商人们都将大宋官府铸造的铜钱当作结算货币。随着商品交换的发达，货币流通量也明显增加。唐玄宗天宝年间每年铸币 32 万贯，北宋从太宗时起每年就达到80万贯。以后逐渐增加，到宋神宗熙宁六年（1073年），达六百余万贯。除铜、铁钱外，金银也作为半流通性货币使用。租税的征收、官俸的发给和对外贸易都使用银两。大城市有金银铺和兑房，专门买卖金银和兑换货币。国家税收中白银所占的比重逐渐增加，1021年（天禧五年）为883 900多两，到1120年（宣和二年）为1 860万两。黄金虽在流通，但不占重要地位。由于商品经济有了较大发展，贸易也随之增加，“每一交易，动即十万”，货币的需求量也越来越大，商品流通极为不便。当时市场上流行的货币是铜钱、白银和铁钱，个别地区还盛行铁钱，如四川用铁钱，体重值小，1 000个大钱重25斤，买1匹绢需90斤到上百斤的铁钱。由于铁钱非常笨重（1 000个大钱重25斤，中等的也有13斤），携带使用极不方便，严重影响了货币的流通和商品经济的发展。交子比欧洲纸币的出现早了六百多年，成为现代金融纸质货币的雏形。

2. 宋代的交子是世界上最早的纸币

“交子”是四川方言，“子”是川语惯用的尾音，“交”是相会、相合的意思，指两张券合起来，就可兑换现钱。交子的发展可以分为以下几个阶段。

（1）最初是自由发行时期，交子代替铁钱流通。这个阶段的交子是一种楮券，两面都有印记，有密码花押，朱墨间错。券上没有“交子”的字样，票面金额是临时填写的。当时的样式也不统一。

（2）在真宗大中祥符年间（1008—1016年）或之前，由16家富商主持。宋真宗初年，四川成都出现了专为携带巨款的商人经营现钱保管业务的“交子铺户”。约1008年，成都16家富商联合用楮树皮纸印刷凭证，上有图案、密码、花押、图章等印记，面额则依领用人所交现款临时填写，作为支付凭证流通。存款人把现金交付给铺户，铺户把存款人存放现金的数额临时填写在用楮纸制作的卷面上，再交还存款人，当存款人提取现金时，每1 000文收手续费30文。这种临时填写存款金额的楮纸券便谓之“交子”，又名“楮币”。这时的“交子”，只是一种存款和取款凭据，而非货币。它是在一张小纸片上，印上房屋、树木和人物的图画，并做上暗号以防别人仿印。交子的出现代替了铁钱。这是我国使用纸币的开端，也是世界上最早的纸币，是我国货币发展史上的一大进步。交子既可以在市场上使用，也可以到“交子铺”兑换现钱，新旧交子三年兑换一次。后因出现发行商拮据或破产不能兑现被禁止发行。在大中祥符末，根据薛田的建议，政府接办。在第二阶段，交子由许多富商联合发行，其形制有所改进，用统一的纸张印造，有“屋木人物”图案。至于密码、花押、图章等则保留了第一阶段的办法。券上仍然没有“交子”的字样，金额也是临时填写，不限多少，只要交付现钱就发给交子。随时可以兑现，但兑现时每贯收手续费30文。发行交子的富商称为交子铺或交子户，除成都外，各地还有分铺。每年的收获季节，是交子发行最多的时期。

（3）在仁宗天圣元年（1023年），政府设置益州交子务，改由官办。官交子的形制和私交子差不多，但券上的文字不一定相同，官交子可以规定流通的范围和兑钱的数目。券面还是不印“交子”的字样，金额也是临时填写，不过有一定的等级。官交子是分界发行，界满以新交子收回旧交子。北宋四川的兑界是以两年为期的。设立兑界的原因，一是交子是楮制的，容易毁损而滋生赝伪，创立兑界，强制以旧易新，杜绝作伪纠纷；二是到期全部回纳，可以多收取“纸墨费”之类。官交子有一个发行限额，每界是 1 256 340 缗，而且有现金准备，是用四川通行的铁钱，每次用 36 万缗。如果照发行限额计算，大约是 28%。交子流通的区域本来限于四川，熙宁二年（1069 年）曾在河东推行，但没成功。陕西也发行过两次，都以失败告终。崇宁大观年间，把交子改为钱引。宋仁宗天圣元年（1023 年），政府在成都设益州交子务，益州官府经过充足的准备，开始发行世界上第一种由公权力担保的纸币：交子。由京朝官一二人担任监官主持交子发行，并“置抄纸院，以革伪造之弊”，严格要求印制过程。交子改由政府统一发行，每次发行的数额有限，用铁钱做后备金。这便是我国最早由政府正式发行的纸币——“官交子”。“官交子”发行初期，其形制是仿照民间“私交”，面额依然是临时填写，加盖本州州印，只是分了一定等级，从 1 贯到 10 贯。并规定了流通的范围。宋仁宗时（1039 年起），一律改为五贯和十贯两种。到宋神宗时（1068 年起），又改为一贯和五百文两种。发行额也有限制，规定分界发行，每界三年（实足二年），界满兑换新交子。首届交子发行 1 256 340 贯，备本钱 360 000 贯（以四川的铁钱为钞本），准备金相当于发行量的 28%。后来因供应军需超额发行，交子严重贬值。1105 年遂停止发行，改用“钱引”。“交子”的流通范围也基本上限于在四川境内，后来虽在陕西、河东有所流行，但不久就废止了。

（4）宋徽宗大观元年（1107 年）正式改交子务为钱引务，大观三年的四十四界交子改用新的钞印印制。钱引的形制比交子要美观得多。宋朝政府改“交子”为“钱引”，改“交子务”为“钱引务”，用来代替贬值的“交子”。除四川、福建、浙江、湖广等地仍沿用“交子”外，其他诸路均改用“钱引”。后四川也于大观三年（1109 年）改交子为钱引。“钱引”与“交子”的最大区别，是“钱引”以“缗”为单位。“钱引”的纸张、印刷、图画和印鉴都很精良。但“钱引”不置钞本，不许兑换，随意增发，因此纸券价值大跌，到南宋嘉定时期，每缗只值现钱 100 文。南宋时，交子改称“关子”“会子”。

3. 交子可分为可以兑换的纸币和不能兑换的纸币

交子根据其信用种类分为随时可以兑换的纸币和不能兑换的纸币两种。后者由国家强制流通，必须有国家信用支持。私交子由交子户发行，交子户收入现钱即支付交子，高民可将交子换为现钱，它是民间的兑换券，是随时兑换的纸币。官交子在初期也仍然是见交付钱，是可兑换纸币。但交子官办以后，很容易被政府用来解决财政困难，由原来的“纳钱请交”变为财政发行，交子就会由可兑换纸币变为不兑换纸币。熙宁年间，交子制度发生了根本变化。

——资料来源：姚遂．中国金融史［M］．北京：高等教育出版社，2007。

1.2.2　案例分析

1. 交子的产生是由经济原因促成的

首先，宋代商品经济的发达，使得市场不但需要更多的货币，而且需要更轻便的货币。唐宋以来商品经济的发展，为市场容纳纸币的流通创造了条件。而铜钱和铁钱都是贱金属铸币，适合小额的商品交易，却难以满足大宗贸易的需求。在铜钱远远不能满足市场需求的情况下，迫切需要一种新的货币进入流通领域。由于白银价值昂贵、我国白银产量不是很多，加上人们多用金银制造器皿或用于财富的贮藏，故进入货币流通的白银数量有限。在金银尚未取代铜钱、铁钱的情况下，纸币的产生遂呼之欲出。其次，宋代使用纸币的目的只是为了防止铜钱的外流。自五代以来，中国形成许多货币区，不同的货币区用的钱也不同，而且禁止运钱出境。使用纸币可以起防止铜钱外流的作用。有许多区域使用笨重值小的铁钱，携带十分不便。最后，宋政府受到周边少数民族政权军事上的威胁和侵略，不得不供养庞大的军队，军费开支巨大，财政非常困难，经常靠发行纸币来弥补开支。

2. 交子促进了商品流通和商品经济的发展

首先，交子弥补了流通货币——铜钱的短缺。纸币——交子是北宋时期社会政治经济发展的必然产物，宋代商品经济发展较快，商品流通中需要更多的货币，而当时铜钱短缺，满足不了流通中的需求量。“交子”的出现，便利了商业往来，弥补了现钱的不足，是我国货币史上的一大业绩。其次，促进了商品流通和商品经济的发展。纸币比金属货币容易携带，可以在较大范围内使用，有利于商品的流通，促进了商品经济的发展。从商业信用凭证到官方法定货币，交子在短短数十年间就发生了脱胎换骨的变化，具备了现代纸币的各种基本要素，将还处在黑暗的中世纪的欧洲远远抛在后面。此外，“交子”作为我国乃至世界上发行最早的纸币，在印刷史、版画史上也占有重要的地位，对研究我国古代纸币印刷技术有着重要意义。

3. “交子”逐渐具备了信用货币的特性

随着市场经济的发展，交子的使用也越来越广泛，许多商人联合成立专营发行和兑换交子的交子铺，并在各地设分铺。由于铺户恪守信用，随到随取，交子逐渐赢得了很高的信誉。商人之间的大额交易，为了避免铸币搬运的麻烦，也越来越多地使用交子来支付货款。后来交子铺户在经营中发现，只动用部分存款，并不会危及交子信誉，于是他们便开始印刷有统一面额和格式的交子，作为一种新的流通手段向市场发行。正是这一步步的发展，使得“交子”逐渐具备了信用货币的特性，真正成为纸币。信用货币最显著的特征是只是一种符号，是以信用作为保证，通过一定的信用程序发行、充当流通手段和支付手段的货币形式，是货币发展中的现代形态。

1.2.3 案例启示

1. 纸币发行需要有发行量和准备金的规定

一开始交子的面额依据客户的存款额临时填写，后来又发展出了固定面额的交子，这为交子充当货币提供了极大便利。此时流通于市场的交子可以简单理解为拥有100%准备金的信用纸币。后来，交子的全部准备金制度也逐渐过渡到了部分准备金制度。由政府交子务发行的交子被称为官交子，首届发行的官交子共计126万贯，有36万贯铁钱作准备金，准备金率为28%，这一下北宋官府就获得了90万贯的货币财富。此时的交子务依然允许人们自由将交子兑换成铁钱。同时宋仁宗还下令，官交子每2~3年为一届，每届官交子发行前重新核算发行量和准备金，在旧交子到届之后禁止使用，必须由经交子务兑换为新交子方可流通，朝廷于是能够掌握市场上的交子流通数量。由于准备金充足、防伪手段高明、流通量可控，宋仁宗三管齐下，官交子一出来就受到社会追捧。

2. 纸币的价值取决于货币信用

纸币是一种信用符号，只有当它代表了货币信用的时候，它才具有价值，而一旦失去信用，它就变成了一张废纸。交子的兴起，正是中国市场经济和商业信用大发展的成果。而会子和其他中国古代纸币的衰亡，也正源自政府对货币信用的破坏性掠夺。当初成都几个商人发行的纸币有信用，而后来几朝政府所发行的纸币反而没信用。其原因在于商人实力弱，他必须受市场的约束，这一约束使他建立起了自身的商业信用。交子铺户在发展过程中逐步分化，从一开始的良莠不齐，到莠的自然淘汰，良的逐步发展壮大到统治市场。政府有着强大的国家机器，有着能够强迫社会接受的实力，使其不受市场的约束，不珍视自身的信用，政府就走上了滥用权力之路，从而毁掉了自身的信用，毁掉了纸币制度。

3. 纸币超发会带来金融崩溃

随着北宋边患不断严重，军费愈加吃紧，朝廷也同以前的交子铺一样打起了交子的主意。熙宁五年（公元1072年），投放市场的纸币规模一下扩大一倍，准备金却没有增加，朝廷动了一下印钞机就把126万贯铁钱的财富转移到了自己手里。在126万贯没有准备金的交子投放市场之后，很多人不知道赵宋官家在纸币上动了手脚，但是大家直观上都能发现市场上的钱多了，货少了，官交子购买力随之下跌。在经历绍圣元年和元符元年（公元1094年、1098年）的两次交子超发后，北宋依然无法渡过财政危机，财政赤字达到了全国税收的四分之三。准备金不足的交子给市场带来了巨大压力，社会积攒了几十年的财富就这样被洗劫一空。仅仅三年之后，市场上交子的价格就跌到了十几文钱，金融崩溃随之而来。

案例1.3　中国南京国民政府“废两改元”与币制改革

1.3.1　案例介绍

1. 20世纪三四十年代国内白银大量地朝境外涌流

20世纪30年代与40年代之际，我国因受美国《购银法案》与国际金银比价激烈波动的影响，国内白银大量地朝境外涌流。据当时海关统计的白银外流情况为：1933年为1 400余亿元，1934年为25 000余亿元，1935年1月～10月为12 000亿元。巨大的白银外流，使我国存银严重下降，银根奇紧，金融梗塞，物价下跌，工商各业资金周转困难，经济活动严重恐慌。虽然银本位制经过“废两改元”，但仍然难以继续维持下来。加上当时各地货币存在杂乱不堪现象，因此，放弃银本位制，切断银价同国际上的联系，实行管理通货和有控制的纸币制度，就成为币值改革的方向。国民政府统治时期，为加强其政权统治，发展经济，稳定金融，曾实行过一系列币制改革的政策、措施和办法，其中较为重要的有废两改元、发行法币、发行关金券、发行金圆券和发行银元券。

2. 国民政府的废两改元与币制改革

南京国民政府要垄断金融业就必须统一全国货币，垄断货币发行权。因此，在建立官僚资本金融机构的同时也逐步建立起对货币发行权的垄断，废两改元与币制改革是两个重要步骤。

（1）废两改元。“废两改元”是南京国民政府所采取的一种确定银本位币的货币措施。1928年3月浙江省政府率先提出“统一国币”“废两改元”的建议。同年6月，在国民政府召开的全国经济会议上，又有人提出“废两改元”“统一国币”的议案，引起国民政府的重视，但因为种种原因，当时没有实施。直到1932年7月，国民政府财政部决定实行“废两改元”，并制定了“废两改元”的原则。1933年3月1日，国民政府财政部发布《废两改元令》，称“本部为准备废两，先从上海实施”。特规定上海市面通用银两与银本位币1元或旧有1元银币之合原定重量成色者，以规元7钱1分5厘合银币1元为一定之换算率。3月8日，又公布《银本位币铸造条例》，规定银本位币定名为元，重量为26.6971克，成色为银88%，铜12%，即合纯银23.493448克。在发布上述命令和条例时，中央造币厂从3月起开铸新银币。新银币正面孙中山半身头像，背面为帆船图案。1933年3月10日，中国币制开始废用银两，改用银元。规定所有公私款项收付、契约票据及一切交易一律改用银币，不得再用银两。原定以银两收付者，在上海应以银两7钱1分5厘折合银币1元的标准以银币收付。上海以外应按4月5日申

撑，导致这一时期世界货币供给总量中信用货币的比例大幅度增加，进而引起金融危机。1929—1933年的金融危机使世界金银比价迅速升高，白银价格下跌了一半以上，这使得实行银本位制的中国白银大量流入，黄金大量流出。当美国大量收购白银挽救国内经济，白银开始从世界各地流向美国，中国的白银也无一例外流向美国。白银大量流出对以白银为主要货币的中国来说是一次大震荡，造成中国国内经济一片萧条。为挽救这一危局，国民政府只能进行币制改革。

自晚清以来，我国的货币制度混乱不堪，不但银两、银元并用，而且重量、成色、比价无一定标准。当时国内流通的货币中，仅金属货币就有银两、银元、制钱、铜元等，纸币既有国内纸币又有外国银行钞票。1914年，北洋政府开始确定银本位制度，并对国币的单位、数量、成色、种类、铸币权和流通办法都做了明确规定。但新币并没有彻底改变我国币制混乱的局面，许多货币只能在特定范围内流通。1927年4月，南京国民政府成立，币制改革重新议提。1932年，宋子文提出币制改革，主张先废两改元，统一币制，实行纸币政策。

2. 币制改革的政策和措施对经济的影响褒贬不一

南京国民政府统治时期，为加强其政权统治，发展经济，稳定金融，所实行的一系列币制改革如废两改元、发行法币、发行关金券、发行金圆券和发行银元券等的政策、措施和办法，这些币制改革的政策和措施，有些顺应了历史发展潮流，起到过促进经济繁荣和稳定金融、安定社会的作用；有些则违背和阻碍了历史进程，造成了经济衰退和金融混乱。

法币改革后，国有四大银行独享货币发行权，原为地方级的商业银行分占的发行利润，全归国民政府所有。由于准备金白银充足，政府收回6元银币，便可发行10元法币。这样政府收回6亿元银币，便可发行10亿法币，无形中政府增加了4亿元收入。除了发行权所得财力，市场渐趋稳定繁荣，政府通过其他渠道也可获得巨额资金。而法币的流通，极大地便利了国家在抗战全面爆发之际，最大幅度、最快速度地调集资金，集中白银等贵金属，作为在国际市场上购买军火物资的经费。法币改革的成功提高了国民政府的威信，赢得了人们的信任。这一改革为国民政府赢得了政治资本，在国际国内的声望都得到了提高。

但从1937年下半年开始，抗日战争爆发，国民政府开始滥发纸币，物价暴涨，引发恶性通货膨胀，法币迅速贬值。1937年国民政府发行法币14亿，到1945年发行5 569亿元，增长397倍。1948年8月以金圆券代替法币，法币发行量达到663万亿，等于抗战前的47万倍，物价较抗战前上涨3 492万倍。发行到最后，市面上出现了所谓的“亿元券”的500万关金券。1949年，国民党政权覆亡时，金圆券的发行总额已达1 303 046亿元。当时人民生活苦不堪言，生活极不方便。

3. 统一币制是中国货币制度的进步

1936年5月，南京国民政府被迫与美国缔结《中美白银协定》，法币又与美元保持固定汇率，法币 1 元等于 0.2975 美元，使法币成为英镑、美元的附庸。法币政策的实施，统一了币制，是中国货币制度的进步，在实行初期对社会经济的发展起了一定的积极作用。但国民政府利用货币发行权的集中，加强了金融垄断；又以法币系拥有法偿资格的不兑现纸币，而用膨胀发行办法填补财政赤字，导致恶性通货膨胀，成为后来国民经济崩溃的重要原因。“废两改元”对中国金融、贸易和市场发展产生了深远影响，为中国融入世界金融货币体系打下了坚实基础。这次改革实现了银元货币铸造发行的统一，废除了地方政府在货币铸造发行上的权力，增强了政府对金融货币体系的影响力；改革大大节约了交易成本，推进了商品经济的发展；削弱了外商银行对中国白银进出口业务和国际汇兑业务的垄断力量，为中国现代经济的发展提供了保障。

1.3.3　案例启示

1. 有效的央行体系与独立货币政策缺失

中国政府自民国初期以来常年赤字，这深远地影响和形塑了国民政府货币和银行政策，“政府将国家银行视为财政事务的附属，而不是经营‘支持和规范货币市场’业务的机构”，“无论是政治家还是军阀、无论是保守派还是革命派，政府领导人很少放弃这种想法——仅仅通过印钱就可以解决支出大于收入的问题”。国民政府中央银行于 1928 年成立后，由于政府无力清偿提供的垫款余额 1 亿元（占两家银行合计流通纸币的 42% 以上），中国银行和交通银行依然拥有发钞权，“发钞应该集中于一个中央银行当局”的建议并未被采纳。1935 年对中央银行的改革计划提议，17 位董事中有 8 位、9 位监事中有 5 位必须在私人股东中产生，“这一旨在确保中央银行独立性的条款，没有获得政府最高领导层的认可”；相反，中央银行的董事会由政府提名者主导，“要考虑政治上的各种需要，就无法坚持稳健的财务原则”，这直接导致了中央银行长期无法独立有效实施货币管理。

2. 废两改元与币制改革实质是不同群体利益的博弈

“废两改元”成为实现国内货币体系统一的改革方案。任何一次改革都会牵动社会不同群体的根本利益，这些利益群体也必将成为影响改革进程的力量主体。在近代半封建半殖民地的社会状态下，金融领域中形成了钱庄、外商银行和华商银行三股势力强大的利益集团，钱庄利益集团代表着传统金融资本的力量，在近代金融体系中发挥着基础作用；外商银行利益集团代表着外国资本在中国的发展力量，在近代金融体系中发挥着主导作用；华商银行利益集团代表着近代中国现代金融资本的发展力量，在近代金融领域中快速崛起。“废两改元”触犯了钱庄利益集团和外商银行利益集团的根本利益，他们作为银两货币体系下的既得利益者，成为改革的阻力；而以突破传统银两货币体系为目标的华商银行利益集团则成为改革的重要推动者。钱庄、外商银行和华商银行在此消彼长的金融体系中，为了自身利益的最大化，围绕着“废两改元”展开了博弈和斗争，影响着“废两改元”在不同阶段启动和实施的进程。

3. 徒劳的币制变革凸显了政府的软弱

当国民政府不得不承认所有经济措施都失败时，只能再次求助于政治手段，将其政治前途和声望押注在短命的发行金圆券的币制改革上。南京政府被迫于 1948 年 8 月 18 日又实行了一次用金圆券代替法币的币制改革，以金圆券强行收兑民间金银外币，并规定以法币 300 万元换金圆券 1 元。但仅仅 10 个月时间，金圆券即贬值 2.5 亿倍，几乎成了废纸。但当币值稳定的两个主要保障——价格稳定和发钞量受控制都不存在时，“徒劳的币制变革只是凸显了政府的软弱。在通货膨胀的最后阶段，大众对货币的最终拒绝，不过是对国民政府即将倒台的经济反应”。国统区经济呈现出土崩瓦解的局面，随着国民党统治的覆灭，中国结束了历时 12 年的恶性通货膨胀，法币和金圆券开始成为历史的陈迹，成为“四大家族”祸国殃民的丑恶象征。

第2章 信用案例

案例2.1 新“三角债”“绞杀”传统行业

2.1.1 案例介绍

1. 央行采取紧缩型货币政策后出现经济急速下行

中央人民政府为应对2008年席卷全球的金融风暴，促进经济较快增长，于2009年提出“四万亿”计划，此计划一出台，各地纷纷投资各种大型基建项目，项目投资严重超支，造成投资缺口，地方政府大量举债，增加了地方债务平台的偿债压力。2010年后，我国出现了通货膨胀，人民币不断升值，人工成本、融资成本和原材料也在不断上涨，于是央行采取紧缩型货币政策，数次加息并连续提高存款准备金率，回笼了大量资金，导致市场上资金的流动性减弱，企业资金周转普遍出现困难。受2015年以来经济下行趋势的影响，从国有企业到民营企业均受到较大打击，企业债务出现新“三角债”问题、企业生存环境恶化、企业转型升级更是无望；尤其是在传统的重工业领域如煤炭机械、煤矿、钢铁、建材等企业，更是出现了资金链断裂、企业之间相互借债、拖欠员工工资一系列问题，扰乱了传统制造业的整个金融环境。长期以来，由于赊销和“三角债”的存在，环环相扣的产业链成为一损俱损的债务链，只要一环断裂就会导致整个产业链的崩溃。

2. 河南、安徽、甘肃、陕西等中西部省份出现新“三角债”

从2015年年初受经济不断下行等因素的影响，部分地区企业债务环境不断恶化，一批新“三角债”问题再次严峻起来，企业之间的信任度陷入“冰点”。在河南、安徽、甘肃、陕西等中西部省份出现一部分企业生存困难，一些地区的金融环境因之恶化，给经济转型造成了很大负面影响。

(1) 企业之间欠债越来越多。河南、安徽、甘肃、陕西等省份的部分企业之间欠债越来越多，情况不断恶化，出现了三个比较明显的趋势。一是欠债涉及面越来越大。

无论是国有企业还是民营企业、重化工企业还是轻纺企业、大企业还是中小企业，都出现了互相欠债的情况，有的地区大部分企业卷入了互相欠债的链条。在河南省的一个重工业大县由于主导产业煤炭、铝材、水泥、玻璃等都成为全国性的过剩产能行业，全县经济迅速恶化，多数企业应收账款激增，互相拖欠的债务金额迅速膨胀。企业互相拖欠债务的情况非常严重，有的企业欠别人债务高达数亿元，而且还在不断亏损中。中小企业日子普遍难过，有一家生产铝管的企业，年产值2 000多万元，别人欠他1 400万元，他欠别人也有1 200万元，企业好几个月发不出工资。二是欠债回款期越来越长。以往企业之间互相欠债也是常有的事，但是欠债回款期一般都非常短，在约定的期限内都能够还款。而从2015年起却大不相同，一些地区的企业欠债回款期不断延长，回款的比例不断降低，企业之间的市场信任度陷入"冰点"。河南省平顶山市一家公司未收到的货款2 000多万元，按照约定从2015年年初，债务人应按每月10%的比例还钱，但是从2015年春节后债务人却不打款了，欠款也要不回来。安徽省一些地区应收账款期限正在不断增加，以前是30天，现在都是3个月。同时银行的不良贷款率也在上升，到2015年6月末，安徽省银行业金融机构不良贷款余额为430亿元，比年初增加74亿元，不良贷款率1.73%，比年初上升0.17个百分点。2016年清收不良贷款是银行的一项重点任务，主要在制造业。三是回款现金越来越少，多以承兑汇票支付，企业现金流趋紧。经济下行时，"现金为王"的特点非常突出，随着相互欠债数量的激增，企业越来越看重现金流，还账开始多以承兑汇票支付。中部一家年产值过千亿元的能源企业，2015年年初以来的应收账款月月增加，已占到销售额的一半，而在收到的账款中，现金只占10%，承兑汇票高达90%。

（2）金融环境恶化。企业债务环境的恶化，使相当一部分企业生存艰难，一些地区的金融环境也因之恶化。宝鸡市眉县是陕西有名的轻纺工业大县，该县不仅是陕西关中地区最大的纺织基地，而且还是全国的纺织生产基地。2015年年初至今，企业发展十分艰难，应收账款不断增加。成立于1982年、眉县最老资格的民营企业陕西宝深机械（集团）有限公司作为全国纺织生产的"领头羊"，企业历史上只在1997年、2008年出现过下行的情况，2015年是第三回，情况却比以往更为严峻。当地一家纺织公司应收账款上升得非常快，以前都是客户把款打过来，现在是赊销，款还要不回来。

国内一家大型煤矿企业2015年企业负债率已达78%，2014年是65%，企业现金流明显趋紧，生存越来越困难。公司全体员工的收入都出现了大面积下滑，领导层收入缩减一半，非采煤一线的职工月收入1 000元上下非常普遍，如果家属没有工作，这样的收入养家糊口非常困难。老厂区红楼依旧，却已人迹罕至；昔日繁华的街道上人去楼空，到处都是房屋的"招租"广告，数以千计的当地居民已经去其他地方寻找工作，曾经一房难求的景象已然不在。在贵州、甘肃、河南、四川、安徽、内蒙古等多个省区都看到了这种情景，由于煤炭、钢铁、建材等传统产业普遍亏损严重、企业债务环境恶化，很多企业只能以减员减薪为增效手段，一些职工工资已出现拖欠，有的甚至3个月以上领不到工资。

（3）企业转型升级成为奢望。企业债务环境的恶化使得一些企业家对市场的信心不断丧失，安全保命成为最大的选择，转型升级已不予考虑。一些企业家对记者说，自从企业债务不能顺利要回后，企业业务现已全面回缩，以保生计为第一要务。转型升级要动用大量资金，而周围到处欠债不还，企业实在不敢把有限的自有资金花出去。在互相欠债不断增多的环境中进行产业转型，对企业来说风险实在太大了。

由于职工情绪不稳，西北一家煤电公司还在2015年7月、8月连续向省国资委上报两份紧急维稳报告，称“职工队伍有出现大面积群体上访的可能性”。进入8月，因持续延长两个月拖欠工资，引发矿区和职工队伍极不稳定现象凸现，广大职工对企业仅依靠自身努力走出困境的举措和实现扭亏脱困信心不足。

部分地区企业互相欠债大面积蔓延开，更使得这些地区的金融环境迅速恶化，出现了民间融资积极性下降、银行不良贷款率上升等现象。经济下行、企业拖欠债务大量出现后，县里的民间借贷基本上停了，老百姓都怕钱好借不好还，这客观上造成了企业无法从民间融资用于转型发展。同时，银行贷款也越发收紧。中西部多个省份企业债务环境日趋恶化后，银行贷款对企业明显收紧，很多企业可用资金非常紧张，转型发展极为困难。

3. 部分制造业与传统重工业受到严重的打击

此次“三角债”问题最主要冲击了中西部许多省份的企业，一些制造业、传统重工业受到较严重的打击，造成企业之间相互的拖账赖账，银行贷款的周期和回收周期大大增长，不良贷款率大大增加；尤其是带来了恶劣的金融环境，企业生存空间紧缩，从国企到民企金融积极性大幅下降。“三角债”造成的金融环境的恶化，使得相当部分的企业对于市场是信心不再，仅仅是以求生作为企业的生命线。整体环境的失信，企业没有足够的勇气去升级转型，不再将企业升级作为发展的主要目标。因为在相互欠债拖债的环境去转型升级的风险太大了。“三角债”问题产生的辐射面太广。尤其是对不同行业和不同地区的牵连影响，从国企到民企，从重化工到轻化工，大企业、中小企业，甚至某些地区的大部分企业。相互拖欠金额的迅速膨胀，很多企业在欠债额巨大的情况下还在持续亏损。这些辐射的负面效应对整个经济市场造成风波。

——资料来源：http：//money.591hx.com/article/2016－01－21/0000383885s.shtml。

2.1.2 案例分析

1. 循环性的“三角债”问题是由多方面原因造成的

（1）产业结构不合理。产业结构不合理，使整个社会的产品、物质的替换和价值补偿不能全部实现，进而导致企业的产品、劳务出售出现困境，企业没有足够的清偿能力，债务拖欠成为必然。

（2）企业注册资金与经营标的不符。企业注册资金与经营标的不符，注册资金只有几十万元甚至是“空壳企业”，但是经营标的是几百万元或者是上千万元，有的甚至是注册的几十倍或者几百倍，明显无履行能力。前阶段“皮包公司”满天飞，就是利用人家的资金生蛋，一旦产品销售发生困难，债务拖欠就将成为必然。

（3）地方保护主义抬头。国家的财政体制下放，执行地方财政包干，因相应制约措施迟迟不出台，宏观失控，形成地方保护主义，把资金看成发展地方经济的生命线。在此种种方面的不理想，使得债务拖欠成为一种必然。

（4）软的结算控制使循环性“三角债”变得可能。软的结算控制是指对结算过程中各个环节缺乏有效制约措施，而导致债务拖欠成为可能的一种清算控制系统。它的特点是：一是结算的商品交易或劳务输出没有签订合法、有效的合同，也未在合同中明确约定双方的权利、义务。因此，一旦债务方不能支付或者故意不支付时，往往以合同中的漏洞作为拖欠理由，而债权方又不能根据不合法和无效合同对债务方进行起诉，或者要求有关部门进行制裁。这就使得债务拖欠公开化了。二是在财政分灶吃饭，以及银行隶属于各层次地方政府的体制下，银行为了维护地方利益和本地企业利益，故意拖汇、压汇，使“中介人拖欠”自己从中渔利。三是债权方虽享有主动清偿权，但是由于没有相应的机制使这种权利得以行使，使得债权方在遭受拖欠之苦时，不仅不能行使正当权益，反而只能“讨债”“求债”，债务方反倒握有主动权。其结果就使得各个企业都想欠债、拖债，从而债务链必然形成，就像滚雪球一样越滚越大。四是信用评估机制不健全，债权方很难全方位地对债务方的信誉状况进行了解，致使债权方由于不知情，而陷入债务被拖欠的境地。五是银行非企业化经营，特别是在各级政府的干预下，在对企业进行放贷时，彻底贯彻“择优贷款”的原则。当企业彻底由于产品销售或劳务输出困难而无力清债时，银行仍然可能向债务企业提供贷款支持。

2. “三角债”严重影响和阻碍企业生产和经营

“三角债”带来的危害性，概括地讲，具有两个方面：其一，有害于社会主义的市场经济健康发展。其二，具有引发对生产经营者的腐蚀性。前者是针对企业而言，后者是针对个人而言。“三角债”已造成严重影响和阻碍企业生产和经营，企业缺少资金投入再生产，而大量产品却积压库存，销售出去怕货款回笼受阻，不销售又不能解决问题。为此，企业之间采取相互拖欠对方货款来维持生产和经营，这样的后果势必造成更多的企业被卷进债务链的恶性循环中去。“三角债”问题的出现会对企业造成一系列的不良影响，例如长期汇票流通、融资更加困难等；因为承兑汇票所注明的出票日期还很远，于是就成了很多企业中的“烫手山芋”。不收就意味着没有业务可做，工厂就得停工关门；收了，还不知道到期限了能否兑现。所以，很多企业会在收到这种支票后立马转手给别人，生怕这张支票烂在自己手里。

3. 采取“预防为主，防治结合”的方法进行治理

治理“三角债”问题应采取“预防为主，防治结合”的方针，强化结算制度，从企业自身产品结构的调整、行业内完善信用体系的建立和法律约束入手，具体可采取以

下措施。

（1）结算控制的法制化。为了抑制企业强制性相互拖欠，或银行拖汇、压汇，防止循环性“三角债”的产生，做好事前预防工作。例如，修订和完善相应的法律法规，使结算控制得以强化；明确银行作为中介人的权利与义务，当银行不履行义务时，债权方有权依法起诉拖欠企业以至银行中介机构，保护债权方享有主动清偿权。

（2）建立信用评估机构。把传统行业和电子商务结合起来在行业中建立完善信用体系，并寻求从制度层面解决“三角债”问题，使供求信息更加透明。对企业信用状况进行评估，确定企业的信用等级，银行或企业可据此确定结算金额、结算方式和违约责任。

（3）重视企业的应付款管理。考核企业既要重视压缩“三项资金”，又要重视企业的应付款。只有重视这双方面的工作才能有效防止“三角债”的产生。

（4）建立常设的清债机构。专门受理各种债务纠纷，对违反合同的拖欠企业和银行故意压汇、拖汇，可借助法律手段清偿债务，保障债权人的合法权益。

（5）上下游之间规范有序往来。加快产业升级，引导企业优化产业布局，促进行业结构调整，避免行业内恶性竞争与产能浪费，促进行业上下游之间规范有序的业务往来。

2.1.3 案例启示

1. 把科技信贷作为银行信贷的重点

自从出现企业相互拖欠现象以来，不少经济专家已经提出了各种设想，诸如：流通疏导论（包括发挥商业蓄水池作用、开拓农村市场、收购和储存商品等）；扩大消费论（包括降低存储利率、降低物价、扩大居民需求、放宽集团购买、扩大社会消费等）；增大投资论（包括基础产业基本建设和科技改造等）；放松银根论（包括降低贷款利率、增加贷款额度发放清债启动贷款、恢复托收承付结算等）；调整结构论（包括调整产业结构、产品结构、企业结构、扩大科技投入等）。这些主张都有一定道理，有些已被部分采纳。但是，每一种方案都涉及银行信贷和货币投放问题，只是投放数量和渠道不同。因此，清理“三角债”，应当从根本上改变我国银行的信贷的战略重点，把过去的速度型信贷逐渐转变为科技型信贷，提高信贷的科技内涵，从而把银行信贷应用于调整经济运行的深层问题。在市场疲软、企业之间“三角债”盛行的形式下，对于银行信贷有两种选择：一种是只考虑松动货币、减少拖欠、速度回升，而不考虑产品是否适销对路，盲目保生产、加贷款；另一种是有计划地发挥金融对经济深层结构的调整作用，把科技信贷作为信贷重点，因为科技信贷是经济信贷的酵母，它比一般信贷具有更大的自偿性、深远性、稳定性。

2. 建立和健全企业信用管理制度

信用管理也被叫做应收账款管理或赊销管理。随着商品经济和商业信用的发展，企业信用销售日益增加。而我国企业信用管理普遍存在着信用不正现象：有些企业信用销售无契约，凭良心账、君子协议；有些不了解顾客的信用程度，就盲目发货或盲目委托代销；有些企业缺乏明确的信用政策，凭当事人和顾客的关系办事；有些地区存在着资金封锁；有些企业则靠赖账盈利；而最值得重视的是信用工具不足，有些企业宁愿挂账也不习惯于使用信用工具。这些现象都严重阻碍着商品流通和市场繁荣。所以，应当建立和健全企业信用管理制度。企业信用管理的首要任务是按照顾客的信用历史档案（记载顾客偿还期、账龄和拖欠数等）和信用标准，评价所有顾客的信用等级。信用标准一般按照顾客声望、能力、资本、抵押产品和应变能力五个方面评价。在此基础上可按照顾客的信用程度，也就是风险程度，划分顾客享用信用销售的等级。

3. 建立一个健全灵敏的支付结算系统

随着交通运输和通信事业的发展，商品流通和货币流通已打破地区和国界，货币支付和结算更加远程化、网络化，成为商品交易的先行官。货币流通形式也由硬币、货币到票据流通再到电子货币流通。因此，建立和维护一个健全灵活的支付结算系统，成为中央银行的一项重要任务。实践证明，一个国家的支付结算系统是经济运行的大动脉。近几年来出现的大规模企业拖欠是对我国支付结算系统的一次大考验，从中可以看出我国现在的支付结算系统存在以下问题：一是结算纪律松懈，法制不严；二是支付清算机制分散，资金占用多、周转慢，缺乏集中性；三是资金结算仍是行政型，结算服务是免费的，整个结算过程基本是行政办法，缺乏经济办法和竞争因素。

我国支付结算系统应总结这次清理“三角债”的经验，针对存在的问题，深化结算改革，使我国的支付结算系统规范化：一是法制化；二是集中化；三是票据化；四是市场化。

案例 2.2　欧洲债务危机

2.2.1　案例介绍

1. 希腊主权债务危机成为欧洲债务危机的导火索

早在 2001 年希腊借助美国投行高盛帮助其做假账从而顺利加入欧元区，其后，希腊继续掩盖其赤字和债务问题，截至 2009 年 12 月，希腊债务达到 2 800 亿欧元。2009 年 12 月 8 日，国际三大评级机构之一的惠誉率先下调希腊的主权信贷评级。随后，另外两大评级机构标普和穆迪也相继下调希腊的主权信用评级，引发了国际社会对希腊经济的担忧，希腊主权债务危机发生。

2010年3月3日，希腊政府提出新的财政紧缩方案。但是，政府的举动导致全国大罢工，不仅影响了社会稳定和民众信心，同时紧缩财政，使得老百姓收入减少，政府税收随之减少，形成恶性循环，导致危机进一步加剧。2010年4月27日，标普将希腊主权评级降低至“垃圾级”。5月10日欧盟和国际货币基金组织（International Monetary Fund，IMF）斥资7 500亿欧元救助陷入危机的欧元区成员国，以防希腊债务危机蔓延。但是在对待欧盟推出的这一系列救助机制上，欧洲内部存在着不同的意见。6月14日，穆迪又将希腊主权信用连降4级至“垃圾级”，危机进一步升级。希腊主权债务危机成为欧洲债务危机的导火索，紧随希腊之后“欧洲五国”（PIIGS：葡萄牙、爱尔兰、意大利、希腊、西班牙五国）内部债务问题也显示出来。

2. 希腊政府债务危机在欧洲国家蔓延

（1）评级公司下调希腊主权评级。2009年12月，全球三大评级公司下调希腊主权评级，使其陷入财政危机，欧元兑美元大幅下跌。希腊的财政问题或拖累其他欧盟国家，欧盟、希腊政府官员都在寻求解决希腊财政问题的方法。尽管希腊债务危机愈演愈烈，但金融界认为希腊经济体系小，发生的债务危机影响不会进一步扩大。

2009年12月8日，惠誉将希腊信贷评级由A－下调为BBB＋，前景展望为负面；2009年12月15日，希腊发售20亿欧元国债；2009年12月16日，标准普尔将希腊的长期主权信用评级由A－下调为BBB＋；2009年12月22日，穆迪宣布将希腊主权评级从A1下调到A2，评级展望为负面。随后，欧洲其他国家也开始陷入危机，包括比利时这些外界认为较稳健的国家，以及欧元区内经济实力较强的西班牙，都预报未来三年预算赤字居高不下，希腊已成为危机主角，整个欧盟都受到债务危机的困扰。

（2）债务危机在欧洲国家蔓延。2010年1月11日，穆迪警告葡萄牙若不采取有效措施控制赤字将调降该国债信评级；2010年2月4日，西班牙财政部指出，西班牙2010年整体公共预算赤字恐将占GDP的9.85%；2010年2月5日，债务危机引发市场恐慌，西班牙股市当天急跌6%，创下15个月以来最大跌幅；德国等欧元区的龙头国都开始感受到危机的影响，因为欧元大幅下跌，加上欧洲股市暴挫，整个欧元区正面对成立11年以来最严峻的考验；2010年2月4日，德国预算赤字占GDP的5.5%；2010年2月9日，欧元空头头寸已增至80亿美元，创历史最高纪录；2010年2月10日，巴克莱资本表示，银行业在希腊、爱尔兰、葡萄牙以及西班牙的风险敞口达1 760亿美元；希腊在5月19日之前需要约90亿欧元资金以度过危机。欧盟成员国财政部长达成了一项总额高达7 500亿欧元的稳定机制，避免危机蔓延。2010年4月23日，希腊正式向欧盟与IMF申请援助。2010年5月3日，德内阁批224亿欧元援助希腊计划。

2011年4月6日葡萄牙向欧盟寻求帮助，使之成为继希腊、爱尔兰之后第三个寻求救援的欧元区国家。2011年11月25日，葡萄牙主权评级遭惠誉降至垃圾级别，即由

BBB-调降1级至BB+，前景展望为负面；2011年11月25日，穆迪下调匈牙利本外币债券评级一个级别至Ba1，是垃圾级中最高一级，前景展望负面。该国目前在标准普尔和惠誉的评级均是投资级别中最低一级；2011年11月28日，穆迪称，欧洲的债务危机正在威胁全部欧洲主权国家的信贷情况，意味即使Aaa评级的德国、法国、奥地利和荷兰都有危险。

（3）欧盟委员会编织一道“安全网”。早在2010年5月，为了防止市场投机者向葡萄牙、西班牙和爱尔兰等欧元区国家“下手”，发生与希腊类似的债务危机，继续沽空欧元，欧盟委员会建立一种稳定机制，用数以十亿欧元资金编织一道“安全网”。5月8日欧洲联盟成员国财政部长宣誓采取“一切措施”从金融市场“群狼”围攻中救出欧元。9日欧盟委员会提议，借助一项稳定基金帮助欧元区债台高筑国家，“启动小型欧洲货币基金”。这种只适于非欧元区国家的救助机制，使欧元区国家也能从这种机制获益，而将其上限由500亿欧元追加至600亿欧元。并对欧盟成员国附加贷款条件，具体内容由国际货币基金组织设定。另外，欧盟委员会准备提议为欧元区国家专设一种政府机制，以捍卫欧元。5月10日，在比利时首都布鲁塞尔，欧盟委员会负责经济和货币事务的委员奥利雷恩出席欧盟财长会议后举行的新闻发布会宣布，经过10多个小时的漫长谈判，欧盟成员国财政部长当天达成一项总额7 500亿欧元的救助机制，以帮助可能陷入债务危机的欧元区成员国，防止希腊债务危机蔓延。

2010年5月10日，欧盟批准7 500亿欧元希腊援助计划，7 500亿欧元构成：欧元区成员国出资4 400亿欧元、欧盟委员会出资600亿欧元、国际货币基金组织出资2 500亿欧元。9月底，爱尔兰政府宣布，由于救助本国五大银行，其财政赤字骤升至国内生产总值的32%，是欧盟规定上限的10倍之多，爱尔兰成为外界担忧的焦点。11月22日爱尔兰总理考恩宣布，其与欧盟达成了金融救助计划协议，爱尔兰现任财政部长布赖恩·勒尼汉（Brian Lenihan）随即宣称救助总额将少于1 000亿欧元（约1 360亿美金）。欧洲中央银行行长特里谢强调说，虽然某些成员国存在财务危机，但整个欧元区预算赤字占国内生产总值的比例平均为6%，远远低于美国和日本高达两位数的赤字水平。欧盟国家向其他与会者保证，确保希腊到2012年按时把财政赤字占国内生产总值比例从13%削减至3%以下。

3. 希腊债务危机迅速波及欧元区其他成员国

2009年12月，全球三大评级公司下调希腊主权评级，使其陷入财政危机。随着危机的蔓延和扩大，希腊的财政问题逐渐影响到欧元区的其他成员国，意大利和西班牙等南欧国家，在财政赤字问题上也出现希腊同样的问题，并对全球经济产生一定影响。从此次欧债危机的发展过程中可以看到，有时顺应周期经济形势而切断了发展和联系眼光的宏观经济政策也许会加深经济问题严重性。在一国经济繁荣时，政府会认为这样的状态能够持久下去，于是往往大量举债。然而一旦经济陷入周期性调整的时候，巨大的信用风险就会在此时暴露出来。因此政府在今后制定和实施经济政策的过程中，应该运用长远的眼光，更加注重联系经济发展的前景，不能一味追求高业绩和经济的极速扩张。

——资料来源：王佳玺．欧洲债务危机及对中国的启示［D］．保定：河北大学，2011。

2.2.2 案例分析

1. 欧元区国家发展不平衡与债务过高是危机的主因

（1）欧元区国家经济发展不平衡。尽管欧盟成员国都是世界上较为发达的国家，但其内部存在较大隐患：一是经济发展水平参差不齐。据统计2009年欧盟成员国16国中，人均GDP最高的卢森堡约为94 400美元，最低的斯洛伐克仅有16 200美元。经济发展水平不同步，就会引起国家经济发展战略等产生差异，于是导致经济内部矛盾不可协调。二是国家生产效率高低起伏。在欧盟成员国中，芬兰、德国、法国等属于高生产效率的群体，而希腊、西班牙、葡萄牙等成员国生产效率较低。大量核心产业和高质量发展领域相对集中在高生产效率的国家，造成国家之间恶性的竞争，生产效率的差异进一步扩大，竞争力弱的国家只能依靠信贷和高消费来维持短期经济增长，这就为欧盟经济体系埋下了隐患。三是国家发展模式不尽相同。德国是欧元区经济规模最大的国家，它的发展模式是内需不足而出口强劲；而希腊是联盟中紧急欠发达国家之一，经济主要依靠农业、旅游业和航运业，对外依赖较大，这也导致政府发债频繁。欧元区成员国长期实行的低利率政策，使得希腊等国享受低廉贷款成本，维持了较高的经济增长，但同时也掩盖了其生产效率低但劳动成本高的问题，财政赤字和债务问题愈加严重。

（2）盲目的高福利政策为债务危机的深化埋下了隐患。希腊在2001年1月1日正式成为了欧元区的第12个成员国，希腊在加入欧元区后得到了实实在在的好处，2000—2006年希腊每年得到了占其国内生产总值4%的欧盟结构基金的援助，GDP增长率在加入欧元区后得以快速发展。但是，高福利的政策也为经济发展埋下了隐患。社会福利占GDP的比例逐渐攀升，到2008年达到了18.8%，2009年更是占到了20.6%。如此高的社会福利支出为政府的财政增加了沉重的压力，希腊政府的财政赤字逐年增加。与此同时，希腊的政府消费同样惊人，2009年的政府消费达到了4 544亿欧元。

（3）欧元区内部缺乏有效的财政政策纪律。在欧洲建立经济货币联盟的过程中，法国与德国一直在试图争取欧盟内的政策主导权。这种争夺体现在《稳定与增长公约》的制定过程以及欧洲中央银行的建立过程之中。由于德国历史上曾出现过严重的通货膨胀，并在某种程度上导致了德国法西斯的上台，因此，德国对通货膨胀一直保持高度的警惕。按照《马斯特里赫特条约》（即《欧洲联盟条约》，以下简称《马约》）要求，成员国的财政赤字上限不能超过其GDP的3%，否则将面临惩罚。但是，实际情况却并不是按照约定的严格执行；比如成员国出现财政赤字超标的惩罚程序非常复杂，不利于落实；还有成员国可以上诉或取证证明财政赤字是自然灾害或经济衰退等非正常事件造成……这种名存实亡的纪律，不能有效维护经济货币联盟的稳定性，若有成员国不遵守条约，则可能使整个联盟受损。

（4）财政赤字过大与公共债务过高。欧洲各国大多属于高福利国家，长期奉行“高福利、高税收”的经济模式，这种欧洲模式容易导致高成本、低效率，使这些国家经济增长缓慢，政府需要负担很高的财政支出。以希腊为例，其外汇收入的三大支柱产业在2008年金融危机中均受到很大的冲击，希腊政府只有通过大量举债来维持其金融危机期间刺激经济的开支，而随后政府宣布的削减赤字计划更是在希腊引起大规模罢工。过高的财政赤字与公共债务，以及缓慢的经济复苏步伐，导致欧洲国家爆发主权债务危机的风险普遍提高。

总之，此次欧债危机主要就是债务危机国（希腊）大量举债用于非生产性支出导致无法维持债务，进入恶性循环，从本国财政危机逐渐蔓延至整个欧元区的一次债务危机。

2. 采取了一系列非常规的救助措施

为缓解欧洲债务危机对欧洲经济的不利影响，主要采取以下四种措施：第一，欧盟和国际货币基金组织提供给危机国的紧急救援贷款。第二，债务危机国实行严格的财政紧缩政策并相应地提高税收。第三，欧洲中央银行通过购买欧元区国债及公开市场操作等措施向货币市场注入流动性。欧洲中央银行除了从二级市场购买欧元区成员国国债外，还采取了一系列非常规的救助措施，包括先期推出的为金融机构提供3个月期和6个月期的固定利率贷款；降低欧洲中央银行的贷款抵押条件，以改善货币市场流动性短缺问题。第四，建立强化金融市场监管和长效的欧洲金融稳定机制。欧洲债务危机的发生虽然主要问题并非由金融市场监管松散引起，但是金融市场监管如果比较到位，债务危机也不会发展到现在的程度。欧洲金融稳定机制（European Financial Stabilisation Mechanism，EFSM）成立于2011年1月5日，是由欧盟委员会创立的紧急救助基金，以欧盟预算为担保，在金融市场筹资，通过救助欧盟中经济困难的成员以确保欧洲金融稳定。EFSM是遏制欧债危机蔓延较为重要的防火墙。

2.2.3 案例启示

1. 应该高度重视政府债务问题

中国的债务规模相对来说并不大，到2011年9月，我国国债余额总量为10万亿元，占GDP的比重不足25%，远远低于国际公认的60%安全标准。但是，我国地方债务问题相对严重很多，同期我国地方债务的总规模约为10.7万亿元，如果加上国债余额，中国债务总额占到GDP的50%，接近警戒线水平。要解决我国地方债务问题有以下几点建议：首先，建立有效的地方财政风险预警机制。根据地方政府的财政风险状况，实现财政风险管理的规范化、系统化和科学化。其次，强化内部审计部门在防范地方政府债务风险中的作用。最后，建立比较健全的地方政府融资体系。

2. 合理区分危机后政府与市场的边界

本轮债务危机发生前，政府不干预市场的自由主义理论占主导地位，形成了著名的“华盛顿共识”。然而，此次债务危机席卷全球，西方主要国家却纷纷按照国家干预主义理论，实行大规模的救市措施。各国政府直接干预经济以应对这次金融危机，只是为了防止经济严重衰退的短期特殊政策，并非是对市场经济体制的否定。欧洲债务危机也折射出凯恩斯式的救市不可持续。我国要建立完善的现代市场经济体制，应正确处理政府与市场的关系，坚持市场改革方向。危机过后应明确政府与市场的合理关系，真正做到小政府、大社会，更多用市场手段调节经济。

3. 不断提高政府债务管理水平

中央政府和地方政府在债务管理方面应该加强量化考核管理，特别是对政府债务利息税收比率和利息支出比率两个核心指标的考核管理。通过一定的方法精确计算政府的资金需求，并运用市场化手段降低债券利率成本和控制风险。加强国库现金管理和债券市场化操作，采取切实有效的风险控制管理措施和债务风险防范工具，不断提高政府债务管理能力。

案例2.3 美国次级抵押贷款市场

2.3.1 案例介绍

1. 美国房地产价格持续上涨与政府鼓励住房贷款

20世纪90年代以来，信息技术革命推动美国经济高速发展，经济增长幅度达到了4%，而失业率却从6%降到了4%，通胀率也在不断下降。这一时期，美国住房金融市场最突出的特点是次级抵押贷款及其证券化迅速发展起来与次贷危机的爆发演变。90年代中期以来，美国住房金融市场延续90年代以来的发展态势，一二级市场规模不断扩张，一级市场上从担保主体看，市场中的住房抵押贷款都是传统住房抵押贷款，从利率形式上看，固定利率抵押贷款依然是主流；二级市场来看，多级按揭抵押证券（Mortgage-Backed Securitization，MBS）发展迅速，但市场中依旧是传统转手证券占主导。住房金融在国民经济中发挥越来越重要的作用。

次级抵押贷款产生于80年代中期，90年代中期开始迅速发展起来，获得市场关注。2000年互联网泡沫破灭之后，美国经济出现了减缓的迹象，为了刺激经济增长，美联储连续调低基准利率，利率达到历史最低水平1.13%，拉低了住房抵押贷款利率，30年期抵押贷款利率由1994年的8.35%降到2004年的5.82%。低利率极大地

第3章　利息与利率案例

案例3.1　中国曾实行长期储蓄保值贴补

3.1.1　案例介绍

1. 中国经济中出现了明显的通货膨胀

1988年下半年，中国经济中出现了明显的通货膨胀，1988年中国的通货膨胀率高达18.5%，物价上涨幅度超过储蓄存款利率，形成了储蓄存款的负利率。在1986—1988年的通货膨胀周期中，月度CPI自1987年1月超过5%，至1989年2月达到最高值28.4%，前后共26个月。1988年1月CPI同比增长9.4%，是此轮通货膨胀周期的拐点。

价格改革准备实施的消息在社会上传开后，城市和农村普遍出现了挤兑和抢购风潮。银行的各类储户蜂拥挤兑，银行纷纷告急。在1988年第三季度，居民在银行的储蓄不仅没给存款者带来收入，就连本金的实际购买力也在日益下降，老百姓的反应是到银行排队取款，然后抢购，以保护自己的财产。因此就发生了1988年夏天银行挤兑和抢购之风，银行存款急剧减少。针对这一现象，中国人民银行根据国务院常务会议决定，从1988年9月10日起开办人民币长期保值储蓄存款业务。全国各银行、城市和农村信用社以及邮政办储蓄等部门对城乡居民个人3年期以上定期存款均予以保值。

保值储蓄是物价上涨幅度较大时，国家为保证储户在银行的长期储蓄存款不受物价上涨影响而采取的一种保值、增值方式。国家对长期储蓄存款给予保值旨在通过保值使储户的长期存款在存期内不受物价上涨而受到损失。这是国家在经济转轨时期为避免经济动荡，加强安定团结而采取的一种政策措施。

2. 对城乡居民个人3年以上定期储蓄存款实行保值贴补

1988年9月6日，关于开办人民币长期保值储蓄存款有关问题的通知：遵照国务院第20次常务会议决定，人民银行与各专业银行共同商议后，确定从1988年9月10日开始，对城乡居民个人3年以上定期储蓄存款（指整存整取、存本取息、华侨人民币储蓄存款）实行保值贴补。

具体规定如下：第一，各银行以及城市、农村信用社和邮政储蓄部门以及其他允许办理人民币储蓄的金融机构，对3年以上定期储蓄存款都按保值储蓄贴补率予以贴补。第二，对企业、事业、机关、部队、学校等单位的长期定期存款不实行保值办法，并严禁将国家资金或集体资金以个人名义存入保值储蓄。储蓄和稽核部门要严格审查，如发现将公款存入保值储蓄的，一律不予计息。第三，储户的保值储蓄收益率为规定的储蓄利率加上人民银行总行参照国家统计局的零售物价指数按季平均计算的保值贴补率。城乡居民个人3年、5年、8年定期储蓄存款的现行利率和利差不变，保值贴补率由人民银行总行在执行季度前15天公布下达全国各地统一执行。第四，保值储蓄存款不得提前支取。如果需要提前支取时，则不享受保值贴补，只按原规定利率计息。第五，保值储蓄存款到期不取并不办理转存手续，从存款到期日至提取存款日，只按原储蓄存款利率计息，不再给予保值贴补。第六，保值储蓄贴补率跟随物价浮动，如果出现物价指数下降到银行规定的3年期、5年期、8年期定期存款利率以下时，仍按同档次的储蓄存款利率计息。第七，为了便于反映3年期以上保值定期储蓄存款的变化情况，相应增设下列科目：①在全国银行统一会计科目内增设“0523　保值定期储蓄存款”科目，列入第二类（储蓄存款类）“0521　定期储蓄存款”科目的下面。②各专业银行和邮政部门分别增设“保值定期储蓄存款”科目，并在有关损益科目内增设“保值定期储蓄贴息支出”账户核算。③人民银行本身会计科目增设“0290　邮政缴来保值定期储蓄存款”科目列入第五类（缴存款类）“0287　邮政缴来定期存款”科目的下面，在全国银行统一会计科目内列入第二类“0523　保值定期储蓄存款”科目内；各专业银行和邮政部门对保值定期储蓄存款应按照规定的比例向人民银行办理缴存。

关于3年、5年、8年保值储蓄存款的计算方法和几点说明：一是保值贴补率是与社会商品零售物价指数挂钩的，为简化手续，采用按季平均的零售物价指数，因当季零售物价指数难以取得，只得以上季的零售物价指数作为计算贴补率的依据。由于这是一项新的工作，又需要急办，零售物价指数的取得和保值贴补率的计算方法都有一定难度，只能由中国人民银行总行统一计算，公布长期储蓄保值贴补率。二是保值储蓄存款贴补率的计算公式为：百元存款年贴补率 = {[（存款到期当季物价指数/存入时当季物价指数 - 1）×100] - [存款利率×100×存期]}/存期÷100。三是几点说明：①1988年9月10日以后新存入的3年、5年、8年定期储蓄存款保值贴补率的计算方法如以上公式。②1988年9月10日前存入、9月10日后到期的3年、5年、8年定期储蓄存款贴补率的计算方法也如以上公式，但基期零售物价指数，是经过一定的折算后使用的，其保值补贴从9月10日起计算至到期日。例如：1985年12月1日存入3年定期存款100元，1988年12月1日到期，如1988年第四季度的3年期保值贴补率为3%，对这笔存款除应付利息外，还应支付从今年9月10日至12月1日的保值补贴0.667元（3元÷360天×80天）。③对到期不取的存款，不论延至何时提取，计算保值补贴时只能以存款到期日当季的贴补率为标准。④贴补率计算公式中的零售物价指数系定基指数。通过推出保值储蓄存款贴补后，对名义利率进行了大幅度提高，对通货膨胀带来的损失进行了补偿。中国银行系统对3年定期存款的保值率见表3-1。

表3-1　　中国银行系统对3年定期存款的保值率　　单位：%

季度	年利率	通货膨胀补贴率	总名义利率
1988.4	9.71	7.28	16.99
1989.1	13.14	12.71	25.85
1989.2	13.14	12.59	25.73
1989.3	13.14	13.64	26.78
1989.4	12.14	8.36	21.50

资料来源：《中国金融年鉴（1990）》。

表3-1总名义利率等于年利率和通货膨胀补贴之和。保值储蓄存款贴补使实际利率重新恢复到正数水平，如以1989年第四季度到期的3年定期存款为例，从1988年9月10日（开始实行保值贴补政策的时间）到存款人取款这段时间内的总名义利率为21.5%，而这段时间内的通货膨胀率，如果按照1989年的全国商品零售物价上涨率来计算，仅为17.8%，因此实际利率为3.7%。实际利率的上升使存款的利益得到了保护，他们又开始把钱存入银行，使存款下滑的局面很快得到了扭转。

1988年9月13日，中国人民银行关于开办人民币长期保值储蓄存款的公告：从1988年9月10日起开办人民币长期保值储蓄存款。全国各银行、城市和农村信用社以及邮政办储蓄等部门对城乡居民个人3年期以上定期存款均予以保值。具体保值措施是：人民银行规定的现行利率不变，对3年、5年、8年期的储蓄存款，在现行利率的基础上，按照储户所得利益不低于物价上涨幅度的原则，由中国人民银行参照国家统计局公布的零售物价指数，公布全国统一的保值贴补率。即3年期储蓄的年利率加上保值贴补率，相当于同期的物价上涨幅度。5年和8年期储蓄存款年利率加上保值贴补率后，高于同期物价上涨幅度。长期储蓄存款的保值贴补率跟随物价浮动，如果出现物价指数下降到银行规定的3年、5年、8年定期存款利率以下时，仍按原规定储蓄利率计息。实行保值措施后，如储户提前支取，仍按实存期限利率计息，不予保值补贴。保值储蓄存款到期后不取，从存款到期日至提取存款日按原利率计息，不予补贴利息。

3. 保值储蓄存款贴补使实际利率重新恢复到正数水平

遵照中华人民共和国国务院决定，中国人民银行确定从1988年9月10日开始，对城乡居民个人3年以上定期储蓄存款实行保值贴补。保值储蓄存款贴补使实际利率重新恢复到正数水平，如以1989年第四季度到期的3年定期存款为例，从1988年9月10日（开始实行保值贴补政策的时间）到存款人取款这段时间内的总名义利率为21.5%，而这段时间内的通货膨胀率，如果按照1989年的全国商品零售物价上涨率来计算，仅为

17.8%，因此实际利率为 3.7%。实际利率的上升使存款的利益得到了保护，他们又开始把钱存入银行，使存款下滑的局面很快得到了扭转。保值储蓄的实施，有效地缓解了因通货膨胀预期增长带来的通货膨胀。1988 年 9 月，中央决定实行治理整顿。治理整顿实施后，国家经济局面发生了新的变化。国务院采用行政手段控制价格和基本建设，并取消了一些已经实施的放开搞活企业的改革措施，收回了中央下放到地方和企业的一些。最终，通货膨胀受到遏制，但是也随之出现了"经济滑坡、市场疲软、生产停滞"的局面。

——资料来源：http：//www.chinaacc.com/new/63/69/110/1988/9/ad51711111398891383.htm？timer = tc。

3.1.2　案例分析

1. 经济发展速度过快与信贷发放过猛

从 1984 年第四季度起，经济发展速度过快，信贷发放过猛。中央曾试图以行政手段控制信贷发放，但未能奏效。1985 年，时任国务院总理赵紫阳提出了"软着陆"，即不是通过一年，而是通过数年，缓解经济过热，不再像 1981 年一样通过大砍基建项目从而在短时间内紧急调整经济。经过 1986—1987 年两年，经济环境从紧张逐步放松，经济既获得降温，又没有出现衰退。1987 年，国民生产总值增长 10% 以上，国民收入增长 10% 以上，工业总产值增长 17% 以上，农业增长近 6%，商品零售价格指数上涨 7.3%。

当时正在进行经济体制改革，从原来的计划经济体制向一定程度的市场经济体制过渡。商品价格实行价格双轨制，即一部分商品价格由国家计划控制，另一部分商品价格由市场决定。由国家控制商品价格带来的问题是：一方面国家需要投入大量财政资金用于城市农副产品等的价格补贴；另一方面工资过低，购买力不强，而企业生产又没有积极性，无法按照市场规律进行改革从而获得竞争力。这导致国家、企业和居民三方面都不满意。同时，一部分人利用价格双轨制进行投机，以各种手段通过低价囤积国家计划控制内的产品，再以高价在市场出售，牟取暴利，既影响国家控制价格，又造成市场不稳定，价格波动。

1988 年市场上物价不断上涨，而价格扭曲问题并没有根本缓解，"官倒"等现象引起人民不满。中共中央遂于 1988 年 5 月提出进行价格闯关，准备以物价上涨一定水平为代价，有计划地全面调整价格，改变价格严重扭曲的现状。在中共中央政治局扩大会议刚刚通过价格改革方案，具体实施方案尚未制定，改革出台时间尚未确定之时，国内新闻媒体便开始大张旗鼓地宣传。一时间，社会普遍流行"物价涨一半，工资翻一番"的传言，人们对通货膨胀的预期迅速增长，而政府又没有承诺保值储蓄。在这种情况下，1988 年夏季，各地银行发生了挤兑风潮，各类商品遭到抢购。一些商店和企业趁机涨价，而银行储蓄比预计减少了 400 亿元，银行不得不通过大量印制人民币来缓解困境。由此，已经存在的通货膨胀进一步严重。

我国长期实行保持物价基本稳定的价格政策，1952—1978 年的物价上涨率平均在 1% 左右。但自 1978 年年底经济体制改革以来，物价上涨幅度较大，1987 年全国零售物价总指数上涨 7.3%，1988 年上半年上升 13%，而同期银行储蓄存款利率只有 7.2%（一年期定期储蓄存款年利率），即城乡居民储蓄存款实际利率出现负数，引起了储蓄存款下降，直接影响储户的经济利益。为稳定银行储蓄存款，扩大银行资金来源，中国人民银行根据国务院的决定，发布《关于开办人民币长期保值储蓄存款的公告》。公告规定，全国各银行、城市和农村信用社以及邮政代办储蓄等部门对城乡居民个人 3 年期以上定期存款均予以保值。具体保值措施是：人民银行规定的现行利率不变，对 3 年、5 年、8 年期的储蓄存款，在现行利率的基础上，按照储户所得利益不低于物价上涨幅度的原则，由中国人民银行参照国家统计局公布的零售物价指数，公布全国统一的保值贴补率。

2. 保值贴补息导致银行大面积亏损和经营雪上加霜

保值贴补息由银行自行消化，导致银行大面积亏损，使银行经营雪上加霜，与银行的经营原则相背离。保值贴补率是根据物价水平来确定的。自 1994 年 3 月国家针对物价上涨高达两位数，最高月份突破 20% 的状况，公布了保值贴补率，用其加上 3 年、5 年、8 年期整存整取储蓄存款在保值期内分别按 12.24%、14.94%、17.64% 的年利率，已超过或接近物价上涨率，以此来保证储户的利益。但是由于物价水平一直居高不下，因此，保值贴补率也随之一路攀升。1994 年第 3 月公布的保值贴补率为 1.9%，到 1995 年 3 月升到 11.87%，比 1994 年高出约 10 个百分点。从 1995 年 1～11 月，保值贴补率基本上在两位数上运行。保值贴补率的大幅度上涨，对居民个人来说是件好事。它避免了储户的长期存款因物价上涨而受到的损失，又使储户得到一定的收益，可以说保值储蓄给居民的储蓄存款增加了一道“保护层”；而对银行来说，通过对长期储蓄保值虽在一定程度上稳定了储蓄的下滑，但保值贴补率的大幅度上涨给银行带来巨大压力，压得银行喘不过气来。它增加了银行的资金成本：导致银行大面积亏损，使银行经营雪上加霜。因为，目前银行最基本的盈利方式是吸收存款、发放贷款、收取利息，银行利润的大小取决于存贷利差的大小，在某种程度上，利差越大，利润就越高，反之，利润就越低。目前我国的存贷款利差十分微小，加之，信贷资金质量低下，可结息贷款较少，在这种情况下，反而增加了保值贴补息的支出，而且保值息将由银行自行消化，导致银行存贷利率倒挂，银行面临亏损。

3. 长期储蓄存款的保值贴补率跟随物价浮动

具体保值措施是：人民银行规定的现行利率不变，对 3 年、5 年、8 年期的储蓄存款，在现行利率的基础上，按照储户所得利益不低于物价上涨幅度的原则，由中国人民银行参照国家统计局公布的零售物价指数，公布全国统一的保值贴补率。即 3 年期储蓄的年利率加上保值贴补率，相当于同期的物价上涨幅度。5 年和 8 年期储蓄存款年利率加上保值贴补率后，高于同期物价上涨幅度。长期储蓄存款的保值贴补率跟随物价浮动，如果出现物价指数下降到银行规定的3年、5年、8年定期存款利率以下时，仍按原规定储蓄利率计息。实行保值措施后，如储户提前支取，仍按实存期限利率计息，不予保值补贴。保值储蓄存款到期后不取，从存款到期日至提取存款日按原利率计息，不予补贴利息。

3.1.3 案例启示

1. 银行应保持实际利率水平为正数

实际利率是指剔除通货膨胀率后储户或投资者得到利息回报的真实利率，其简化公式为：实际利率 = 名义利率 - 通胀率，实际利率往往不能直接观察到。名义利率是央行或其他提供资金借贷的机构所公布的未调整通货膨胀因素的利率，即利息（报酬）的货币额与本金的货币额的比率，即指包括补偿通货膨胀（包括通货紧缩）风险的利率。从二者的关系来看，当通货膨胀率大于名义利率时，实际利率就为负数，居民的储蓄本金和利息都会受到损失，就会挤提存款，给银行带来严重影响。所以，保值贴补率即同期物价上涨率和同期储蓄存款利率的差额，进行贴补后实际利率为正，保障储蓄者的本金不受因物价水平上涨而造成的损失，银行应根据通货膨胀情况调整利率水平，以保持实际利率水平为正数，才能保持存款的稳定性。

2. 实行市场化利率运行新机制

要改革中央银行利率，设置再贷款、再贴现和公开市场操作三种利率，并高于同业拆借利率，以鼓励商业银行在资金紧张时，先大力吸收存款，再到同业市场上拆借，最后再找央行解决，以增强商业银行的独立性。对商业银行实行浮动利率制度，在建立健全风险约束机制的前提下，放宽对金融机构贷款利率浮动的限制。商业银行可根据企业的资信状况，确定不同档次的浮动利率，并在适当时机放开对商业银行贷款利率限制，放宽贷款利率浮动限制后，可规定存款利率浮动制度，可规定一个上限，由商业银行在上限内根据市场资金供求、金额、期限、自身市场占有份额等自主决定具体存款利率，以形成市场化的利率运行新机制。

3. 政府应加强对市场的监管

在我国新的历史条件下，搞好政府监管，一要创新，二要加强。对此要高度重视，深刻认识，这是健全社会主义市场经济体制的内在要求。在社会主义市场经济体制框架中，既要发挥市场对资源配置的决定性作用，又要更好地发挥政府的作用，特别是加强对经济社会运行的引导、监督和规范作用。简政放权是要把本来属于市场、公众、企业、社会组织和地方政府的权力交出去，充分尊重它们的权利，发挥它们的应有作用，最大限度地增进经济社会发展活力、创造力和运行效率。同时，放权不等于一放了之，完全撒手不管。

案例 3.2　美国存款利率市场化改革

3.2.1　案例介绍

1. 美国两次石油危机与严重的通货膨胀

20 世纪 70 年代至 80 年代初，美国经历了两次石油危机，严重的通货膨胀迫使存款利率也必须适时进行相应的调整，但当时美国的存款机构仍然受制于 Q 条例对存款利率的管制，使得在两次石油危机期间出现了严重的负利率，使得在此期间银行的吸储能力受到了极大威胁，催生了利率市场化的要求。经济衰退制约了股市的表现，而通胀高企下存款利率又有管制，使得美国的货币基金在 70 年代滞涨期迅速兴起。货币基金类似银行的活期存款，又规避了 Q 条例的利率管制，成为 70 年代通货膨胀期间最大的赢家，货币市场基金的净资产从 1977 年的 37 亿美元膨胀到 1982 年的 2 200 亿美元，直到 1982 年美国的银行业推出货币市场存款账户，才暂时扭转了货币市场基金的膨胀。货币基金的迅速兴起使得金融机构纷纷通过各种途径提高存款利率，反过来又倒逼利率市场化。

2. 美国利率市场化经历了三个不同的阶段

（1）1970—1977 年是美国存款利率市场化的准备期。1970 年 6 月，美国总统尼克松成立了“金融结构与管制委员会”，1972 年该委员会发表了“亨特委员会报告”，1973 年，尼克松提出了“美国金融制度改革建议”并送交国会。在此期间，1970 年 6 月实行了 10 万美元以上、3 个月以内的短期定期存款的利率自由化，还取消了 90 天以上的大额存款的利率管制。

（2）1978 年起，美国银行业的存款利率市场化正式拉开序幕。1978 年，美联储规定银行发行成熟期为 6 个月定期存款（Certificate of Deposit，CD），利率则受到每周的国债拍卖市场价格的限定。尽管 CD 最低限额门槛较高，存款机构的资金仍大量流入到这些监管较松的 CD 产品之上，截至 1980 年年底，存款余额骤增到 1 780 亿美元。同期，美国银行业的储蓄存款余额下降了约 200 亿美元，显示客户开始将资金从支付较大监管利差的账户中转入到较低的监管利差账户之中。而在美林证券公司开发出首个现金管理账户以及货币市场共同基金（Money Market Mutual Funds，MMMFs）盛行起来之后，资金迁移势头加速，即为美国历史上典型的“脱媒化”过程。

由于存款客户上述的迁移行为导致美国银行业存款大量流失，各银行开始施压和游说金融监管当局提供新的平等竞争条件，与不受“Q 条例”监管的非存款类金融机构展开竞争。为了满足银行业的要求，1980 年 3 月，美国国会通过了“1980 年存款机构放松管制以及货币控制法”。同年建立了存款机构放松管制委员会（Deposit Institution Deregulation Committee，DIDC）。1981年，DIDC宣布存款利率的市场化过程将在6年内分阶段完成。

1982年颁布的“加恩—圣杰曼存款机构法案”责成DIDC创造一个与证券业MMMFs竞争的金融工具，被称之为“货币市场存款账户”（Money Market Deposit Accounts，MMDAs）。截至1983年年底，仅商业银行吸收的MMDA存款余额高达2 300亿美元。1982年存款机构法案也取消了银行跨州经营的限制。即美国历史上所谓“反脱媒化”过程。值得注意的是，美国金融业的“反脱媒化”过程系通过金融监管当局主导的产品创新过程来推动和实施的。1983年10月，DIDC进一步修订“Q条例”，消除对一个月以上定期存款的所有利率的管制，“监管利差”从而受到进一步缩窄。1986年1月1日，DIDC宣布满足利率放松监管的账户最低金额不再受到限制，从原来的2 500美元降至零。1986年3月31日起，客户存款利率管制被完全取消。

（3）1986年3月实现存款利率上限的废除，并降低账户最低金额的限制。美国利率市场化的过程从大额存单开始，后通过自动转账服务（Automatic Transfer Service，ATS）账户、小额储蓄存单、可转让支付命令活期存款（Negotiable Order of Withdrawal，NOW）账户、货币市场存款账户（MMDA），从长期到短期，首先将利率的上限随相应期限的国债利率波动，最终实现存款利率上限的废除，并不断降低账户最低金额的限制。从引入小额储蓄存单使30个月以上的存款利率上限随国债波动，到建立最小金额为2 500美元无利率上限的货币市场账户和超级NOW账户，整个利率市场化过程按既定目标于1986年3月正式完成。美国存款利率市场化详细过程见表3－2。

表3－2　　美国利率市场化详细过程

时间	事件
1970年6月	放松对10万美元以上、90天以内的大额存单的利率管制
1971年11月	准许证券公司引入货币市场基金
1973年5月	取消对10万美元以上、90天以上的大额存单的利率上限
1978年6月	推行实行浮动利率上限、面值高于1万美元、期限为26周的货币市场存单
1978年11月	自动转账账户合法化，允许需要时存款可从储蓄账户自动转到支票账户进行支付
1979年7月	推出拥有浮动利率上限、无最低面额、期限在30个月以上的小额储蓄者存单
1980年3月	确定6年内逐步取消“Q条例”
1980年12月	允许全国所有存款机构设立可转让支付命令（NOW）账户
1981年12月	推出无利率上限、无最低面值的新型IRA－Keogh账户
1982年5月	取消超过3年半定期存款的利率上限，允许面值高于7 500美元、超过91天存款账户的利率上限浮动

续表

时间	事件
1982 年 9 月	准许面值高于 2 万美元、期限为 7 ~31 天存款账户的利率上限浮动
1982 年 10 月	推出条款能与货币市场基金竞争的存款类型（Garn – St. Germain Act）
1982 年 12 月	准许设立无利率上限、无最短期限、面值高于 2 500 美元、每月可转账 6 次的货币市场存款账户
1983 年 1 月	推出允许无限次转账的超级 NOW 账户；取消面值高于 2 500 美元、期限为 7 ~31 天账户的利率上限
1983 年 10 月	取消活期存折和正常 NOW 账户以外的所有账户利率上限
1986 年 10 月	取消所有利率上限，但仍不对活期账户支付利息
2010 年 7 月	废除不得对活期存款支付利息的规定（Dodd – Frank Act）

资料来源：黄小军．美国利率市场化进程及其对我国银行业的启示［J］．银行家，2014（12）：86 –91。

随着存款利率市场化的逐步启动和展开，特别是 20 世纪 70 年代末期客户存款利率的市场化导致了美国银行业负债结构的转变，具体表现为：银行业的利率敏感性资金比重上升，利息成本逐渐成为银行业最主要费用。令美国银行业更为头痛的是，20 世纪 80 年代存款利率市场化后，甚至连银行的核心存款本身也开始对市场利率产生敏感。导致上述情形的根本原因仍然是 20 世纪 70 年代和 80 年代早期美国波动率极高的利率水平所致，而同时并存的高通胀率也加速了银行负债结构的转型。其直接结果导致银行的短期资产往往由对市场利率敏感性极高的市场负债来融资，而逐渐丧失以往核心存款所特有的忠诚和黏着等属性。

银行负债结构的市场化趋势对当时美国银行业的影响极其深远。首先，它大大加剧了银行业的流动性风险。其次，它加大了银行业潜在的利率风险，并对银行的资产负债管理提出了更高的要求。特别是规模较大的银行在进行负债管理时，必须在长、短期资金之间进行权衡。从市场利率期限结构的角度看，银行若借入更多的短期市场资金，虽然流动性较强，但利率风险可能较大；长期资金虽然比较稳定，但成本过高。所以科学的资产负债管理成为美国银行业改善盈利、管理风险的重要方式。

3. 存款利率市场化后涌现出许多“反脱媒”创新产品

存款利率市场化过程开始后，美国商业银行业在激烈的竞争中表现不俗。在利率市场化过程中涌现新产品如 MMDAs 和超级 NOW 账户等在极大程度上抵御了当时证券业的猛烈进攻。据统计，在 20 世纪 80 年代末期，美国金融业的总体流动性资金来源共 5 万亿美元，而商业银行几乎占据 1/3，储蓄机构约占 20%。货币市场基金和证券经纪商合计 10%。其他的主要有短期国债、银行承兑凭证、商业票据等（共 37%）。在 80 年代中期，银行占比仅下滑到 29% 左右，证券业为 7% 左右。这说明存款利率的市场化与随之衍生出的“反脱媒”创新产品对银行业存款的竞争应当起到一定的积极作用。利率市场化之后，银行在可流通的CD市场、联邦基金市场、欧洲美元市场和银行控股公司发行的商业票据市场中拿到市场定价的资金。

——资料来源：傅勇．危机与契机：美国存款利率市场化回顾［J］．金融市场研究，2013（12）：63－74。

3.2.2　案例分析

1. 利率管制弊端是存款利率市场化改革的主因

美国的利率市场化是围绕着Q条例的松动和取消展开的。虽然Q条例形成了庞大的既得利益群体，但滞胀、技术进步和欧洲美元市场的快速发展，使得利率管制下的美国银行业经营日益艰难，危机的压力最终导致博弈天平倾向了利率市场化。Q条例禁止商业银行对活期存款支付利息，并对储蓄存款和定期存款规定利率上限。条例开始只适用于联储会员银行，随后扩展至非会员银行。Q条例客观上对大萧条之后特别是第二次世界大战时的金融稳定和发展起到了积极作用。1966年后，储贷机构也被纳入Q条例管辖范围，但其利率上限比商业银行高0.25个百分点。利率管制限制了银行业的竞争，针对金融机构的差异化政策造就了特定的既得利益群体，特别是以储贷协会为主体的政府扶持型“准政策性”房地产金融机构，以及大量其他的中小金融机构。1965年以来，通货膨胀和市场利率的大幅上升使得Q条例难以为继。Q条例对存款利率上限最初规定为3%，1936年微调为2.5%，此后20年未作变动。20世纪50年代中期到60年代中期美国通货膨胀率不超过3%，Q条例未受明显挑战。但1964年后，在越南战争和石油危机冲击的背景下，美国实施了扩张性财政政策和货币政策，物价迅速上升，甚至在1980年达到13%的高位。通货膨胀推升了市场利率并加剧了市场利率的波动。为应对通货膨胀，利率上限有过几次微幅上调，但是实际存款利率仍长期保持低位，储户遭受损失，呼吁放松利率管制。

20世纪60年代以后，以Q条例为代表的利率管制乃至金融管制措施越来越不适应经济金融的发展，其弊端逐渐显现。

首先，僵化的资金价格不能使资金向优质银行配置，经营能力强的银行其规模难以扩展，难以通过正常的市场竞争实现银行体系内的优胜劣汰。

其次，银行机构经营困难，难以应对证券市场的挑战，金融体系出现不稳定。僵化的利率管制不能适应当时通货膨胀的严峻形势。高通胀导致的负市场利率环境下，银行存款对投资者的吸引力急剧下降。同时，证券市场的不断发展，金融国际化、投资多样化又导致银行存款大量流向证券市场或转移至货币市场。传统银行业务急剧萎缩，一些存款性金融机构如美国储蓄和贷款协会出现了生存危机。

第三，金融体系的扭曲限制了货币调控机制发挥作用。银行存款利率上限的规定限制了银行吸收存款的能力，当资金需求旺盛时，造成信用供应不足。如1966年后就接连发生多次信用危机。同时，银行创造了大量新金融工具来逃避管制、扩大资金来源，这在增加流动性的同时削弱了中央银行货币调控的能力。

为了摆脱经营困境，商业银行以金融创新来逃避利率管制，如可转让支付命令（NOW）账户等。金融创新活动中还形成了专门投资于货币市场高质量短期债务工具的货币市场基金，这些基金投资于商业票据、大额可转让存单、短期国债、回购协议和银行承兑汇票等。这些新型金融工具规避了Q条例的限制，可以享有定期存款的利息，能随时变现和支付结算，货币市场基金可转换为资本市场的其他基金。

2. 存款利率市场化对存款机构的影响是多重的

美国利率市场化正式启动后，利率水平得以反映资金供求关系和通货膨胀情况，显著上升，且波动加剧。从均值来看，1978年存贷款名义利率分别为6.74%和7.93%，以后逐步上升，1981年达到19.24%和20.35%的峰值，之后开始回落并趋于稳定。利率管制放松后，存贷利差在开始一段时间有所扩大，但由于存款机构竞争加剧，总体来看，利差仍呈现缩小趋势。1975—1979年存贷款平均利差为1.53%，1980—1985年利差扩大为2.3%，1986—1990年又下降至1.67%，回到了利率市场化改革前的水平。

利率市场化对存款机构的影响是多重的。一方面缓解了资金外流压力，增强了竞争力；另一方面加大了利率波动，使存款机构暴露于更多的利率风险中，而这又促使存款机构开拓利率敏感性较低的业务。"脱媒"现象得到缓解，竞争力提升。利率市场化营造了公平的竞争环境，提高了金融资源的配置效率，增强了存款机构吸收存款的能力，扩大了资金来源，银行的支付和信贷供给能力迅速提高。同时，在存款机构可以开设MMDA和Super NOW账户后，之前急剧上升的货币市场共同基金增速出现下降，"金融脱媒"现象得到一定缓解。中间业务比重上升，净利息收入占比下降。利率市场化提高了存款机构的资金成本，收窄了利差，迫使银行增加非利息业务的比重。

3. 分步废除Q条例并取消存款利率的上限

从20世纪60年代中期开始，随着"金融脱媒"现象愈演愈烈，美国政府开始高度重视这一问题，分步废除Q条例。1970年，尼克松总统命令成立"金融结构与管制委员会"，该委员会于1971年12月提出了著名的"亨特委员会报告"，厘清了Q条例的弊端，并得出"自由竞争和少加管制的存款机构能够促进资金的最优配置，并有助于建立一个稳定的金融货币体系"的结论。1973年，尼克松政府将《美国金融制度改革建议》送交国会，建议在5年半内，分阶段废止Q条例。1975年11月，众议院金融业领袖共同发表了《金融机构与国民经济检讨纲要》，建议5年内废除Q条款。1980年3月，美国政府制订了《废止对存款机构管制及货币控制法》，其中与取消利率管制相关的决定有：一是在6年内逐步提高Q条例规定的利率上限，并分阶段取消所有存款机构定期存款和储蓄存款利率的上限。在此之前，仍维持商业银行和互助储蓄业之间的利率差距；二是成立"存款机构放松管制委员会"，根据经济情况和金融机构的安全性和稳健性，从大额、长期存款向小额、短期存款推进，逐步放松利率上限直至取消；三是准许全国性的存款金融机构开办可转让提取通知书账户（NOW账户）；四是撤销各州政府对于住宅抵押贷款、超过 25 000 美元的商业或农业贷款的利率限制；五是联邦信贷联社发放贷款的利率最高限自 12% 提高到 15%，在某些情况下可以提高到 15% 以上。1982 年 10 月，美国出台了《1982 年存款机构法》，准许存款金融机构开办货币市场存款账户和超级可转让支付账户两种类型的存款，均无存款期限和利率限制。

3.2.3　案例启示

1. 多层面培育利率市场化环境

利率市场化改革不仅仅是利率管制的放开，更多条件是在利率放开之外，需要从多层面培育利率市场化环境。规范政府融资平台的市场化融资，减少地方政府对银行的干预，培育货币市场和市场利率的形成机制。这些因素是利率完全市场化的条件，需要与利率市场化进程同步推进。从享受价格管制红利转向真正经营风险是银行在后利率市场化时代转型的必然方向，而如何在风险与收益之间寻求均衡正成为银行需要直面的核心问题，也将成为在下一轮长跑中胜出的关键。

2. 利率市场化应循序渐进

由于资金流动性较高，利率市场化改革在地方试点的难度较大。美国利率市场化的做法是分步放开不同账户和金融产品的利率管制。相应地，我国应该考虑小幅渐进上调存款利率上限，给商业银行更大的自主定价空间，为银行和金融市场保留适应期，为决策者保留观察期。在利率市场化改革过程中，必须谨防中国金融系统的“大而不倒”的道德风险问题。中国对银行存款实行隐性无限担保，与发达国家相比，部分金融机构和非金融性公司的经营决策更具道德风险。而商业银行对于中国的经济发展和社会稳定至关重要，不仅堪称当前最重要的经济支柱，而且在宏观经济调控的政策环境下承担着非常重要的作用。

3. 重视利率市场化的风险

首先，在利率市场化的背景下，中小金融机构和中小企业值得关注，但如何限制差别化政策的负面效果，值得考量。美国利率市场化的一个失败之处就是未能妥善处理“准政策性”住房金融机构。在住房市场上，获取廉价的按揭贷款被视为家庭的一项基本权力，美国支持家庭购房的途径就是大力扶持互助储蓄协会，同时政府对房地产市场不加干预，最终导致大量储贷协会倒闭。因此，利率市场化必须以金融机构尤其是政策性金融机构妥善处理历史包袱、增强财务约束力为前提。其次，在利率市场化过程中，建立存款保险制度势在必行。最后，要做好风险承受能力较弱的中小银行的压力测试，注意评估银行的利率风险。

案例3.3　英国"一步到位"式利率市场化改革

3.3.1　案例介绍

1. 英国在内外双重因素作用下进行了利率市场化改革

利率市场化是指形成以中央银行基准利率为引导，以同业拆借等利率为金融市场基础利率，各种市场利率保持合理的利差和分层有效传导的利率体系。20世纪70年代以前，世界各国和地区普遍实施了利率管制措施，这虽然在一定程度上保护了中小金融机构，降低了企业融资成本，但随着社会的发展和时间的推移，利率管制的弊端日益暴露，低效率、金融"脱媒"等问题较为严重。针对这种现象，麦金农和肖提出了"金融深化理论"，建议金融受到抑制的经济体应该取消金融抑制政策，放松利率管制，恢复金融体系配置资源的能力。该理论深受各国欢迎，随即一场以利率市场化为核心的金融自由化改革浪潮在世界各国掀起。

英国银行业一直以"利率协定"的形式维持着市场利率与中央银行利率的稳定关系。20世纪60年代末，一方面由于国内高通货膨胀使得货币当局对利率水平的控制力不从心，英格兰银行的货币政策调控难以实现目标，国内外利差显著，资金流失严重，英国银行面临国际银行业的挑战，国际收支恶化导致英镑大幅贬值；另一方面国际资本市场的迅速发展也给英国带来压力。英国在内外双重因素的作用下，在20世纪70年代进行了"一步到位"式的利率市场化改革，1971年一举废止利率协定。

2. 英国从利率管制走向利率市场化

英国金融自由化自20世纪70年代初启动，80年代实现了完全的自由化。其中利率市场化从1971年开始，1981年完成。英国从利率管制走向利率市场化大致经历了三个发展阶段。

（1）利率管制阶段（第一次世界大战到20世纪60年代）。第一次世界大战以后，英国已经存在利率管制，主要形式是银行间的利率协议，而非行政性干预。在以英格兰银行贴现率为中心利率的控制体系下，票据交换银行共同制定存贷款利率，即通过银行之间的利率卡特尔协议，使存贷款利率随再贴现利率同步变动。30年代的大危机强化了政府对经济的干预，英国利率管制一直持续到60年代。

银行间利率卡特尔协议主要包括三部分：①存款利率协议。支票存款不支付利率，通知存款利率比再贴现利率低2个百分点。②贷款利率协议。贷款及透支利率比再贴现利率高0.5～1.0个百分点，最低不得低于再贴现利率的4%～5%。③拆借利率协议。拆借利率比存款利率稍高，但最低不得比再贴现利率低1个百分点。协议利率与再贴现利率密切联动，英国央行通过调整再贴现利率影响市场利率，进而影响货币数量。

1968年以前，英国共有7家票据交换银行，1968—1970年合并为6家。其中4家位于伦敦的分别为巴克莱（Barclays）银行、劳埃德（Lloyds）银行、米德兰（Midland）银行和国民威斯敏斯特（National Westminster）银行，合计存款占银行业的80%以上。

（2）利率市场化初期（20世纪70年代）。20世纪60年代末，西方各国经过第二次世界大战后20多年的快速发展之后，政治与经济环境发生了巨大变化，特别是经济新自由主义思潮兴起，国际贸易与资本流动加快，金融创新开始涌现，金融管制的弊端日益凸显。在此背景下，西方国家开始新一轮广泛的金融自由化浪潮，利率市场化为其中一项重要的改革内容。具体到英国而言，三大因素推动了利率市场化进程：①利率管制弊端。受管制的银行业竞争力不断削弱，存款流失严重；由于利率缺乏弹性，英镑利率与欧洲美元利率差距扩大，引发国内资金外流。②货币政策中介目标变化。60年代初期，英国货币政策将利率作为货币政策中介目标。随着通胀加剧，市场利率上升，货币当局控制利率力不从心。1968年英格兰银行将货币政策中介目标改为货币供应量，为利率市场化埋下了伏笔。③英镑危机。1967年英镑因国际收支恶化而大幅贬值，英国被迫向国际货币基金组织申请贷款支持。1968年IMF代表团赴英考察指出英国金融政策的错误，即紧缩期间为支持长期公债价格而将利率维持在低位，丧失对货币供应量的控制能力。因此，IMF建议英国放弃低利率政策，并推进利率自由化。

经过充分酝酿后，1971年9月英格兰银行公布《竞争与信用监管规则》（Competition and Credit Control），实施新的金融管控手段，主要方案为：①废止对银行贷款的数量控制；②规定最低储备与资产比例，扩大特别存款制度所适用的金融机构范围；③废止银行间和贴现机构之间的存贷款利率协定；④各银行自行确定贷款利率，不再与央行基础利率挂钩；⑤原则上停止支持长期公债价格的操作；⑥不再保持28%的流动性资产比率，由银行逐日自行维持统一的最低储备与资产比率，即合格负债的12.5%。

新规则的宗旨是建立促进银行间公平竞争的金融管理体制，提高经营效率，强化金融政策的有效性。此后，各票据交换银行采取个别定价的方式，宣布所谓的基本利率办法。事实上，这是一种参考性的贷款利率结构，适用于各类借款者并与存款利率之间有关联。1972年10月，英格兰银行决定以最低贷款利率取代贴现率，作为商业银行制定利率的准绳。1973年9月，英国经历了全球普遍性的通货膨胀，经济衰退和货币贬值压力，导致不得不再度采取利率干涉的政策，英国财政部要求银行不得对1万英镑以下的存款支付高于9.5%的利率。该临时管制政策直到1975年2月才终止。

（3）完全利率自由化阶段（1981年至今）。1981年8月，英格兰银行宣布取消每周公布的最低贷款利率；1986年英国政府取消对抵押贷款利率的指导，自此英国的利率管理体制走上了完全自由化的道路。商业银行不再参考央行的最低贷款利率调整存贷款利率，而是根据市场供求情况自主决定存贷款利率。在具体操作中，巴克莱、劳埃德、米德兰和国民威斯敏斯特四大银行的存贷款利率实际上取代了英格兰银行的最低贷款利率角色。其他商业银行参考四大银行的存贷款利率上下浮动。目前，英格兰银行仅公布官方基准利率（即商业银行上存央行的准备金利率），商业银行从中观察货币政策变化风向，进而确定自己的存贷款利率。

3. 英国利率市场化属于“一步到位”的激进改革型

总体看，英国的利率市场化属于激进改革型，一步到位，不同于美国等国家先从存款利率入手再到贷款利率、先从小额逐步向大额过渡的渐进方式。英国的实践表明，各国利率市场化改革没有固定的模式，可在推进过程中结合环境变化回溯调整以确保宏观经济运行的稳定发展。利率市场化实施一两年后，英国的经济又承受了高通货膨胀、经济衰退及英镑贬值的压力，英国政府再次干涉利率。1973 年 9 月，财政大臣要求银行不得对 1 万英镑以下的存款付高于 9.5% 的利率，这种限制一直持续到 1975 年 2 月。1979 年，英国取消了对外交易的外汇管制，实现国际金融交易自由化。1981 年，英格兰银行取消最低贷款利率，利率完全实现自由化。利率市场化改革后，英国的宏观经济环境趋于稳定，通货膨胀率走低，银行存贷款利率变动更有弹性，实际利率长期为负的情况得到扭转。英国在 20 世纪 80 年代又对金融业进行了以金融服务自由化为核心内容的改革，金融机构综合化经营趋势和竞争增强，银行收入呈现多元化特征。金融创新层出不穷，以股票为代表的直接融资工具获得较快发展。1982 年英国推出了存款保险制度，削减了存款人在金融创新过程中面临的风险，有利于防范系统性金融风险。

——资料来源：王家强，瞿亢．英国利率市场化的历史沿革与银行业应对策略［J］．中国货币市场，2012（07）：24－30。

3.3.2 案例分析

1. 英国银行间利率协定使实际利率处于“负利率”状态

英国的利率管制表现为银行间的利率协定，在第一次世界大战之后就存在。以中央银行的再贴现率为基础，商业银行对存贷款利率和同业拆借利率执行以下协定：一是存款利率协定。支票存款不支付利息，通知存款利率低于再贴现率 2 个百分点。二是贷款利率协定。贷款和透支利率比再贴现率高 0.5～1.0 个百分点。三是拆借利率协定。拆借利率比存款利率稍高，但最低利率应比再贴现率低 1 个百分点。在这种协定下，市场利率与英格兰银行的再贴现率有紧密的联动关系，英格兰银行通过调整再贴现率影响市场利率。

20 世纪 40～60 年代，英国不同类型的金融机构之间几乎不存在竞争。例如，银行业服务专门由银行提供，住房融资服务则专门由住房抵押贷款互助会提供。20 世纪 60 年代末至 70 年代初，英国的通货膨胀加剧，实际利率处于“负利率”状态。因为公众对通货膨胀上升的预期，货币当局有关控制利率水平的操作难以达到预期的目标，为此英国货币当局开始转向以货币供应量为货币政策中介目标。与此同时，利率管制削弱了银行业的竞争力，银行存款流失。20 世纪 60 年代末，政府放开了进入伦敦金融城的限制，外国银行迅速渗透到英国银行体系，加剧了银行业竞争。随着国际资本的频繁流动和欧洲美元市场的不断扩大，缺乏弹性的管制利率导致国内资本的外流，扰乱了国内的金融秩序。1967 年 11 月，英镑因国际收支发生危机而贬值。

为了提高货币政策有效性，促进金融机构间的自由竞争，提高其经营效率，抑制国际短期资本的过度流入，维持英镑币值的稳定，1971 年 9 月英格兰银行公布了一份“竞争与信用管制”（Competition and Credit Control）报告，提出了金融改革方案，于同年 9 月开始实施。其中一项重要的改革内容就是废止银行间利率协议，由银行自行决定利率。利率市场化实施一两年后，英国的经济又经历了高通货膨胀、经济衰退及英镑贬值的压力，英国政府再次对利率进行干涉。1973 年 9 月财政大臣要求银行不得对 1 万英镑以下的存款支付高于 9.5% 的利率，这种限制一直持续到 1975 年 2 月。1979 年英国取消了对外交易的外汇管制。实现国际金融交易自由化。1981 年英格兰银行取消最低贷款利率，利率完全实现自由化。

2. 利率市场化使社会融资结构与金融业格局发生很大变化

利率市场化改革后，英国社会融资结构逐渐向以股票为代表的直接融资工具转换，股票市值与 GDP 的比例出现较快的上升。1981 年银行信贷/GDP 为 42%，股票市值/GDP 为 39%；到 1995 年股票市值/GDP 为 123%，已经超过银行信贷/GDP（120%）。

1971 年银行业体系改革后，竞争压力进一步加大。在利率市场化改革后，英国在 20 世纪 80 年代又对金融业进行了以金融服务自由化为核心内容的改革。1980 年英国取消对银行贷款的控制，银行将新领域拓展到住房融资。由此，银行和住房抵押贷款互助会在住房融资领域成为竞争对手。1986 年英国出台《住房抵押贷款互助会法》（The Building Societies Act），放松了对住房抵押贷款互助会的种种限制。为了更好地保护金融中介服务用户，英国先后出台了两部法律，分别为《1986 年金融服务法》和《1987 年银行法》，改变了金融分业经营的体制。商业银行纷纷进入证券、保险、信托等业务领域，开始混业经营。

20 世纪 80 年代是英国各类金融工具、金融市场和金融技术的快速发展时期。金融创新在该阶段表现为金融衍生品和证券化的发展。金融衍生品包括金融期货、期权及互换。金融衍生品的出现扩大了金融机构对财务管理和套期保值技术的选择范围。

3. 英国利率市场化采取“一步到位”的改革模式

英国利率市场化的特点，一是“一步到位”，1971 年一举废止利率协定，而不像其他国家那样采取循序渐进的方式；二是利率市场化改革与金融其他方面的改革同时进行，如取消分业经营限制、废除对银行的贷款限额管理、对所有银行实行统一的最低流动性比率及其他方面的要求等。1986 年 10 月英国政府宣布实行金融大爆炸改革，打破了传统分业经营的界限，英国的劳埃德银行集团、巴克莱银行集团、汇丰、渣打等跨国银行集团纷纷收购和兼并证券公司，开始提供包括证券业务在内的综合性金融服务。上述措施的同时施行使得利率市场化改革能更容易实现预期目标。

3.3.3 案例启示

1. 利率市场化改革没有固定的模式

英国利率市场化不像其他国家那样采取循序渐进的逐步放松方式，而是1971年一举废止利率协定。在随后的10年又对金融业进行了以金融服务自由化为核心内容的改革，英国利率完全实现自由化。英国采取的是较为激进的改革形式，这与英国具有较为稳固的金融体系基础是密切相关的。并且在利率市场化改革之后，英国也开展了金融体系其他方面的改革，例如取消金融机构分业经营限制，建立存款保险制度，改善金融监管体制等。英国的实践也表明，各国利率市场化改革没有固定的模式，可在推进过程中结合环境变化进行调整，确保宏观经济运行的稳定发展。

2. 利率市场化改革还需结合业务布局调整

利率市场化启动后，国内银行业务市场竞争激烈，利差必然收窄。为此，英国各大银行纷纷通过兼并收购和投资等方式，特别是在利差水平较高的新兴市场大力拓展业务，成效显著。在新兴市场业务占比大的银行（汇丰和渣打）其净利差要显著高于以欧洲本土业务为主的银行（RBS、劳埃德和巴克莱）。2011年巴克莱银行净收入在欧洲地区占比达62%，远高于汇丰的33%和渣打的10%；净利差则为1.56%，低于汇丰的1.99%和渣打银行的2.39%。

3. 改革和完善内部管理机制防范利率风险

改革和完善内部管理机制，增强产品创新能力和改进风险管理水平，提高贷款等各类产品的风险定价能力，提高资产业务的利率水平；积极拓展融资渠道，从股票、债券及银行间市场等金融市场获取低成本资金来源，降低负债业务利率水平。以汇丰银行为例，该银行1991年在伦敦和香港两地上市，此后分别在纽约、巴黎和百慕大等地上市，通过上市融入当地市场，在发债银行间融资等方面获得更广阔的融资渠道。

第 4 章　金融机构概述案例

案例 4.1　中国金融机构发展趋势分析

4.1.1　案例介绍

1. 金融机构通常提供一种或多种金融服务

我国金融机构分为商业银行、信托公司、保险公司、基金公司、证券公司、金融租赁公司等金融市场主体。金融机构通常提供以下一种或多种金融服务：第一，在市场上筹资从而获得货币资金，将其改变并构建成不同种类的更易接受的金融资产，这类服务形成金融机构的负债和资产。这是金融机构的基本功能，行使这一功能的金融机构是最重要的金融机构类型。第二，代表客户交易金融资产，提供金融交易的结算服务。第三，自营交易金融资产，满足客户对不同金融资产的需求。第四，帮助客户创造金融资产，并把这些金融资产出售给其他市场参与者。第五，为客户提供投资建议，保管金融资产，管理客户的投资组合。上述第一种服务涉及金融机构接受存款的功能；第二和第三种服务是金融机构的经纪和交易功能；第四种服务被称为承销功能，提供承销的金融机构一般也提供经纪或交易服务；第五种服务则属于咨询和信托功能。

2. 各类型金融机构资产规模增长不一

（1）商业银行。商业银行资产规模远高于其他金融机构，在金融市场上占据了绝对统治地位。2010 年，共有商业银行 3 769 家，总资产规模为 96 万亿元。至 2019 年 10 月，银行业金融机构数增至 4 072 家，总资产规模达 261 万亿元，9 年间资产增加 165 万亿元，增至原来资产规模的 2.72 倍，至 2019 年银行资产规模占六大金融机构总资产规模的 89.06%，商业银行资产 2011 年、2012 年的增速较高，2013 年、2014 年的增速小幅下降，2015 年、2016 年略有回升，近两年增速呈下降趋势。商业银行与实体经济的联系较为紧密。因此，商业银行资产规模变化与国家整体调经济结构、促产业升级的步伐相一致。

（2）信托公司。信托公司的资产规模不及银行的1/10，至2019年年底，总资产规模为7 402.85亿元，较2010年增加5 919.41亿元，增加3.99倍，但信托公司资产规模增速由2011年的18.72%降至2018年的8.34%，有变缓趋势。这也是自2007年信托“一法两规”颁布后，信托业在政策支持下，从快速扩张到稳定健康发展的必然趋势。2010—2018年，信托公司在六大金融机构总资产中的占比由0.11%升至0.25%。

（3）保险公司。保险公司资产规模仅次于商业银行和信托公司。保险公司资产规模由2010年的5.05万亿元增至2019年的19.99万亿元，增加14.94万亿元，9年间增长296%，2010—2018年，保险公司在六大金融机构总资产中的占比由3.86%升至6.24%。

（4）基金公司。基金公司资产规模由2010年的486.72亿元增至2017年的1 695.76亿元，增加1 209.04亿元，七年间资产规模增加2.48倍，但公募基金每年的增速变动较大，不具有稳定发展的预期。基金的资产规模占比由2011年1.71%，增至3.29%，增长较快。如果加上私募基金的资产规模，该占比还将增高。

（5）证券公司。证券公司资产规模在六大金融机构中仅高于金融租赁公司，但增速较快。证券公司资产规模由2010年的19 665亿元增至2018年的62 600亿元，增加42 935万亿元，八年间增长2.18倍，但证券公司的资产规模变化与证券市场行情密切相关；因此，资产规模波动较大，2011年同比增速为－20.30%，2018年同比增速为1.95%，而2014年同比增速则高达96.63%。2010—2018年，证券公司在六大金融机构总资产中的占比由1.86%升至2.13%。

（6）金融租赁公司。金融租赁公司在六大金融机构中起步最晚，规模最小。金融租赁公司资产规模2010年仅为0.32万亿元，至2016年增至1.94万亿元，增加1.62万亿元，增长5.06倍，年均增速35.02%。但金融租赁公司资产规模增速由2011年的65.63%下降至2016年的19.02%，有变缓趋势，这也是金融租赁行业经历从无到有，再到稳定发展的必然过程。

3. 商业银行发展最成熟，规模最大，增速最低

以上6种类型金融机构总资产规模2010年为106.38万亿元，至2018年增至293万亿元，增加186.62万亿元。从各类型金融机构资产规模来分析，在所有金融机构中，商业银行发展最成熟，规模最大，增速最低，2019年总资产规模达261万亿元，具有比较稳定的发展趋势。信托公司2019年总资产规模为7 402.85亿元，但增速具有明显的下降趋势。保险公司2019年资产规模为19.99万亿元，并且保持了平稳较快增长。基金公司2017年资产规模年达1 695.76亿元，并且保持了较高的增速，后续基金公司仍有望快速发展。证券公司2018年总资产规模为6.26万亿元，证券公司的资产规模变动率较大，平均增长率仅高于商业银行，远不及其他类型金融机构。证券公司资产规模与证券市场行情密切相关，未来其资产规模波动率仍然较高。金融租赁公司资产规模最小，但平均增速很高，仅低于信托公司，这也与其处于初创期有关。金融租赁公司未来

仍能够保持快速发展。

——资料来源：刘志晓，赵奎伟．中国金融机构发展趋势分析［J］．未来与发展，2018（03）：40－44。

4.1.2　案例分析

1. 中国金融机构结构畸形的原因

（1）具有中国特色的法人治理机制有待完善。长期以来，在我国整个金融体系中，国有金融机构一直居于主导地位，国有金融资本约占全部金融资本总量的65%以上。如何有效地将党组织的政治核心优势与建立现代企业制度所产生的制度优势相结合，仍是国有金融机构建立具有中国特色的法人治理结构所面临的重要问题，“一股独大”使得权力难以受到有效制衡和约束。

（2）盈利模式和商业模式亟待转型。金融危机发生之后，随着我国宏观经济政策的战略性调整，金融机构传统的盈利模式和商业模式难以为继，面临急需转型的巨大压力。传统盈利模式存在诸多不足。一是业务品种单一，同质化严重。以银行为例，收入结构过度依赖利差。二是业务创新能力不强，金融衍生品、资产证券化、碳权交易等创新业务还刚刚起步，有的甚至是一片空白。三是盈利模式粗放，重规模，轻效益。四是各类金融机构争相在大城市、大企业、大项目的红海中血拼的商业模式使得盈利能力不可持续，小微金融才是未来应努力挖掘的广阔蓝海。

（3）市场化机制尚未健全。与发达国家和地区相比，我国金融机构的市场化程度还很低，市场化运作机制尚未健全。从宏观层面来看，政府仍存在较强的“干预综合症”，主导着金融资源的配置，极大地制约了金融机构开展市场化运作的自主性。从微观层面来看，一方面，长期以来由于政府对企业经营的过度介入以及能够轻易获得垄断利润，国有金融机构贪图安逸与稳定，缺乏通过开展市场化运作来发展壮大企业的动力，试错的容忍度不高，有意规避因市场化运作可能带来的风险；另一方面，中国金融机构在市场细分、市场风险的识别及预警、利率定价的能力方面仍显不足。

（4）国际化程度不高。中国金融机构的跨国经营才刚刚拉开序幕，国际化程度不高。主要表现在以下几个方面。第一，中国金融机构走出去跨国经营的步伐和速度跟不上中国实体经济部门走出去跨国经营的步伐和速度。第二，中国金融机构的跨国经营仍呈现出明显的结构性失衡特征：大型商业银行已建立起全球化的服务网络，而像证券、保险、基金等非银行金融机构的国际化步伐则相对迟缓，境外布局的重点仍在港澳地区。

（5）专业化能力不足。不断提升专业化能力是金融机构建立核心竞争优势的必然之举。所谓金融机构的专业化，是指金融机构紧密跟踪国际金融业发展的新趋势，充分发挥自身禀赋和比较优势，积极推进组织架构改革和业务流程再造，通过对客户进行细分，精准把握不同客户的特点和需求，努力维护与客户长期稳定的合作关系，通过不断提升产品创新与风险管理的技术水平，积极拓展金融服务的广度和深度，逐渐形成有特色的品牌。中国金融机构的专业化能力与汇丰、花旗等国际顶级金融机构相比还存在很大差距，专业人才的严重匮乏是造成专业化能力不足的核心因素。权威数据显示，在世界其他金融中心城市，金融从业人员占就业人口的比重均超过10%，如伦敦、纽约和香港的这一比例分别为11.5%、11.5%和14%。而在上海1 200万就业人口中，金融从业人员为23万人，占比仅为2%。根据《上海金融领域“十二五”人才发展规划》，上海建设国际金融中心共需要32万金融人才，目前尚有9万人才缺口。从长期看，要达到伦敦、纽约等金融中心城市金融人才在就业人口中的占比，上海金融人才的缺口至少有100万。

2. 不合理的金融机构体系带来的问题

（1）传统商业模式面临困难。纵观国际大银行，非利息收入占比较高，普遍都在40%以上，最高的甚至接近80%。而反观我国，中国银行业监督管理委员会（以下简称银监会）公布的统计数据表明，截至2019年9月，银行的非利息收入占比仅为23.26%。国际大银行开发出来的中间业务品种有3 000多种，我国银行的中间业务品种仅有260多种。一项数据分析表明，境内外资银行中间业务量与收入之比为392∶1，而国内银行该比值为10 226∶1，是外资银行的26倍。同时传统商业模式也面临困境。首先，金融机构虽已初步形成综合经营的格局，但协同效应还远未充分发挥出来。其次，大数据、云计算和移动互联网等新技术的应用昭示着互联网金融时代的来临，对传统商业模式造成了巨大的冲击。

（2）我国金融机构海外经营占比低。根据《中国对外直接投资统计公报》的数据，截至2011年年末，我国金融类对外直接投资的存量为673.9亿美元，其中银行业对外投资占比高达80%，证券业及保险业对外投资占比相当低，分别仅为5%和2%。从人员、资产和收入三项指标来看，中国金融机构的海外经营占比仍然偏低。2012年，中国银行境外分支机构数目达到613个，占五大行境外机构总数的60%，并且海外人员、资产和收入占比在五大国有商业银行中均拔得头筹。但是，从海外收入占比这项关键指标来看，居五大国有商业银行榜首的中国银行为17.34%，只有欧美成熟同业平均水平35%的一半，与国际知名银行的水平更是相去甚远。像花旗、汇丰、渣打这样的知名跨国银行的收入少则50%来自海外市场，多则达到80%以上。

（3）国有银行公司治理能力差。由甫瀚咨询公司与中国社会科学院世界经济与政治研究所公司治理研究中心联合发布的《2012年度中国上市公司100强公司治理评价研究报告》表明，中国百强上市公司的公司治理水平呈现出一些明显的结构性变化：金融企业公司治理水平领先非金融企业的程度下降，国有控股企业公司治理水平落后于总体水平的程度提高，完全竞争性行业的公司治理水平呈现崛起之势。在2012年度中国上市公司治理评价10强中，非国有控股的招商银行、民生银行和兴业银行分别排名第2、第5、第6，而工商银行、农业银行、中国银行、建设银行四大国有银行无一进入此10强榜单。

3. 多管齐下进行金融机构体系改革

（1）紧紧围绕实体经济需求精耕细作。首先，进一步加大对实体经济的支持力度，坚持“有扶有控”原则。其次，加大对有市场发展前景的先进制造业、战略性新兴产业、现代服务业、传统产业改造升级、消费金融以及绿色环保等领域的资金支持力度，培育新的产业增长点。第三，加强银行、证券、保险、信托、创投、融资租赁等不同子行业金融机构之间的业务协同合作，探索符合实体经济发展需求的综合化金融服务模式。

（2）主动融入全球化的竞争与合作。从战略上来看，中国金融机构“走出去”应遵循两个基本原则。一是积极谋划，审慎有序推进。二是内外呼应，统筹兼顾。从模式上来看，基于对海外市场准入和自身经营能力的考虑，在后危机时代中国金融机构“走出去”应首选开设分支机构这种“内生性”扩张模式，参股、并购可作为积极探索的形式。从业务拓展上来看，中国金融机构应积极主动融入当地主流社会，为当地企业和居民提供差异化、多元化和标准化的金融服务，与海外顶级金融机构建立战略联盟伙伴关系，联手开拓市场，形成良性的协同机制。从网络布局来看，中国金融机构应将新兴市场作为全球网络布局的重要战略区域。

（3）积极探索盈利模式和产品业务创新。首先，借助经济结构调整与转型升级的契机，大力开展科技金融、绿色金融、消费金融、产业基金、并购贷款等新的盈利模式探索。其次，牢牢抓住人民币国际化、利率汇率市场化的重大机遇，推进符合境内外投资者多样化投融资需求的各类人民币基础产品和衍生品产品创新，形成丰富、完整的境内外人民币业务产品线，实现人民币离岸与在岸市场的有机结合与协调发展。

（4）完善公司治理结构和风险管理机制。第一，在保证公司治理架构的基础上更加注重公司治理机制的有效性。第二，适当降低股权集中度，优化股权结构，完善制衡机制。同时，应让风险管理成为公司治理架构中的重要一环。第三，运用量化技术处理风险管理过程中的各个环节，包括风险识别、风险定价、风险资本配置以及风险预警，积极开发、运用衍生品等金融工具来对冲风险。第四，建议金融机构实施高级风险管理人才的持续发展计划，打造一支既掌握国际先进金融风险管理理论和技术，又懂得如何与中国法律环境、金融环境等实际结合的高级专业人才队伍。

4.1.3　案例启示

1. 加速新兴科技在商业银行经营管理中的应用

商业银行资产规模远高于其他金融机构，在金融市场上占据了绝对统治地位。2010 年，共有商业银行 3 769 家，总资产规模为 96 万亿元。商业银行机构数经历了集中—分散—集中的整合过程，银行业内部竞争比较充分，但各类型银行之间仍有可能出现较大规模的兼并整合。商业银行仍处于快速发展期，但来自非银行业金融机构的竞争不能忽视，仍需积极布局后市。2013 年，以网贷 P2P、第三方支付、互联网理财、互联网保险、互联网众筹等为代表的互联网金融异军突起，凭借优质的客户服务和细分的市场定位，大幅蚕食银行传统的存、贷、汇市场份额。另外，以大数据、云计算、物联网、人工智能、区块链等为代表的新兴科技被加速运用到金融领域，有望全面重构传统银行在客户服务、产品设计、运营模式、风险控制等方面的经营和业务模式。可以说，银行业面临格局重塑的洗牌风险，科技将成为决定未来银行实力的核心竞争力。

2. 信托公司与保险公司发展前景良好

我国信托行业的发展历程坎坷曲折，目前资产规模虽然不及商业银行的 1/10，但信托公司增速较高、增长趋势较为稳定，自 2008 年经受住了金融危机的考验之后，信托业在金融业的地位快速提升，同时也获得了良好的发展，但短期内不可能超过商业银行的资产规模。中国的保险行业正在逐步走向完善，保险公司规模为商业银行的 6.5%，增速高于商业银行 7 个百分点，在中央和政府的管理和全面扶持下，法律法规逐步完善，在企业内部逐渐完善下，通过这几年的保费情况可以看出，保费收入规模在逐年扩大，保险监管的有关法律法规也在逐步完善，保险业的各方面水平在逐年提高，保险的品牌产品日益丰富，同时逐步与国际接轨，具有稳定的发展预期，但短期内超过商业银行，占据主导地位的可能性不大。基金公司和证券公司同时存在的问题是增长率波动较大，在有些年份甚至出现了负增长。金融租赁公司尚处于初创期，规模较小，虽然 2014 年和 2015 年保持了高速增长，但增速降低，预计未来还会进一步降低；因此，短期内也不具有超越商业银行的可能性。

3. 我国金融机构发展途径将走综合化经营之路

由于我国经济发展过程不同于美国，监管规则和税收制度也不一样，我国金融市场可能不会走美国“银行主导—银行、证券、保险、信托四足鼎立”的道路，而有可能仍以银行业为主导，并从银行业向非银行金融领域扩散，搭建综合化经营平台，形成牌照齐全、跨行业的银行控股集团。总体来看，我国现有的金融集团混业经营主要有四种形式：一是以商业银行为主体的银行控股集团，如中国工商银行、中国建设银行等，这些机构在境内收购了保险公司，在境外则搭建了投行平台；二是纯粹的金融控股集团，主要有光大集团、中信集团、招商局集团以及平安集团；此外还有非银行机构主导的控股公司（如中石油等）以及区域性金融控股公司（如上海国际集团等）。可以看出，近几年国内金融机构正朝着混业经营高歌猛进，都争取拿到更多业务牌照。然而，次贷危机显露的问题又引发了对混业经营的质疑，同时，我国监管层对混业经营的态度也趋于谨慎。

案例4.2　次贷危机对全球金融机构的冲击

4.2.1　案例介绍

1. 美国资产泡沫逐渐明显，通货膨胀压力加大

2001年，随着网络泡沫的破裂，美国经济面临衰退的危险。此后，美联储为促进经济增长和就业，连续14次降低再贴现利率，13次降低联储基金利率，直至将利率降到1%的超历史最低水平，并维持了整整一年。这一政策极大地刺激了房地产业的发展，使之成为拉动美国经济增长的主要因素。借款人的信用积分是由费埃哲公司（Fair Isaac Corporation，FICO）提供的衡量消费者信用能力的积分，分数一般为300~900分。分数越高表示信用越好，反之亦然。低利率让美国人更喜欢买房和负债消费了，为了让他们借到更多的钱，有关机构不断放宽放贷标准，造成许多人盲目借贷。由于优质抵押贷款市场门槛太高，次级抵押贷款对放贷机构来说成为香饽饽。房地产市场的繁荣使得信贷市场也日渐火爆，导致了美国房地产投资泡沫产生。

自2005年以后，美联储在资产泡沫逐渐明显、通货膨胀压力加大的情况下开始提升利率，并且在两年之内连续17次将联储基金利率从1%提高到了5.25%。随着利率的不断提高，美国的房地产市场终于开始逐步降温，一些地方的房价甚至开始下跌。然而在次级抵押贷款市场上，购房者的热情仍未冷却，以至于次级抵押贷款占美国全部房贷的比例从2001年的不到5%跃升至2006年的20%。但是，随着美联储不断提高基准利率，房地产价格出现下跌趋势时，一方面那些通过浮动利率贷款购房的次级按揭贷款人，心理预期与偿付能力下降出现大量违约，而其违约风险通过次级按揭贷款衍生产品迅速放大，动摇了市场信心，最后引发了大面积的次级贷款信用危机。另一方面金融机构即使拍卖抵押的房产也难以得到本金的金额偿付，一些放贷机构因此出现巨额亏损，甚至倒闭，进而引发以其为基础资产的证券化产品次级债风波。一场因次级抵押贷款机构破产、投资基金被迫关闭、股市剧烈震荡引起的风暴终于在2007年8月爆发，并席卷了美国、欧盟、日本等世界主要金融市场。

2. 次贷危机对各国金融机构的冲击

美国“次贷危机”是从2006年春季开始逐步显现的，所谓次贷危机也称次级房贷危机，也译为次债危机，它是指一场发生在美国，因次级抵押贷款机构破产、投资基金被迫关闭、股市剧烈震荡引起的金融风暴。

（1）次贷危机对美国金融机构的冲击。作为美国第二大次级抵押贷款公司——新世纪金融（New Century Financial Corp）在2007年4月2日宣布申请破产保护、裁减

54%的员工。美国第十大抵押贷款机构——美国住房抵押贷款投资公司2007年8月6日正式向法院申请破产保护，成为继新世纪金融公司之后美国又一家申请破产的大型抵押贷款机构。2007年8月8日，美国第五大投行贝尔斯登宣布旗下两支基金倒闭，原因同样是由于次贷风暴。其后花旗集团也宣布，2007年7月由次贷引起的损失达7亿美元，2007年的花旗集团的股价已由高位时的23美元跌到2008年的3美元多一点，也就是说2007年的花旗集团的身价相当于一家美国地区银行的水平，根据最新排名花旗已经跌至19名，且市值已经缩水90%，其财务状况也不乐观。

（2）次贷危机对欧洲金融机构的冲击。英国、德国、瑞士、法国和荷兰银行业在次贷危机中受损最为严重，而西班牙和意大利的银行则由于较少涉及次贷产品以及经营较为稳健而损失较小，并趁机收购破产银行而迅速得到扩张。英国在次贷危机中受损最为严重，亏损和资本减记总额高达682亿美元，名列欧洲之首，德国以总额670亿美元紧随其后，瑞士则以总额634亿美元名列第三；法国和荷兰旗鼓相当，总金额分别为298亿美元和253亿美元，分列第4名和第5名。意大利仅有联合信贷银行上榜，而西班牙则没有银行上榜，其他欧洲银行的亏损和资产减记总额仅为85亿美元。

英国银行业首当其冲，英国一贯被认为是全球银行业最为稳定的国家之一，然而，美国金融危机让英国一举成为欧洲银行业受损最为严重的国家。主要表现在以下几方面：第一，英国爆发危机导致最终被兼并或国有化的大银行数量居欧洲之首。自次贷危机爆发至2008年年底，英国北岩银行、布拉福德—宾利银行、苏格兰皇家银行和劳埃德银行等4家银行由于遭受巨额损失而最终被国有化，联合莱斯特银行和哈利法克斯银行则分别被西班牙国际银行和劳埃德银行并购，其中苏格兰皇家银行和劳埃德银行此前为英国第二大和第五大银行，这足以说明次贷危机对英国银行业造成了巨大的冲击。第二，英国银行业在次贷危机中亏损和资本减记总额高达682亿美元，损失总额超过德国和瑞士名列欧洲之首。第三，由于股价大跌，英国银行在欧洲市值十大银行之列的数量由2008年年初的汇丰银行、苏格兰皇家银行和巴克莱银行3家降至2008年年底的仅剩汇丰银行1家。

在2007年美国次贷危机第一轮冲击波中，德国已有多家银行卷入财务危机，其中包括德国工业银行、德国萨克森LB银行和西德意志银行。随着2008年9月美国金融海啸逐步向欧洲大陆迁移。欧洲诸多大银行和投行纷纷面临破产危机，德国也难以独善其身。2008年9月底，德国地产融资抵押银行在次贷危机的影响下遭遇了严重的流动性短缺，成为德国首家因金融危机而寻求政府救助的蓝筹股公司。为了维持金融稳定，德国联邦政府与数家德国金融机构于2008年10月5日达成一项总额500亿欧元的救助协议，其中政府出资270亿欧元，以帮助德国第二大商业地产借贷机构摆脱困境。这也成为德国历史上金额最大的企业救助行动。

在次贷危机的冲击下，2007年下半年和2008年前三季度瑞士银行集团遭遇了巨额亏损。连续5个季度的亏损直接导致了集团各盈利指标的大幅恶化，股东收益由2006年每股盈利5.57瑞士法郎变为2007年每股亏损2.49瑞士法郎，净资产收益率也由2006年的26.4%降至-10.2%。

（3）次贷危机对日本金融机构的冲击。由于与美国次级住房抵押贷款相关的证券化资产价格进一步下跌，日本金融机构蒙受的损失迅速扩大，遭受的冲击也逐渐显现。截至2007年12月底，六大银行与美国次级房贷相关的损失合计达5 291亿日元（1美元约合106日元），远远超过2006年9月底的1 150亿日元。其中，瑞穗银行集团的相关损失最为严重，高达3 450亿日元。日本六大银行集团2007财年前三季度的纯利润也全部下降，合计降为1.3391万亿日元，比上年同期减少44.2%。2007财年结束时，日本六大银行集团与美国次贷危机相关的损失还有可能再增加1 000亿日元左右。日本四大证券公司从2007年4月至12月三个季度里，日本瑞穗证券公司的亏损额高达1 967亿日元，野村证券公司、三菱日联证券公司和大和证券公司的纯利润分别减少了37.7%、33.3%和11.3%。

3. 次贷危机对美国、欧洲和亚洲金融机构的冲击程度不同

次贷危机对美国、欧洲和亚洲银行业造成了不同程度的冲击，美国银行业受损程度占到全球的3/5，而欧洲银行业相对较小，但比重也超过了全球的1/3，亚洲银行业受损最低。截至2008年12月底，全球金融业资产减记以及损失总共高达7 446亿美元，其中，美国银行业受损程度最大，资产减记以及损失金额高达4 377亿美元，占全球总额的58.8%。欧洲银行业受损相对较小，亏损金额为2 777亿美元，全球占比为37.3%。亚洲银行业资产减记及亏损总额仅仅占到了全球的4%。

——资料来源：邱思立．美国次贷危机对国内金融机构经营管理的启示［J］．科技风，2009（11）：229－230。

4.2.2　案例分析

1. 宽松货币政策下金融创新风险增大

（1）宽松利率环境埋下了隐患。次级抵押贷款危机的源头是其前期宽松的货币政策。在新经济泡沫破裂和“9·11”事件后，为避免经济衰退，刺激经济发展，美国政府采取压低银行利率的措施鼓励投资和消费。提供次级抵押贷款本是一件好事，使得低收入者有了自己的住房。对一般个人家庭来说，低利率和房产价格一路飙升，编织出一幅美好的前景，投资住房成为巨大的诱惑，于是大量居民进入房贷市场。到2006年年末，次贷涉及500万个美国家庭，目前已知的次贷规模达到1.1万亿~1.2万亿美元。

（2）房产抵押贷款蕴藏了巨大风险。由于之前的房价很高，银行认为尽管贷款给了次级信用借款人，如果借款人无法偿还贷款，则可以利用抵押的房屋来还，拍卖或者出售后收回银行贷款。但是由于房价突然走低，借款人无力偿还时，银行把房屋出售，但却发现得到的资金不能弥补当时的贷款+利息，甚至都无法弥补贷款额本身，这样银行就会出现亏损。

（3）次级贷款资产的证券化加重了危机的扩散。各种各样的金融衍生工具使得投

资机构现金流得到更合理的利用，利益也得到了分解和共享，风险也得到了分摊。但事物都有两方面，金融创新制度带来风险分散机制的同时，也会产生风险放大效应。像次贷这样一种创新使美国不够住房抵押贷款标准的居民买到了房子，同时通过资产证券化变成次级债，将高风险加载在高回报中，发散到了全世界。2007 年 8 月 9 日，法国第一大银行巴黎银行宣布冻结旗下三只基金，同样是因为投资了美国次贷债券而蒙受巨大损失。此举导致欧洲股市重挫。

2. 各国金融机构遭受重创，损失惨重

（1）房地产金融机构受重创。截至 2007 年第三季度，已有超过 20 家房贷公司破产，首当其冲的便是美国第二大次级抵押贷款公司——新世纪金融公司，于 2007 年 4 月 2 日申请破产保护。其他尚且维持运作的较大规模的房贷公司也正在承受着大量的损失。作为美国最大的抵押贷款公司的全国金融公司在次贷危机的冲击下，房贷违约率和抵押品赎回权丧失率升至 5 年来的最高，由此，该公司也停止发放许多风险性较高的住房贷款。据独立评级机构伊根—琼斯称，全国金融公司急需一笔至少 40 亿美元的注资，否则就可能破产。而美国大型房地产金融公司——联邦国民抵押贷款协会（房利美）在 2007 年第三季度也报出 20 亿美元的亏损，为该公司历史最高的季度亏损。该公司表示，由于难以应付房贷违约率上升及其导致的信贷损失所造成的影响，2007 年可能会将派息水平减半。有分析师指出，至少要有 60 亿美元的注资才能挽救联邦国民抵押公司在次贷危机中遭受的损失，为了生存，这些房贷公司只能选择缩减业务和裁减员工，并且取消面向低信用等级客户的房贷项目。

（2）次贷危机对美国银行业的影响。2007 年无疑也是美国银行业的灾难年。次贷危机不仅使得房贷机构纷纷资不抵债、关门歇业或者申请破产保护，而且间接持有次级按揭贷款债券或参与承销、投资的美国商业银行和投资银行也未能幸免。受影响最大的都是银行业中的佼佼者，无论是百年老店花旗集团，还是投行巨头美林集团，都是受次贷危机波及的重灾区，损失惨重，而华尔街几乎大多有名的金融机构都不可避免地沾染次贷风潮，可以说美国银行业哀鸿遍野。华尔街的高管诸如美林的奥尼尔、花旗的普林斯和瑞银的乌利夫等金融巨头们甚至因此纷纷下台。一连串的冲击不断挑起了市场的紧张情绪和投资者的忧虑，它们发布季报的日子便成了全球股市的黑暗日。

3. 通过大幅注资与连续降息以救援金融机构

（1）大幅注资以缓解流动性不足问题。次贷危机爆发后，美国政府联手各国央行频频向市场大幅注资，至 2007 年年底，美国和欧洲央行的累计注资额已经分别达到 3 832 亿美元和 12 300 亿美元。分析次贷危机发生后的银行间同业拆借利率（LIBOR）与官方基准利率的利差可以发现，次贷危机后 LIBOR 利率与基准利率之差迅速扩大，市场利率急剧上升，但经过 2007 年 8 月和 12 月的欧美央行两次大规模联合注资后，市场利率迅速回落，利差明显缩小。这表明注资的短期效果显著，有效防止了资金链条的断裂和危机扩散。

（2）连续降息以求迅速恢复市场信心。为帮助恢复市场信心，减小次贷危机对实体经济的负面影响，美联储从 2007 年 9 月以来连续降息，将联邦基金利率已经回调至 1%。降息的影响是双重的，政府利率调整行为增加了危机，可能影响实体经济的担心；降息改善了利率重置导致的次级抵押贷款违约数量，有助于市场信心恢复和解决流动性不足问题，有效抑制了次贷危机的蔓延。

（3）直接救援房地产市场。为防止房地产市场降温导致次贷危机恶化并冲击实体经济，美国政府宣布了一系列对房地产市场的救援措施，其中最重要的措施之一是 2007 年 12 月 6 日公布的房贷解困计划，将本应于 2008 年 1 月至 2010 年 7 月重置的利率冻结 5 年。该计划对次贷危机可以起到暂时缓解的作用。

4.2.3 案例启示

1. 金融机构必须深刻认识到防范各类风险的重要性

（1）金融机构必须深刻认识和防范房贷的市场风险。近年我国市场经济飞速发展，房地产市场也异常活跃，房产楼盘价格级级攀升，引起了广泛民众对楼市的利润追求。当房地产市场向好时，房地产价格上扬提高了其抵押的市值，降低抵押信贷的风险，诱使银行不断地扩大抵押信贷的规模。房贷有房产作抵押，似乎是最安全的资产，但房产的价值是随着市场不断变化的。因此，银行需要在风险和收益中作出理性的选择，主动认清市场动态及走向，提高识别和抵御市场风险的能力。

（2）金融机构必须深刻认识和防范信用风险。次级贷款违约率高，原因在于贷款机构在放贷中没有坚持“三 C”的原则，即对借款人基本特征（character）、还贷能力（capability）和抵押物（collateral）进行风险评估。从国外的经验看，借款人的基本特征（年龄、受教育水平、健康状况、职业）、购房目的（自住还是投资）、婚姻家庭状况，还贷能力（房贷房产价值比、房款月供收入比、家庭总债务收比、资产负债比等）和抵押物（房产价值、新建房、二手房、使用期限、地段、独户、多层高层建筑等）都与违约率密切相关。我国的商业银行在扩大个贷业务中应避免“政绩目标”等非经济和非理性色彩，减少行政手段介入信贷资金配置，加强对借款人还贷能力的审查，对不同信用风险等级的借款人实施不同的风险定价、借贷标准，包括自有资本金、首付比例、利率、期限等，以促进银行从服务风险定价向客户风险定价转变，从粗放经营向精细化、个性化转变，提高自身抵御风险的能力。

（3）金融机构必须建立健全风险防范机制。建立起适应当前市场经济的房地产金融预警和监控体系，提高抗风险能力，既然金融风险在经济生活中无处不在，是一种不以人的意志为转移的客观存在，监管部门的职责就是提高风险识别的能力，预测、防范、规避和化解风险，提高风险的可控性。因此，建立房地产金融预警和监控体系迫在眉睫，它将对银行体系的安全，房地产市场和整个国民经济持续健康发展产生积极促进作用。

2. 加强信贷管理并完善抵押保险和担保制度

（1）政府应加强对住房供给市场管理。一个优化的住宅市场结构应是新建房与存量房、出售房与租赁房、商品房与政府提供公共住房多样化的统一。政府应加大经济适用房的供给，改变经济适用房“只售不租”为“租售并举”；并通过信贷、税收、土地政策引导房地产企业增加中低价位普通商品房的供给，在开工许可审批中优先考虑普通商品住宅。

（2）银行业应建立健全抵押保险机制。在贷款高速增长时期，建立健全信贷保险体系和机制尤为重要，特别是尽快建立抵押保险机制。金融业应建立健全抵押保险和担保制度，完善住房信贷风险防范和分担机制。引入商业保险和政策性担保的机制，有利于促进抵押贷款营销的规范化、合约的标准化，抑制商业银行盲目放贷的冲动；合理的保险风险定价机制，有助于商业银行规避信用风险、道德风险和房地产市场周期波动风险。

（3）完善抵押贷款担保制度。担保贷款是国际上通用的一种贷款方式。银行对一般信用等级的客户，特别是新客户，严禁发放信用贷款，要求必须以其一定的抵押品或担保人的担保作为发放贷款的保证。当借款人的债务达到一定规模，形成多个主要债权人时，为在一般债权中获得优先地位，应该采取抵押担保。财产抵押担保，在成立担保时，就获得了将抵押人特定的财产，从一般财产中区别出来，称为特殊的权力，根据这种权力，债权在任何条件下都不受影响地可获得优先清偿。

案例 4.3　韩国金融机构调整改革

4.3.1　案例介绍

1. 世界经济一体化进程加快与金融危机的传染

当代世界经济一体化进程的快速发展使各国经济和金融的相互联系和依赖日益加深，经济生活全球化趋势不断加强。这一方面有利于世界资源的流动，促进各国经济的发展；另一方面也使国际竞争加剧，引发各种矛盾。作为国际资本流动重要组成部分的国际游资急剧扩展和频繁流动，无疑对世界经济和各国经济的发展带来深刻的影响。

1997 年年初，国际投机资金开始冲击泰铢，1997 年上半年，韩国经济出现大面积滑坡，韩宝、三美、起亚等大公司相继出现经营困难；国际收支持续逆差，一季度达到史上最高的 73 亿美元，导致韩元贬值压力骤然增加。国际游资借此机会向韩元发起猛攻，韩国银行在耗尽其可利用外汇储备共计 27.5 亿美元后，被迫于 11 月 7 日宣布放弃市场介入，引发韩元大幅度贬值，金融危机全面爆发。

泰国政府在采取各种措施抵御无效、消耗了大量外汇储备后，被迫于 1997 年 7 月 2 日宣布放弃主要盯住美元的汇率制度，泰铢随之大幅度贬值。由此引发的金融危机像“金融流感”一样迅速传染到东南亚，又迅速北上，矛头直指韩国和日本，促使这些国家的货币贬值，股市和汇市也纷纷“跳水”，泰铢、印尼盾、马来西亚林吉特、韩元对美元的汇率全年分别下跌 43.5%、57.5%、53.8% 和 48.3%；股市分别下跌 56.0%、52.4%、37.0% 和 42.2%。尽管国际货币基金组织和亚洲各国多次协调救援，但均未能阻止危机的蔓延、扩散和深化。

2. 韩国金融机构体系经数次变革后开始多元化发展

（1）出现多种形态的非银行金融机构。随着国际金融环境的变化，韩国的金融产业也经历了数次变革。20 世纪 70 年代以前，银行作为资金中介机构在金融体系中处于支配地位，形成了以银行为中心的金融产业链。1972 年，随着《短期金融业法》《相互信用金库法》《信用协同组合法》3 部法律的出台，金融体系开始了多元化发展，出现了投资金融公司、相互信用金库、信用协同组合、综合金融公司等多种形态的非银行金融机构。80 年代以后，随着社会经济规模的不断扩大、经济的高速发展，韩国开始推行金融自由化。1981—1983 年，韩国政府对国有银行进行股份制改造，拉开了国有银行民营化的序幕。同时，降低了金融机构准入门槛，一时间各种金融机构纷纷成立。

（2）金融危机后对金融机构进行结构调整。1997 年的金融危机给韩国金融产业带来了巨大的变化。韩国政府果断地对经营不善的金融机构进行了结构调整，对回生有望的金融机构给予了大规模的公共资金支持。经过结构调整后，实体经济得到了迅速恢复。但 1999 年 7 月发生的大宇公司倒闭事件重新诱发了金融市场的动荡。同时，企业部门结构调整的进展缓慢导致了信用差别化现象的发生，给企业生产资金的筹措带来困难。有鉴于此，韩国政府采取了“Primary CBO 发行制度”及“公司债快速认购制度”等措施，较好地解决了上述问题。由韩国产业银行认购的公司债金额也由预想的 6.2 兆韩元降至实际的 2.5 兆韩元（2001 年年底）。2000 年，为组建大型金融集团，实现金融机构的混业经营，从而提高金融产业的竞争力，韩国政府又出台了《金融控股公司法》。据统计，韩国现有金融产业相关法律达到 45 个之多。

（3）设置公共资金作为金融机构重整基金的财源。截至 2002 年 3 月底，韩国政府总共筹措 156 兆韩元（约 1 245 亿美元）的公共资金（占 GDP 的 25%），用作金融机构重整基金。这包括政府预算之列的财政资金 20 兆韩元、政府保证债券 104 兆韩元及公共资金回收金 32 兆韩元，已全部投入金融机构。其中，对金融机构出资 60 兆韩元，代偿存款给付与捐款 42 兆韩元，收购资产 15 兆韩元，收购不良债权 39 兆韩元。从而加快推动了金融机构的重整工作。

3. 两阶段金融体系结构调整各有侧重

（1）第一阶段金融体系结构调整。这一阶段的时间从 1997 年年底到 2000 年上半年。为克服1997年爆发的亚洲金融危机，该阶段的调整以缓和企业资金阻塞现象，恢复金融产业机能为重点进行。1997年12月底，为履行与国际货币基金组织（IMF）、世界银行（IBRD）所达成的协议，韩国政府开始对其金融产业进行结构调整。首先，清理、整顿了亏损严重的金融机构。以银行业为例，关闭了5家亏损严重、回生无望的银行，合并了6家银行；政府在要求银行自救的同时，提供了公共资金支援。由此，减小了金融系统的体系风险，清理了累积亏损，恢复了金融中介功能。其次，依照国际标准建立了金融监督体系，改革了金融机构内部的管理制度，强化了金融产业健全性标准。调整结果是稳定了金融市场，恢复了金融中介功能，为商品经济的复苏奠定了基础。1999年韩国GDP增长达到了10.9%。

（2）第二阶段金融体系结构调整。进入2000年，由于国际油价暴涨及世界经济不景气等外部经济环境条件的恶化，韩国经济增长速度明显放缓；同时，在清理大宇集团资产负债过程中发现了巨额隐性金融债务，给金融市场带来了很大冲击。在此背景下，韩国政府加快了金融体系结构调整的步伐。以银行业为例，对韩国外换银行、HANV IT银行、朝兴银行、光州银行、庆南银行、济州银行、汉城银行这7家负债严重的银行，除执行“定期改正措施”要求其裁员、增效、改善经营进行自救外，韩国政府又投入了总额高达7.1兆韩元（约合60亿美元）公共资金帮助其清理债务。同时，为提高国际竞争力，韩国银行界掀起了新一轮并购浪潮，出现了WOORI金融控股公司（由HANVIT、和平银行、光州银行、庆南银行和HANARO综合金融公司合并而成）等大型综合性金融集团。2001年11月，当时总资产第一位的韩国国民银行和获当年“最佳银行”称号的韩国住宅银行强强联合诞生了第一家超级优良银行集团，其总资产突破了200兆韩元（约合1 600亿美元）。

通过两次金融体系结构调整，到2001年10月底为止，韩国共有600家金融机构被清理整顿，占整个金融机构数量的28.6%，其中银行11家，综合金融公司27家，证券公司7家，投资信托公司7家，保险公司15家，租赁公司10家，信用金库120家，信用协同组合403家。韩国金融系统在较短时间内基本恢复了正常营运，银行业扭亏为盈，2002年纯利润达7兆~8兆韩元（约合60亿~70亿美元）；资金流通渠道恢复畅通，拉动了投资、消费市场，为整个社会经济运行的再起动创造了良好的软环境；符合国际潮流的大型银行集团、综合金融控股公司的出现，提升了韩国金融产业的国际竞争力，国家的信用等级也有所回升。

——资料来源：王立军．韩国金融体系改革的措施与成效［J］．国际金融研究，2000（10）：20－26。

4.3.2 案例分析

1.“政、企、银”关系混乱致使金融机构调整势在必行

（1）宏观经济政策产生失误。20世纪60年代初期，韩国刚刚经历了数次战乱，经

济基础薄弱，国内资本缺乏，人民生活水平低下，百废待兴。当时，韩国财政支出的52%依靠美援，金额高达2.8亿美元；另外，每年的经常账户赤字高达5 000万美元，而1962年韩国的出口总额仅为5 480万美元，远远不能满足需要。为尽早争取经济独立，朴正熙政府制定了一系列积极的宏观经济政策，将扩大出口列为基本国策，控制金融资源，引入国外资本和技术弥补其国内资源的短缺，利用廉价劳动力实现了经济的快速增长。据统计，1963—1969年，年均出口额的实际增长率为35%；1962—1982年的年均经济增长速度高达8.2%。

但是，70年代的重化工浪潮使国家主导型经济发展模式的弊端逐渐显露出来。政府开展的重化工运动直接导致了企业盲目扩大规模、负债经营等投资过热现象出现，各种资源配置越来越集中在少数几个大企业集团手中，经济集中度提高，经济结构严重失衡；政府财政负担过重，赤字膨胀，并引发通货膨胀。而政府对外国人直接投资的限制措施也更促使外债规模不断扩大，外债结构不合理，短期债务比重过大。尽管80年代后韩国政府进行了一定的宏观经济政策的调整，但绝大多数问题仍然悬而未决，改革的延误最终导致了严重的金融危机。

（2）“政、企、银”三者关系混乱。20世纪60年代初，政府将私有化的商业银行收归国有，加强了政府对金融资源配置的控制。采取了根据出口业绩的多少分配金融资源，并由国家银行为私人部门的国外借款提供担保等措施来扩大出口，发展经济。国外金融机构因此扩大了对韩国企业的贷款，韩国企业也因此迅速提高了杠杆比率，制造企业的债务股本比率从1965年的92.7%上升到1970年的328.4%，而同期其净利润对净销售额的比率从7.9%下降到3.3%，盈利能力反而下降了，韩国体制因此产生了一个极易受到冲击的高杠杆公司部门。这种趋势在70年代的重化工运动浪潮中进一步被加强。在政府债务担保下，大企业集团不计后果地扩大经营规模，负债经营。而一旦企业出现经营不善面临倒闭时，政府则不得不出面进行干预，为其决策失误买单，造成了“大马不死”的神话。韩国经济体制的逻辑使政府陷入干预的恶性循环中。

（3）金融体制存在诸多弊端。第一，“官治金融”导致银行系统不良资产数目庞大，效率低下。第二，银行资产负债表中短期外债比重较大导致支付危机。20世纪90年代，由于韩国国内劳动力和物流费用的快速增长导致成本不断上升，企业纷纷走出国门，在海外投资建厂。随着投资规模的扩大，韩国各大银行向企业发放的外币贷款额也不断增长。而1997年上半年，韩国经济出现大幅度滑坡，经常项目收支持续逆差；同时，韩国政府对出现经营困难的韩宝、三美、起亚等公司的处理方案迟迟未出台，这导致了外国投资者和民众的恐慌心理，出现了挤兑风潮，外汇的大量流出及海外金融机构的大量到期短期外债的支付压力最终导致了韩国的银行危机。

2. 韩国金融机构调整使其金融形势渐趋稳定

（1）金融形势渐趋稳定。金融危机爆发初期，韩国出现股、汇价重挫，国际资金大幅外流的信用紧绌局面。幸赖IMF等国际金融机构陆续提供资金援助，韩国政府亦出面保证债务，并以保证债券取代现金购买不良资产，使金融机构免于挤兑现金、信用崩溃，通货膨胀压力始逐步减轻，1998 年年初，投资者信心逐渐恢复，在国际资金回流情况下，金融形势渐趋稳定。

（2）银行营运状况逐渐改善。由于韩国政府切断政策融资渠道，限制大财阀融资额度，并要求企业降低负债比率，银行机构已将业务重心逐渐转移至个人与中小企业。同时，韩国通过外资的引进，强化风险管理、消费金融等新观念，多数银行亦新设风险管理部门，并逐渐重视消费金融业务，强化金融监理体制，银行机构财务结构与营运状况逐渐善。

3. 加强对金融机构的监管和制度建设

第一，1997 年 6 月总统直接领导下的“金融改革委员会”向韩国国会提交了《关于设立金融监督机构的法律文本》，并于 12 月获得通过，1998 年 4 月“金融监督委员会”正式成立。该机构主要负责对有关金融监管的法律法规进行解释，并负责所有金融机构营业执照的发放与吊销。第二，1999 年 1 月成立的“金融监督院”是“金融监督委员会”的执行机构，由之前的银行监督院、证券监督院、保险监督院、信用管理基金这四家监督机构统合而成。主要职责是对金融机构的财产、业务状况进行监督、检查，整顿金融市场秩序，制裁违规操作，保护消费者权益。第三，韩国政府于 1998 年 5 月在金融监督委员会下设立了“结构调整企划团”，并于 11 月将其升格为独立机构。该机构的职责范围包括对金融、企业部门结构调整的相关政策进行研发；对结构调整的推进情况进行检讨及事后管理；对结构调整的各项相关制度进行修改等。第四，为了推动金融机构不良资产处理、加强金融机构风险管理能力、尽快恢复金融系统的正常经营活动，韩国政府按照国际标准和国内法规的规定，根据市场原理对各项金融制度进行了修改完善。

4. 3. 3　案例启示

1. 加快银行体制改革进程

银行体制改革是整个经济体制改革的重要一环，我国目前银行面临的困境，与韩国一样，存在着大量的呆账、坏账。要降低不良贷款的比例，首先企业要大力加强现代企业制度建设，切实转换经营机制，建立健全合理的企业资本结构；其次，加快银行体制改革进程，充分发挥银行系统筹集融通资金、引导资金流向、提高资金运用效率和调节社会总需求的作用，建立健全法人治理结构，积极创新银行金融产品，注重金融科技手段在银行业务中的应用，以适应现代市场经济快速发展的需要。

2. 规范保险业和信托业发展

在开放环境下保险业改革与发展的举措可以有：第一，中国保险市场应以其良好的市场前景吸引更多的外资保险公司加速进入，使其成为促进中国保险市场健康发展的重要力量。第二，国内保险公司应采用各种手段“化敌为友”，适时走出国门，在相互交流中增强竞争力，为中国金融改革与发展开拓出新的途径。

针对我国信托业，应从以下几个方面加强管理：①建立、健全信托业法规体系，规范信托公司业务活动。②结合我国国情，在规范信托业业务活动的同时，带动信托业务的创新。③对我国信托业进行改组，使其在促进经济发展的同时，成为社会财富新的增长点。信托业可以参考国外的先进做法和我国银行、保险和证券经营方面的经验，建立适合我国国情的富有生命力的组织形式。④不良资产的处理应坚持区别对待的原则。

3. 构建稳健有效的中介体主导型金融体系

中国金融体制改革的重点是建立相对完善的中介体主导型金融体系，建立一种商业银行与资本市场互为“后备金融中介方式”的理想金融发展模式。对商业银行而言，就是要积极主动介入资本市场，借助资本市场的平台开展投资银行业务，具体表现在商业银行应积极参与上市公司的股票、债券发行工作，加强与券商、证券中介机构的联系，并将证券市场信息咨询、中介服务等表外业务内容开拓为新式展业平台。在从事投资银行业务方面，商业银行相对投资银行而言具有区位优势且有利于加强金融竞争，从而能提高金融效率，更好地满足客户需要，促进经济增长。

第 5 章　商业银行案例

案例 5.1　工行变阵——新一轮组织架构变革

5.1.1　案例介绍

1. 新经营环境的挑战

2014 年年初，中国最大商业银行展开了组织架构的调整。这是自 2006 年股改上市以来，中国工商银行总行进行的新一轮大规模的组织架构整合，也是中国银行业面临利率市场化、综合金融竞争、互联网金融变革以及宏观经济中速发展等新环境挑战后，纷纷启动组织架构改革中最引人关注的案例。

组织架构方面，工商银行需要打破原有体制下形成的经营管理粗放的组织机构体系。商业化改造的目标是：大幅精简机构、分流人员、实行集约化经营，建立符合现代商业银行要求和中国金融实际情况的高效、精简的新架构。在 1997 —2004 年的组织架构调整中，工行大幅压缩机构总量规模，基本实现了前后台分离，前台营销面向市场，后台业务集中处理，现代商业银行经营管理组织架构初现。2004 年前后，为满足商业银行股改上市的要求，工商银行启动了新一轮架构调整。与上次相比，此次调整幅度较小，变化主要反映在总行层面。通过加大营销部门，强化风险条线，建立统一的资金运作平台适应市场化要求。

这次组织架构调整是在股改上市七年之后，市场内外部环境发生重大变化后的新一轮较大调整。近两年来，银行面临内外部经营环境的重大转变。宏观经济环境步入中速发展轨道，利率市场化推进速度超出预期，金融“脱媒”趋势进一步深化，以互联网金融为代表的新技术快速渗透。银行的市场竞争压力迅速增加，在利润增长、资产质量方面面临多重压力。

2. 综合化经营战略的组织架构调整

（1）大渠道整合。客户、业务对于电子渠道的依赖已经开始衍生更多更高的服务要求。以往单纯把电子渠道当作降低成本的手段已经无法反映这种来自需求方的大转变。银行业统筹物理网点和电子渠道势在必行。此次以一级部的级别成立专职部门，被认为是其捍卫渠道优势的重要一步。

新的调整在综合管理版块下增设“渠道管理部”一级部，主要吸收合并了原来分散在总行个人金融部、人力资源部等部门的物理网点、自助机具的管理审批职能，未来在电子银行部利润中心改造结束后还将吸纳电子渠道的规划和管理职能，定位为物理和电子渠道的统筹角色。除了统筹“大渠道”，此次工行新方案还将改革与渠道息息相关的营销版块，强化分层营销管理体系。总行主要负责重点客户的直接营销和牵头营销。而一级分行本部主要负责区域性大客户，二级分行和支行网点则负责产品销售和客户服务以及业务办理。除了纵向分清职责，营销管理还将横向整合。调整后，将形成大一统的营销版块，原利润中心改革后剥离下的部分行政管理职能将分别归并到营销大版块中的公司金融部、个人金融部、机构金融业务部以及结算和现金部。

进入新的发展阶段，银行网点告别了存贷汇单一业务类型，成为多种金融服务的“公共渠道”。对公、零售、财富管理、私人银行等业务都在网点落地，每类业务偏好不同的网点形态和职能。随着互联网技术应用的突飞猛进，电子渠道深刻改变各个行业的商业模式，也撼动着银行业几十年来形成的固化思维。未来随着客户习惯的迁移，银行业接触客户的传统优势将受到动摇。另外，客户、业务对于电子渠道的依赖已经开始衍生更多更高的服务要求。以往单纯把电子渠道当作降低成本的手段已经无法反映这种来自需求方的大转变。银行业统筹物理网点和电子渠道势在必行。

（2）做实利润中心。此次工行组织架构调整的一项重要使命是做实利润中心，剥离其部分行政管理职能，将其转化为更专业的产品部门。利润中心是拥有相对独立的经营决策权，并最终对商业银行利润负责的责任中心，如若做实，则利润中心可被看作银行产品条线的“事业部”，其经营动力也将大大提升。

工行的利润中心改革更像是“小碎步”前进。此次新方案“更进一步”的是，利润中心原有的部分行政管理职能转移至综合管理版块，强化经营职能，利润中心则将主要精力用在产品研发和营销上。比如，原来在营销版块下的利润中心——公司二部拆分了相关职能后进一步做实，新名称定为“专项融资部”，主司与国际业务相关的七大产品线，包括出口买方信贷、船舶融资等。

（3）精简风控。此次工商银行在风控架构方面的调整，试图通过简化风控管理和环节来增强市场化取向，不涉及权利的上收或下放。工行将精简信用风险管理架构，“授信部”和“审批部”合并为“授信审批部”，未来还将接纳来自利润中心改革后剥离的部分信用风险审批职能。

利率市场化不仅考验银行成本控制的节流能力，更需要银行提升风险管理能力，提高资产收益水平。目前工行信用风险采取一定程度上的垂直管理。二级分行中相应的人员均为省分行派驻，类似的诸多架构设计目的是减少客户干扰，增强风控的独立性。而这一设计有望在随后的分支行改革中保留。此前，工行分支行架构中授信和审批即为一个部门，却同时需要应对来自总行两个部门“授信部”和“审批部”的双重管理，流程设置分工过细，管理环节过多导致效率损失，此次将合二为一。同时，风控部门和环节的压缩，为分行的业务开展提供了更多灵活性。方案提出，将加大对部分管理基础较好的分行的经营授权。这也被认为是银行经营压力增加后，拓展市场所作出的应对措施。另外随着科技、数据等辅助手段的不断改进积累，银行风控能力的提高使得适当放权有了空间和信心。

另外，新的工行风险管理版块将弱化原有的风险管理部，其不良资产处置等部分职能划归信贷与投资管理部。在风险管理大版块之下，还将合并法律事务部和消费者权益保护办公室，实行“一套人马，两块牌子”，最终该版块将由原来的 8 个部门缩减至 5 个。

（4）体系综合化。以银行出发的综合金融架构，商业银行总部同时担当金控集团总部和银行总部双重职能。这一架构不可避免导致强势的商业银行文化理念干扰非银行子公司的决策。

随着利率市场化的推进，企业和居民金融服务升级，商业银行迫切需要综合化经营。从单纯的存款、贷款模式转向存款、贷款模式、交易投资模式、价值管理模式并重的经营体系。工商银行最新一轮组织架构调整即缘起于综合化经营。2011 年，在积极谋求更多金融牌照的同时，工商银行也谋划总行层面的机构调整来应对综合化金融的挑战。目前，工商银行有四个综合化子公司，分别为工银瑞信、工银租赁、工银国际和工银安盛，尚缺信托和期货。而工商银行也在市场上伺机补全剩下的两张牌照。工行对旗下的四个综合化子公司的改革方向是，加强集团对控股子公司的管理。控股子公司投资设立法人机构，或者开设下级分支机构，都需要总行审批。其他需要核准的决策还包括战略性股权投资、发展战略的制定、增资、分立合并、对外投资、高管薪酬等。另外在具体管理方面，仍然加强派出董监事履职，目的是“有效落实大股东意志”。

3. 新的组织结构形成了利润中心模式

工商银行自 2006 年股改上市以来，每次的变化都会引起市场的广泛讨论。2014 年年初，工商银行开始了新一轮的组织架构调整，无疑成为众多启动组织架构改革的银行业金融机构中最受人关注的银行。此次工商银行的组织架构改革，方案是压缩原有部门中心，撤销部分二级部门。总行管理层由业务管理、风险管理、综合管理和支持保障四个版块构成，原来的近 47 个部门机构调整为 26 个一级部、5 个二级部及 3 个部门管理中心，利润中心将增至 11 个。此次调整中，最具看点的是将原来的 9 个利润中心由虚做实，并视时机成熟增设电子银行部和银行卡业务部两个利润中心。另外，新的机构调整在综合管理版块下增设“渠道管理部”一级部，主要吸收合并了原来分散在总行个金部、人力资源部等物理网点、自主机具的管理职能，将统筹渠道规划布局和管理，待电子银行利润中心成型后，还将统筹电子渠道，此举属国内银行业首例。

——资料来源：董欲晓，由曦．工行变阵：总行启动组织架构大规模整合 [J]．财经，2014 (01)：54 - 60。

5.1.2 案例分析

1. 重新平衡风控和市场之间的关系是其调整主因

2006年，工商银行在A股和H股同时上市，此后五年时间经历了业绩年均增长20%的黄金发展期。但自2011年开始，银行内外经营环境同时转冷。银行业绩增长出现拐点，2012年甚至有个别股份制银行利润出现零增长。国有大行2013年的净利润增速也告别两位数。利率市场化推进速度超出预期，银行传统业务利润空间受到压缩。2012年以来银行业净息差普遍下降，工商银行则由2012年的2.66%收窄到2013年上半年的2.57%。未来利率进一步解放，短期内银行还将面临息差收窄的严峻考验。同时以信托、第三方理财等为代表的直接融资渠道蓬勃发展，金融“脱媒”愈演愈烈。在传统业务之外，银行需要寻找新的利润增长点，以及打造更具市场竞争力的服务体系。多家银行开始大力培育包括资产管理、金融市场等新兴业务。工商银行自2010年开始，陆续对部分业务产品线实施利润中心改造，试图通过单独财务核算和业绩考核来推动业务发展。但由于诸多原因，其内部未有清晰的核算和激励措施，改革还需要“更进一步”。

在银行体系外部，商业银行也在谋求更多的非金融牌照，为组建综合金融“航母”集结资源。2006年以来，工行已经囊括基金、保险、证券、期货、租赁等非银行业务，尚在争取信托牌照。随着牌照资源逐渐齐全，如何优化总行和非金融子公司的关系，并发挥整合效应也是未来组织架构调整要解决的一个问题。

自股改上市以来形成的较为独立的风险管理架构，在市场竞争逐渐加剧的环境下，遭到越来越激烈的质疑。一向以稳健著称的国有大行，开始付出市场份额下降的代价。根据银监会数据，2008—2013年，国有大行市场份额从52%下降到42%。股份制银行凭借更为灵活的体制机制轻装上阵抢夺资源，国有大行也在严格的风控体系下感受到了前所未有的压力。

如何重新平衡风控和市场之间的关系，成为包括工行在内的国有大行重新思考的问题，也是2014年以来其组织架构调整的一个焦点。除了来自经济和金融本身的冲击，跨界竞争也在打破人们对行业的传统理解，并不得不做出调整。以第三方支付为先锋的互联网金融来势汹汹，新技术蓬勃发展不仅最直接地抢食银行传统优势业务，还在多种电子渠道的涌现下动摇着几十年来银行积累的庞大的客户基础。银行业不得不重新梳理业务管理流程，以便更快更有效地面对竞争，相应的组织架构则需要“更高效、更流畅”，包括渠道建设“分兵作战”的打法也不得不让位于“一盘棋”的统筹思路。

2. 本轮组织架构改革所产生的影响是深远的

（1）精简机构，实现扁平化。机构层级过多、管理链条过长是我国商业银行存在的普遍问题。我国银行的这轮组织架构改革顺应了组织架构扁平化的国际趋势，各家银行都致力于压缩管理层级，提高管理效率。

（2）优化风控，适当放权。本轮组织架构改革中，大部分银行都对风险管理架构进行了调整，简化风险管理流程，适当放权，以更好地平衡风险管理与业务发展之间的关系。

（3）顺应形势，建立新兴业务部门。本轮改革中，各家银行普遍对资产管理业务和互联网金融业务的组织架构进行了调整，设立独立的部门，促进资产管理业务和互联网金融业务的规范化、专业化发展。这些调整一方面顺应了监管部门的要求，另一方面为商业银行在新的竞争环境中抢得先机打下了基础。

（4）理顺业务流程，实现专业化分工。本轮银行组织架构改革，不论调整方向如何，各家银行的改革重点之一都是理顺业务流程，明确前中后台的分工。

综合来看，不论是大型国有商业银行还是中小银行，都试图根据自身经营特点和业务模式找到适合的总行组织架构。组织架构优化可以为银行带来新的增长动力，形成并强化核心竞争力，随着改革的纵深推进，最终将会形成银行业专业化的分工和差异化的竞争格局。

3. 改革措施多管齐下

（1）机构压缩整合。压缩原有部门中心，撤销多个二级部。将原来的近 47 个部门机构调整至 45 个，其中包括 26 个一级部、5 个二级部及 3 个管理中心。

（2）利润中心建设。将原来的 9 个利润中心由虚做实，并视时机成熟增设电子银行部和银行卡业务部两个利润中心。

（3）大渠道整合。在综合管理版块下增设“渠道管理部”一级部，主要吸收合并了原来分散在总行个金部、人力资源部等部门的“物理网点、自助机具管理”职能，统筹渠道规划布局与管理。

（4）强化分层营销。进一步划清各级机构的营销职能，形成大一统的营销版块。

（5）精简风控架构。第一，将“授信业务部”和“信用与投资审批部”合并为“授信审批部”，未来还将接纳来自利润中心改革后剥离的部分信用风险审批职能；第二，弱化原有的风险管理部，将其不良资产处置等职能划归至信贷与投资管理部；第三，合并“法律事务部”和“消费者权益保护办公室”，实行“一套人马、两块牌子”。最终，风险管理版块将由原来的 8 个部门缩减至 5 个。

5.1.3 案例启示

1. 综合金融架构顺应了综合化发展趋势

随着市场的发展，尤其是利率市场化的快速推进，银行客户对于金融产品和金融服务的需求不断多元化和综合化，从简单的存贷汇转为投资交易、财富管理等有着多重目标的价值经营模式。目前商业银行都在积极谋取更多的金融牌照，已经开始的组织架构改革正是基于综合化经营的需要，四大国有商业银行均已形成了综合金融的基本战略和架构，但是这种以商业银行为依托建立的综合金融框架，与中信集团、平安集团等为代表的综合金融控股集团有着先天不同的治理模式和组织架构。综合金融集团的体系不能只以银行为主导，而应为保险、基金、证券、租赁等子公司配置均衡的资源和地位。银行的高管只负责银行业务的运营，集团的高管则负责集团所有业务版块的协调发展和整体风险的防控。只有形成真正的综合金融架构，才有利于有不同业务对象和经营模式的金融机构健康发展。

2. 在风险管理与市场之间找到平衡是组织机构改革的关键

存款保险制度的破题，利率市场化推进速度超出预期，银行传统业务的利润空间进一步收窄，表现最为明显的是净息差的普遍下降。随着利率管制的进一步放松，未来银行还将面对更为严峻的息差收窄的考验。商业银行除了要面对经济金融环境的冲击，还要面对跨界所带来的激烈竞争。以第三方支付为代表的互联网金融发展迅猛，信息技术的发展应用直接影响商业银行传统业务的进行，还使得多年来积累的客户基础出现分流。在激烈的市场竞争中，应充分利用现有优势，顺应新技术应用潮流，梳理业务流程，构建更高效、更流畅的组织架构，在风险管理与市场之间找到平衡。另外，风险管理方面，商业银行一贯重视信用风险的管理，对流动性风险管理薄弱，而对操作风险、市场风险等风险明显重视不够，管理手段和制度安排不足。全面风险管理的长短腿架构也是商业银行在组织架构改革中需要引起重视的。

3. 信息化建设是电子渠道发展的基础

随着信息技术的进步，银行的渠道迅速分化为传统的物理渠道和新兴的电子渠道。客户、业务的发展对电子渠道的依赖程度已远不是单纯的降低成本，而是衍生出更多要求更高的金融服务需求。渠道内涵的变化使得银行在渠道建设上必须重视电子渠道的建设，在传统物理渠道的基础上建设电子渠道，而且要对不同的渠道进行整合，使之能够发挥整体协同作用。电子渠道的建设，首先要建立能集中处理大量数据信息的强大的系统，在此基础上还要让这个新渠道迅速被市场和客户认同，扩大使用规模，形成规模经济，否则新渠道很可能在与传统渠道的竞争中败下阵来。物理渠道和电子渠道相得益彰、互补发展的协调程度成为商业银行应对互联网金融竞争把握主动权的关键。

案例 5.2　英国北岩银行挤兑事件

5.2.1　案例介绍

1. 北岩银行跟随国际从“发起到分散”的潮流

英国第五大抵押贷款机构北岩银行，出现了英国近 140 年来首次挤兑现象。该银行是英国的第五大抵押贷款机构，其大部分资产业务集中于英国的住房抵押贷款。为了维持资产业务的高速增长，北岩银行改变其负债策略，在零售市场存款停滞不前的条件下，转而从全球金融批发市场上大量融资。北岩银行跟随国际潮流，不再将贷款持有到期，而是将抵押贷款打包出售给投资人，并以此为抵押进一步融资。其负债结构相应发生了很大变化，零售存款和零售贷款实发资金的比例从1997年的62.7%下降到了2006年的22.4%。北岩银行的这种融资策略一旦遇到批发市场出现流动性不足就暴露出巨大的风险。虽然该银行直接持有与美国次级债相关的金融产品尚不到总资产1%，但由于其资产负债结构存在期限不匹配问题，资金来源主要依赖短期市场，流动性管理出现问题，融资出现困难，引发了英国近140年来首次“挤兑现象”。在陷入流动性危机泥潭长达6个月之久后，英国议会2008年2月21日通过了将其国有化的议案，这也成为20世纪70年代以来英国的首起企业国有化案例。北岩银行经营失败的教训，凸显了商业银行流动性管理的重要性。

2. 北岩银行成为英国金融界中第一个美国次贷危机的受害者

英国北岩银行建立于1965年，其前身是北岩建屋互助会，于1997年在伦敦交易所上市，当年年底合并总资产仅仅为158亿英镑。尽管初始资产很少，但是北岩银行却有惊人的发展速度，在1998年6月到2007年6月（危机前）的九年里，北岩银行的总资产从174亿英镑增加到1 135亿英镑。这一高增长率与其持续的23.2%的年增长率有关。在其危机前夕，北岩银行居于英国抵押贷款银行中的第五位。2006年《福布斯》全球2 000强企业榜排名第480位；2007年《福布斯》全球上市公司2 000强排名第438位。因为受到美国次级房贷的拖累，在市场资金流通不佳的情况下，造成挤兑，成为英国金融界中第一个美国次贷危机的受害者。

北岩银行是英国最主要的住房按揭银行之一，其业务模式是向客户提供各种各样的贷款，这些贷款可以有抵押，也可以没有抵押。该银行2007年上半年向大约80万购房者提供房贷，其贷款结构中甚少次级或不良贷款。新增抵押贷款额排名英国第一。同时，银行通过吸引存款、同业拆借、抵押资产证券化等方式来融资，并投资于欧洲之外的债券市场，美国次级债也是其重要的投资方式之一，该行约有150万储户，储户在北岩银行存有约240亿英镑存款。然而，问题是北岩银行对非零售资金非常依赖，这在英国的住房抵押贷款银行中是很少见的。截至2007年夏，其零售存款形式的负债仅占23%，其余资金来源于短期资本市场借款，或来源于证券化的票据以及其他长期资金。事实上，即使是北岩银行的零售存款，也只有一小部分是由传统的以分支行形式为基础吸收的存款构成，大多数零售存款是非分支行存款如邮局和电汇账户。现在可以发现，在北岩银行的挤兑潮中，这些非分支行存款对于储户取款显得更脆弱。

以住房按揭为主打业务的北岩银行，其按揭类型相当细化，住房抵押比例之高也可谓激进，利率优惠。以组合按揭为例，假设贷款人的房产价值为10万英镑，那么他可以得到最高9.5万英镑的按揭贷款，另外还可能得到最高3万英镑的不保障贷款，这3万英镑贷款视客户自身需求情况而定，相当于现金储备，利率统一。北岩银行的贷款利率低于其他贷款机构的重要原因是它采取了完全依靠全球的金融批发市场以及流动性的战略，这在三四年前被普遍认为是非常成功的商业模式。

下面分析北岩银行的资产负债情况。通过计算可以看到，北岩银行2006年年末向消费者发放的贷款占比为85.498%，加上无形资产、固定资产，全部非流动性资产占比高达85.867%，而流动性资产仅占总资产的14.218%，特别是其中安全性最高的现金及中央银行存款仅占0.946%。在负债方，看到北岩银行最主要的两个融资渠道为消费者账户以及发行债务工具，特别是债务工具的发行占比高达63.651%，这充分体现了北岩银行过分依赖货币市场融资的特征。受此压力，北岩银行一方面不得不抛售其抵押贷款债权缓解流动性压力，银行打算出售其持有的价值1 000亿英镑（约合2 000亿美元）抵押贷款债权，以应付危机。英格兰银行本想为该银行的抵押贷款债权寻找一个买家，但没有一家银行愿意单独承担风险。该银行的董事长亦公开呼吁能有“白衣骑士”出手收购北岩银行。

从2007年3月开始，美国次贷危机引发的市场流动性紧缩逐渐蔓延到欧洲。随着投资者投资策略趋紧和信贷市场的不断萎缩，银行同业间拆借利率大幅上升，可拆借资金随之减少，市场流动性逐渐下降。北岩银行为防止自身出现流动性问题，相应地调整其资产和负债，多样化其在全球金融零售市场上的融资结构。虽然北岩银行持有的与美国住房抵押债券相关的金融衍生产品的比例很小（不足总资产的1%），但北岩银行的资产负债结构却出现了期限错配问题，加上资金主要来源于流动性较差的短期市场，其融资困难问题直接导致了盈利水平的下降。从2007年年初到2007年9月挤兑事件发生前夕，其股价已暴跌近50%。北岩银行头寸不足，2007年8月16日首次考虑向英格兰银行寻求紧急援助，该举导致北岩银行的投资者与储户丧失信心，股价在短短几个交易日内下跌近80%。2007年9月14日，英格兰银行联合金融服务局发表声明，认为北岩银行资本充足、资产质量不存在问题，具备清偿能力，只是出现了临时性的流动性问题，愿意向其提供流动性支持。但是这一声明的效果却适得其反，直接引发了储户的挤兑潮，从伦敦到纽卡斯尔，北岩银行各分支机构门口排起长队，储户争相取款，在纽卡斯尔甚至场面一度失控，英国银行业经历了自维多利亚时代以来的首次银行挤兑风波。

3. 北岩银行国有化

2008年2月，北岩银行国有化的政府议案在议会通过。随后政府帮助该行重新开展储蓄和贷款业务，以维持财务稳健。北岩银行的国有化将是“暂时的”，一旦它的市场状况得到改善，政府将“尽快地、审慎地”选择时机，将其重新转换为私有。此后，英国财政部2009年12月8日对北岩银行发出转移令，允许该公司实现法律和资本方面的重组。根据该法令，北岩银行将会分为两个公司：北岩银行和北岩资产管理公司。新成立的北岩银行将会是一个新的储蓄和抵押银行，将维护所有客户190亿英镑的储蓄额和大约100亿英镑左右的抵押贷款。它将会向广大客户提供新的储蓄产品和抵押贷款方式并且持有一定规模的存款。而新成立的北岩资产管理公司将持有和维护大部分现有的住宅抵押，账面价值约为500亿英镑。它将由英国金融服务管理局管理。即使作为抵押贷款银行，也仍不会提供任何新的抵押贷款。在转移日期后，北岩资产管理公司将持有政府借债、无担保贷款、北岩未收回的批发融资和附属债务。在国有化6个月之后，英国政府将以股票而非债券的形式对北岩银行进行资助，英国财政部持有的北岩银行4亿英镑优先股也将转换为普通股。2011年6月16日凌晨，英国财政大臣乔治·奥斯本宣布，英国将在年底前为北岩银行寻找合适买家，具体交易可能需要更长时间。

——资料来源：林跃武．遭挤兑两年后分析北岩银行危机原因及启示［J］．金融管理与研究，2010（02）：34－39。

5.2.2　案例分析

1. 北岩银行遭挤兑的内外交困

（1）“次贷风波”是北岩银行遭挤兑的外部环境因素。北岩银行作为一个资产负债率低、发展迅速、被英国人视作好银行的金融企业却在英国遭到了挤兑，外部原因在于“次贷风波”引发了市场担忧。尽管北岩银行在美国次级债券市场上的投资并不多，仅占其全部资产的0.24%，大约为2.75亿英镑。但是，受美国“次贷风波”的影响，英国房地产市场也开始了深度调整，英国HBOS房屋价格指数从2007年7月开始下降，英国银行业贷款违约率随之上升，银行房贷业务带来了较大负面影响。北岩银行是英国第五大抵押贷款机构，其2007年上半年新增抵押贷款额排名英国第一，拥有大约150万储户，向80万购房者提供房贷，业务重心向房贷市场的较大倾斜使得北岩银行被市场普遍认为是受“次贷风波”影响最大的英国金融机构。

（2）监管的缺失和市场失灵是导致北岩银行遭挤兑的重要外部因素。首先，英国金融监管当局没有履行足够的监管责任。从20世纪80年代开始，英国放松金融管制，金融机构杠杆比率不断上升，金融产品不断增加，金融机构过度冒险，监管部门却没有及时防控，造成风险不断累积。其次，英格兰银行在评估金融风险及应对危机反应中没有尽到最大职责。英格兰银行没有对英国面临的系统金融风险状态作出理性的评价，也没有灵活地向市场提供流动性，其流动性信贷所要求的抵押条件过于严格，而且，在提供最后贷款人紧急援助决策时，英格兰银行过于保守。最后，英国存款保险体系没有发挥作用。主要表现在存款保险赔付限额偏低、存款赔付时间偏长以及存款保险保障能力低。

（3）自身经营管理的一系列失误是北岩银行遭挤兑的内在因素。首先，风险偏好过强导致危机发生的可能。为了追求高盈利—快发展的发展模式，北岩银行用高风险的优惠按揭产品过度开发市场，风险偏好过强增加了危机发生可能。其次，过度依赖批发市场短期融资造成流动性困境。为实现高速增长，北岩银行从批发市场上大量拆入资金，这样虽可以使银行在获得市场融资的同时仍可享受较高的贷款收益，但也加大了银行自身的风险暴露。最后，资产负债的利率缺口影响了利润的增长。批发市场和住房贷款市场不同的定价机制加大了北岩银行资产负债的利率缺口，其每年要多支付1 200万英镑利息。

（4）处置过程不当加重了挤兑危机。北岩银行挤兑危机中，英国监管当局政策宣告的矛盾性导致了危机的恶化。2007 年 9 月 14 日的联合声明一方面声称“北岩银行资质良好”，另一方面又郑重许诺“将提供流动性支持”，这种政策宣告的内部矛盾很容易引发市场对北岩银行融资困难的过度忧虑。而在挤兑发生后，政府起初无意提供大量资金来拯救北岩银行，市场对此的失望引发了更多的储户加入挤兑队伍之中，而在宣布由政府对存款全额担保后，挤兑队伍才消失。

2. 在一定程度上影响了英国自由经济国家形象

央行出资“拯救”北岩银行让这家银行的存款人无比紧张，严重的客户挤兑则导致 30 多亿英镑的资金流出。英格兰银行的注资使得北岩银行的储户更加担心央行是在“拯救”北岩银行，加上英国的存款保险制度设计不完善，大量储户在全国北岩银行的网点排队取款，这是 140 多年来英国银行业经历的第一次银行挤兑。

英国议会于 2008 年 2 月 21 日通过了将北岩银行国有化的议案，授权该国政府将北岩银行的所有股份暂时归入其名下，这也成为 20 世纪 70 年代以来英国的首起企业国有化案例。该事件是英国自 1866 年以来首次发生的银行挤兑事件，不仅严重影响了伦敦的国际金融中心地位，而且在一定程度上影响了英国的自由经济国家形象。

3. 一系列救助措施避免了挤兑潮的扩散

（1）北岩银行的自救。北岩银行在挤兑危机发生后积极应对，主要采取了补充流动性（向央行求助和同业贷款等）和业务正常声明等措施，在维护自身形象的同时尽量平息挤兑危机。

（2）英格兰银行的救助。在北岩银行事件发生前，英国的监管当局一直采取一种“不作为”的管理策略，英格兰银行尽量不向金融机构注资。然而当北岩银行挤兑危机发生对英国的金融体系造成威胁时，英国的金融监管当局再也不能袖手旁观。为防止系统性的金融危机发生，英格兰银行先后两次向银行体系分别注入 44 亿英镑的资金，用以缓和市场流动性不足的压力。北岩银行获得英格兰银行利率为 7% 的惩罚性贷款，向市场保证北岩银行的偿付能力。但是英格兰银行的救助却加剧了储户对北岩银行的挤兑。为了防止挤兑危机的蔓延，英格兰银行宣布向金融市场注资，以缓解流动性不足造成的恐慌。经过这一系列的救助措施，北岩银行挤兑事件才有所平息，避免了挤兑潮向全国的扩散。

（3）英国政府的承诺。鉴于英格兰银行和金融服务局的注资救助对市场造成的恐慌行为，英国政府不得不出面解决危机。财政部向市场宣布，不论存款数额的大小，所有储户的存款会得到政府的全额补偿承诺。这样存款者就可以安心地将存款存放于银行中，有效地缓解了当时的挤兑潮流，同时也避免了挤兑事态的扩大，防止挤兑事件演变为系统性的金融危机。

5.2.3 案例启示

1. 商业银行内部经营管理要注重流动性管理

（1）要提升危机发现能力和应对能力，增强风险防范意识。要针对可能出现的信誉风险、法律风险等问题，构建预警预案系统，坚持以防为主的方针，及时收集各方面信息，识别、分析、评估内外部各种风险因素，找出风险形成的原因，跟踪和预测风险演变趋势，并建立应对紧急预案，采取超前性控制对策将潜在风险提前化解。

（2）要积极调整、优化存贷款结构。国内银行应在优化负债结构的过程中实现负债的期限结构合理化，既保持负债与资产的期限合理匹配，短期存款配置短期贷款，定期存款配置中长期贷款，同时要对现有的贷款进行结构调整，优化贷款结构，尽可能地降低筹资成本，确保实现资金流动性、效益性和安全性的统一。

（3）控制风险偏好，增强客户信任。商业银行要坚持稳健经营的理念，确定合理的存贷比例，确保适度的经营规模，同时适当回避高风险区域，开拓低风险业务领域，稳健开展银行业务，正确处理好业务拓展与加强风险管理的关系，强化风险管理，实现银行的长期稳健发展，赢得社会和客户的信任。

（4）要主动加强流动性管理。银行的经营是负债经营，现阶段银行的流动性来源主要依靠存款增长及发行次级债，但目前次级债的政策已经有所改变，在此情况下，银行要培育稳定和持续增长的资金来源，在大力开展存款营销的同时要多元化筹集资金，加强流动性管理。

2. 外部监管部门宏观指导和微观检查能及时防控风险

（1）坚持审慎性监管原则，消除系统性金融风险。根据英国在这次危机中的教训，我国金融监管部门要坚持审慎性、前瞻性的监管策略，信贷、证券和金融衍生品的创新必须与我国经济发展水平相适应、与金融机构的风险管理水平相适应、与社会各种投资者的风险意识、风险承受能力相适应。金融监管部门首要的职责是确保金融机构与人员的行为符合审慎性要求。对于金融机构超常规的业务模式，监管部门需要密切关注，必要时需要采取现场调查、监管。

（2）强化金融监管协调机制。积极维护金融稳定为及时、有效地处理金融机构的潜在危机，必须建立金融监管协调机制。货币政策和金融监管的目标、业务常常会有所交叉，并相互补充，中央银行和监管机构在维护金融稳定方面各有优势和侧重，需要长期密切地配合。鉴于目前我国实行分业监管的金融监管体制，监管委员会要重点加强对新业务规则制定协调，避免交叉性业务重复监管，对大型金融控股公司、外资金融机构等具有集团形式的金融机构要形成监管合力；同时各监管部门间要建立与人民银行之间的协调机制，对银行业危机、金融突发事件处置、金融稳定与风险预警、信息共享等方面作出制度性安排。

（3）稳妥处置金融风险，增强社会与公众信心。金融业具有风险传染的特性，金融风险处置必须考虑到公众的敏感性以及信号效应问题。我国金融机构的市场退出并不普遍，老百姓的金融风险意识也并不很强，在金融风险处置实践中，更要防止信号效应的影响，还需重点关注个别中小机构关闭时可能对其他同类机构产生的连锁反应，增强公众信心，防止风险的传染和蔓延。

案例5.3　银行界大丑闻！宇宙第一行的黯然陨落

5.3.1　案例介绍

1. 交叉销售是富国银行的“镇店之宝”

富国银行1952年成立于美国纽约市，1998年富国银行与美国西北银行合并，新公司保留了富国银行名称，总部迁往旧金山。富国银行长期以来以稳健经营著称。2008年全球金融危机期间，当美国各大银行处于濒临破产边缘的时候，富国银行却成功渡过金融危机，并进一步发展壮大。2015年，富国银行的股票市值超过中国工商银行和摩根大通，位列全球银行业之首。

依托以社区银行为基础的交叉销售和稳健经营模式，富国银行在零售银行业务中占据优势地位。交叉销售的意思就是：银行发现现有客户的多种需求，通过满足其需求而实现销售多种相关的服务或产品的营销方式。富国银行人士称，交叉销售是富国银行的“镇店之宝”，其模式可为利润创造作出巨大贡献。数据显示，富国银行平均可以向1个公司客户推销5.3个金融产品，向个人客户平均推销4.6个产品，均远高于同业平均水平。可以说没有交叉销售的成功，就没有富国银行的今天。

然而，2016年9月，长期以来被视为银行业“优等生”的富国银行，却传出了账户信息造假的丑闻。消费者和监管部门在感到震惊的同时，也表现出极大的愤怒。

2. 富国银行账户信息造假丑闻被曝光

富国银行是富国公司（Wells Fargo Company）的主要子公司，2017年富国银行营业额占富国公司营业额的比重为51.1%。富国公司成立于1852年，总部位于旧金山，是一个多元化、以社区服务为基础的金融服务公司。截至2017年年底，富国公司总资产为1.95万亿美元，年度净收入为221.8亿美元，员工人数约26.3万人，服务覆盖了美国1/3的家庭，富国公司在《财富》杂志公布的2017年美国最大企业排行榜上排名第25位。作为美国的主要银行之一，富国银行在2013年一度成为全球市值最大的银行。富国银行以零售银行业务为主，并大力拓展批发银行及财富管理业务。国际金融危机期间，雷曼和贝尔斯登因过度投资金融衍生品，花旗和美银因大力发展投行业务，均受到严重冲击，而富国银行得益于专注零售银行，收入稳定且风险分散度高，所受冲击有限且危机后发展迅速。

富国银行三大业务领域分别是社区银行（Community Banking）、批发银行（Wholesale Banking）以及财富和投资管理（Wealth and Investment Management）。社区银行业务主要为消费者和小企业（年销售额500万美元以内）提供多元化的金融产品和服务。这些金融产品和服务包括储蓄和支票、信用卡、汽车、学生贷款、住房抵押贷款和小企业贷款，长期以来富国银行都是美国最大的住房信贷提供商。富国银行很早就在居民区布局了大量营业网点，在全美拥有的营业网点超过8 000个，甚至为社区修建公共设施、提供社区服务，以树立良好的企业形象。这些营业网点就像便利店一样，为居民提供丰富又便利的金融产品和服务，使富民银行在吸收居民低成本存款方面具有显著优势。依托9 000多个分支机构和12 000多台自助设备，社区银行业务成为富国银行的主要营业收入来源和利润增长点。批发银行业务主要为美国以及全球各地年销售额超过500万美元的企业提供金融服务，业务涵盖企业贷款、现金池及财资管理、房地产金融服务、信用证及贸易融资、设备租赁、资产风险管理、投资管理等方面。财富和投资管理为高净值客户量身定做并提供全方位、个性化财富管理服务，业务涵盖全球投资规划和管理、退休规划和管理、遗产规划和信托服务、税务和会计服务、为高净值和超高净值客户提供的家族办公室服务等方面。

通过交叉销售、深入发展老客户关系，挖掘客户价值，增加客户的黏度，比盲目发展新客户更加重要。富国银行的盈利分析显示，使用1～5个银行产品的单个客户给银行带来的平均年收入是170美元，使用6～10个产品的客户带来的平均年收入是240美元，使用11～15个产品的客户带来的平均年收入是530美元，如果用户使用的产品数量超过25个，其带来的平均年收入可超过5 255美元，这是一个呈几何倍数的增长速度。富国银行一直将交叉销售模式作为业务收入和利润增长的主要手段。1999年美国《金融现代化法案》颁布后，富国银行向每个客户销售的金融产品数量持续增长。在2016年账户信息造假丑闻被曝光之前，富国银行向每位客户交叉销售的产品数量达6.29个。

作为一家长期以来具有良好声誉的商业银行，富国银行却被曝光账户信息造假丑闻，对其企业形象和经营活动带来了严重的负面影响。2016年9月8日，美国消费者金融保护局（Consumer Financial Protection Bureau，CFPB）和美国货币监理署（Office of Comptroller of Currency，OCC）调查后认定，富国银行员工在销售金融产品中存在未经客户授权而开设存款账户和信用卡账户、开通网上银行和借记卡等违法违规行为，决定对其进行严厉惩处。具体包括以下违法违规行为。

（1）未经授权擅自开设存款账户和转移资金。未经授权开设大约153万个存款账户，将资金从消费者原有的账户中转移到未授权的新开账户中。资金被转移出去会造成消费者原有账户资金不足，银行会因原账户资金不足、透支而收取相关费用。根据富国银行开展的调查，其中大约有8.5万个消费者存款账户被收取了大约200万美元的费用。

（2）未经消费者授权开设信用卡账户。富国银行员工未经消费者授权大约设立了

56.5 万个信用卡账户，并向消费者收取了因此产生的利息和其他相关费用。根据富国银行开展的调查，约 1.4 万个信用账户被收取了手续费约 40.3 万美元。

（3）未经消费者授权发行和激活借记卡，甚至在未告知消费者的情况下创建了 pin 码。

（4）创建虚假的电子邮件地址，让消费者参与在线银行服务。富国银行的消费者在不知情或未经同意的情况下创建了不属于消费者的虚假电子邮件地址，以便让他们参与在线银行服务。

2016 年 9 月 8 日，CFPB 根据《消费者金融保护法》中禁止银行和银行业实施不公平的行为或恶意的行为的条款，针对富国银行未经客户授权开立账户、转移资金及非法利用客户信息向客户发行信用卡等违法违规行为给金融消费者造成的损失，决定对其罚款 1 亿美元。OCC 针对富国银行未能制定有效的风险管理机制，未能及时发现和制止不安全和不健全的销售行为，以及未能及时控制事件影响范围和持续时间等问题，决定对其罚款 3 500 万美元。2016 年 9 月 9 日，美国洛杉矶市检察官办公室调查后认为，富国银行存在未征得客户同意开立账户、未通知客户这些账户已被设置等严重违法违规行为，导致客户承担不必要费用和产生其他负面财务后果，根据《加利福尼亚反不正当竞争法》相关规定，决定对其罚款 5 000 万美元。

3. 富国银行黯然离开了宇宙第一行的宝座

2016 年 10 月富国银行董事会决定，富国银行董事长兼首席执行官约翰·斯顿夫（John Stumpf）立即离职，他同时辞去了美国联邦储备委员（Federal Reserve）和联邦顾问委员会（Federal Advisory Council）的委员职务。并且不能获得离职补偿金，同时没收此前给予他的 4 100 万美元股票奖励。富国银行执行副董事长卡利·托儿斯特德（Carrie Tolstedt）提前退休，不能获得离职补偿金，同时没收此前给予她的 1 900 万美元股票奖励，但获得当前的 1.24 亿美元的薪酬，斯顿夫和托儿斯特德都不能获得 2016 年的奖金。

富国银行称已开除 5 300 名涉事员工，约占总员工总数的 2%，宣布于 2017 年开始，终止零售银行产品的销售指标任务，取消所有关于信用卡、支票以及其他零售银行产品的销售指标任务，宣布终止销售目标的当日，股价跌幅超过 3%，市值被摩根大通（J P Morgan Chase & Co.，JPM）超越，拱手让出全球最高市值银行的宝座。富国银行，就这么黯然离开了宇宙第一行的宝座。

美国政府货币监理署介入调查以后，纽约州、加利福尼亚州及北卡罗来纳州和康涅狄格州联邦检察官也启动了调查，并将视情决定是否发起诉讼。加利福尼亚州宣布将全面暂停与富国银行的业务关系，作为对该行欺诈客户行为的惩罚，此次制裁立即执行，并且将持续一年，具体制裁措施包括暂停富国银行作为加州债券发行承销商的资质，并暂停对富国银行所有证券的投资等。伊利诺伊州决定，暂停一年对其 300 亿美元的投资，同时剥夺富国银行为期一年作为该州投资经纪商的资格。

——资料来源：谢怀筑，邱晓东．富国银行受处罚事件探析［J］．金融纵横，2018（10）：17－24。

5.3.2 案例分析

1. 内忧外患成为陨落的必然

（1）不合理的业绩考核机制是员工造假的直接诱因。随着富国银行账户信息造假丑闻被曝光，富国银行员工面临的巨大工作压力也呈现在公众面前。被裁撤的员工纷纷表示，富国银行的员工薪酬和销售业绩是直接挂钩的，而业绩指标又很难实现，因而不少员工被迫选择通过造假来完成销售业绩。

对富国银行而言，最初的交叉销售主要是为了提高金融产品的多样化。2008 年全球金融危机爆发之后，美国银行业面临利润萎缩的压力，富国银行交叉销售的重点开始从产品多样化转向单纯的数量增加，从上而下制订了非常严格的销售计划，明确销售人员每月、每周甚至每天的销售指标。有公开报道指出，在 2016 年账户信息造假丑闻被曝光之前，富国银行每位客户经理每天要完成 8.5 种产品的销售任务。一旦完不成销售指标，客户经理的奖金就会大幅扣减，甚至面临被开除的风险。此外，富国银行还实施一系列措施，对客户经理的营销行为进行引导。比如客户开立银行账户之后，客户经理会积极引导客户尽快产生流水，进而获得相应奖励。在工作压力和激励措施的双重作用下，许多客户经理的行为逐步偏离规范标准，为完成销售目标，不惜通过造假来获得高薪。

（2）公司治理结构不完善，对高管缺乏有效监督。在丑闻被曝光前，约翰·斯顿夫兼任富国银行董事长和首席执行官两个职务，银行的决策权力过于集中；与其他大型银行相比，富国银行董事会中的独立董事比例相对较低，且董事任职时间过长，一半以上董事的任职时间超过 10 年。这种不合理的公司治理结构使得富国银行的决策权长期集中在以约翰·斯顿夫为核心的管理团队手中，当银行运行偏离战略方向时，不能及时得到修正。

（3）全球银行业发展面临严峻的外部环境。2016 年 9 月，麦肯锡公司发布的《全球各大银行分析报告》指出，全球银行业处于萧条期，能存活下来的银行估计只有 60%，该报告被形象地称为“银行业死亡笔记”。富国银行虽然成功躲过倒闭危机，但是量化宽松政策造成银行盈利能力不断下降。为保持其在零售银行业务中的竞争优势，富国银行不得不加大销售力度，通过交叉销售拓展客户来提高银行利润。在这样的背景下，富国银行管理层不得不一层一层地设置业务考核指标，这给基层客户经理带来过大的考核压力。面对难以实现的业务考核指标，许多银行员工被迫从事不道德行为甚至是违法违规行为。

（4）对业务操作风险的重视和监管不足。2008 年以前，美国金融监管采用的是多头监管体系，金融机构的某个业务线通常由多个监管机构共同监管。这种繁杂的监管体系，既可能导致监管力量的重叠损耗，又可能导致监管真空地带的出现。

2. 客户流失和经营业绩大减

（1）造成大量客户流失。丑闻事件对富国银行的声誉造成了显著的负面影响，使其丧失了许多重要客户。比如，加利福尼亚州政府在丑闻曝光后终止了与富国银行的合作项目，伊利诺伊州政府、西雅图市政府也宣布停止与富国银行正在进行的业务合作，许多私人银行客户将有关业务转至其他银行。

（2）经营业绩受到较大影响。社区银行业务一直在富国银行的主营业务收入中占据较大比重，丑闻事件对社区银行业务的经营业绩产生了较大的负面影响。富国银行 2016 年年报数据显示，其总资产收益率为 1.16%，同比下降 0.15 个百分点，净资产收益率为 11.49%，同比下降 1.11 个百分点。

（3）公司股价下跌，评级展望下调。自 2016 年 9 月 8 日丑闻被曝光至当月月底，富国银行的股价下跌幅度超过 10%，市值严重缩水。国际三大评级机构之一的惠誉将富国银行的评级展望由“稳定”下调至“负面”。

此外，富国银行还面临许多投资者、银行员工以及客户提起的补偿诉讼，美国劳工部也对大量裁员事件进行立案调查。

3. 补救措施也难以改变命运

账户信息造假丑闻被曝光后，监管部门和富国银行主要采取了以下措施。

（1）行政罚款。美国消费者金融保护局、货币监理署和洛杉矶市政当局对富国银行强行交叉销售金融产品、私自开设账户的违法违规行为处以 1.85 亿美元的罚款。

（2）赔偿客户损失。因银行员工私自开设账户给客户带来的损失，富国银行全额进行赔偿，赔偿金额达 260 万美元。

（3）大规模裁员。账户信息造假丑闻被披露后，富国银行实施了大规模裁员，涉嫌私自开设账户的 5 300 多名员工被开除。

（4）高管被迫离职。面对强大的舆论压力，富国银行董事长兼首席执行官约翰·斯顿夫辞去了在美联储联邦咨询理事会的职务，随后宣布提前退休、立即生效。

5.3.3　案例启示

1. 强化金融机构的公司治理机制

首先，要确保代理人（即公司管理层）能够切实从公司发展战略出发，制定并执行合理的管理措施，监督各层级管理人员履行忠诚义务。其次，要完善独立董事制度，保证独立董事有效履行职责，独立作出有利于公司长期发展的决策。再次，要进一步加强监事会的日常监督职能，确保其各项工作合法、有效地开展。最后，要加强代理人绩效奖励发放的递延性和违规行为惩罚措施的威慑力，强化事后约束机制。一旦发现代理人有违法违规行为，要实行严格的报酬追回和惩罚机制，提高其违法违规成本。

2. 推动金融机构完善长期薪酬机制

金融机构的薪酬机制不应过度与短期销售业绩直接挂钩。欺诈事件被曝光后，富国银行取消了与短期销售业绩直接挂钩的薪酬机制，更加注重员工的长期工作绩效。完善的薪酬机制应当综合考核员工的各项工作，使其行为和公司的长期发展战略保持一致。此外，薪酬激励机制要有配套监管制度，预防违规行为和损害消费者权益的事件发生。监管部门要定期、不定期检查金融机构建立的薪酬机制是否可能损害消费者权益。

3. 金融机构要谨慎使用交叉销售模式

富国银行丑闻不能简单地归咎于交叉销售模式，各种销售模式都有其优缺点，关键在于如何使用。在推行交叉销售模式中，应明确这是一个双向选择，有效保护客户的知情权和选择权。随着金融机构向客户销售的产品数量越增加客户对银行的贡献度就越大，但是客户得到的收益却相对有限，因而客户一般并不会主动购买同一个银行的多个产品。这就需要金融机构充分掌握客户需求及其影响因素，贯彻“以客户为中心”的销售理念，才能真正地吸引客户、留住客户，从而使交叉销售实现可持续发展。

4. 提升客户满意度

将“以客户为中心”的理念落实到位。切实保护客户的合法权益，确保客户隐私不受侵犯，不违规向客户提供附加服务并收取费用；有针对性地加强对公、对私业务的部门联动，提升服务满意度，而非推销产品为目的，切实解决客户面临的问题；提高金融创新力度，加强金融产品的创新，向客户提供更为广泛的金融服务，同时，注重渠道创新，如线上平台的开拓，向客户提供更便捷的服务。

第6章　中央银行案例

案例6.1　英格兰银行向中央银行的演变

6.1.1　案例介绍

1. 英格兰银行建立的背景

18世纪是英国历史上一段非常重要的历史时期。1688年的“光荣革命”标志着剧烈动荡的革命时代结束，英国进入相对平稳的历史发展时期。18世纪中后期，英国率先拉开了工业革命的序幕，进入现代经济增长时期，并以特许经营股份公司（如东印度公司）的形式不断进行海外扩张，最终征服南亚帝国——印度，进而打败当时的东方巨人——中国，成为“日不落帝国”。

在近代英国崛起的过程中，由于同法国、西班牙等国不断进行战争，产生了巨额财政赤字，为解决财政困难而设立英格兰银行成为触发英国金融革命的关键事件。英格兰银行的建立，打破了高利贷者在英国信用领域的垄断地位。英格兰银行大举发行国债，并借鉴荷兰的经验，形成了高效的债券市场，利用资本市场有效动员了当时全社会的力量，为政府提供贷款，由此有效地缓解了政府的财政危机，同时也压低了利率，促进了国内工商业的发展。英国在近代崛起的过程中，英格兰银行也逐步履行起英国中央银行的职能。

2. 由一个普通私人银行发展演变成为英国的中央银行

英格兰银行并不是自建立开始就是现代意义上的英国中央银行，直到18世纪末才具备了现代意义上的中央银行的某些特征。英格兰银行成立之初是一个由议会批准设立的私人股份制银行，一开始就与政府有着密切的关系，向政府提供贷款是它成立的目的之一。由于与政府有着比较密切的关系以及在英格兰地区具有无可替代的至高地位，才使得英格兰银行在履行公共职能方面更具优势。英格兰银行的中央银行职能也就是在这个缓慢的过程中慢慢培育出来的。英格兰银行由一个普通私人银行发展演变成为英国的中央银行，经历了一个漫长而曲折的过程。英格兰银行为英国经济崛起作出了巨大贡献。

（1）英格兰银行的建立。早期的英格兰银行只是英国政府的“钱袋子”。早在300多年前，英法激战正酣，庞大的战争开支早已将英国政府的财政收入消耗一空。加上英国当时贪污盛行，税收短绌，英国财政陷入困境。为筹集更多军费，急需用钱的英国国王和议会迅速采纳了一位叫威廉·佩特森的苏格兰商人的提议——成立一家可向政府贷款的银行。根据英王特许，1694 年 7 月 27 日，伦敦城的 1 268 位商人合股出资，正式组建了英格兰银行。此后的短短 11 天内，英格兰银行就为政府筹措到 120 万英镑巨款，按年息 8% 贷款给英国国王威廉三世，极大地支持了英国在欧洲大陆的军事活动。英格兰银行在成立时是一个较大的股份制银行，其实力和声誉高于其他银行，并且同政府有着特殊的关系，但它所经营的仍是一般银行业务，如对一般客户提供贷款、存款以及贴现等。

（2）向中央银行的演变。

①政府的银行。英格兰银行无论是成立的初衷，还是在以后的业务中，都与政府有着千丝万缕的联系。英格兰银行在 1694 年创立的时候就一直充当政府的银行。政府的各项税收和其他收入的财政部户头开设于此，政府的各项支出也来源于此。当政府资金短缺时，英格兰银行保证马上进行资金融通，如直接对政府放款、为政府发行国库券和各种长期债券等。截至 1746 年，英格兰银行已经借给政府 1 168. 68 万英镑。除此之外，英格兰银行还代理国库和全权管理国家债券。英格兰银行在发行国库券中起着重要的作用，它替政府开价招标、进行配发、发券收款，并到期负责清偿；还通过国库券经纪人，每天进入贴现市场买卖国库券，调节市场，以稳定短期市场利率。

1946 年《英格兰银行法》将英格兰银行国有化，使它变成了公营公司，彻底改变了它自 1694 年以来尽管不断向政府贷款和与政府紧密合作，却一直保留的私营银行的身份。它不再是为本身牟取利润的私营银行，也不再在私人部门业务上与普通银行竞争。该法案还终止了英格兰银行在名义上的独立性，使其成为国家机器的一个组成部分。

②发行银行。发行货币是英格兰银行的传统业务，但是其垄断货币发行权却经历了很长的一个发展过程。英格兰银行在成立之初，英国政府就给予其他商业银行所没有的一项特权，那就是允许英格兰银行成为第一家无发行保证却能发行银行券的商业银行，但是这种发行特权只限于伦敦及周围 65 英里的地区。1826 年，英国国会通过法案，准许其他股份银行设立，并可以发行钞票，但限制在伦敦 65 英里以外，以避免与英格兰银行的发行权相冲突。在以后的发展中，英格兰银行不断补充资本，同时降低对政府的放款利率，并以此为条件，促使英国国会通过法案，限制其他银行的发行权，从而加强了英格兰银行货币发行的特权地位。

在银行业发展的早期阶段，每家银行都愿意发行货币。由于英格兰银行的钞票有较高的信誉，使得新兴的地方银行乐于用英格兰银行的钞票代替黄金作为准备金。在 1844 年英国国会通过银行法案《比尔条例》之前，英国有 72 家股份银行和 207 家私人银行有钞票发行权，而该法案的通过，为英格兰银行垄断货币发行权奠定了基础。随着《比尔条例》的逐年实施，多数银行都逐渐丧失了货币发行权，终于在 1921 年，有权发行货币的银行只有英格兰银行一家。自此，英格兰银行逐渐退出一般性的商业银行业务，专注于货币发行，并开始承担维护英国金融市场稳定和监督其他商业银行的职能。但由于英国财政部也发行部分钞票，当时英格兰银行并不是严格意义上垄断发行，直到 1928 年英国通过了《通货与银行钞票法》，英格兰银行才最终成为英国唯一的发行银行。

③银行的银行。19 世纪，英国的商业银行发生了多次银行危机，尤其以 1825 年和 1837 年这两次危机最为严重。由于银行过分放款，导致许多银行债权无法按时收回，有些银行因此破产。严重的银行危机，引起了社会的广泛关注。在 1837 年的银行危机中，英格兰银行采取行动帮助有困难的银行，开始充当最终贷款人的角色。19 世纪 30 年代，英格兰银行凭其日益提高的地位承担商业银行间债权债务关系的划拨冲销、票据交换的最后清偿等业务，在经济繁荣之时接受商业银行的票据再贴现，而在经济危机的打击中则充当商业银行的“最后贷款人”，由此取得了商业银行的信任，并最终确立了“银行的银行”的地位。

随着伦敦成为世界金融中心，应实际需要，英格兰银行形成了有伸缩性的再贴现政策和公开市场活动等调节措施，成为近代中央银行理论和业务的样板及基础。1933 年 7 月设立“外汇平准账户”稳定外汇市场。到 1946 年，英国议会通过《英格兰银行法》，赋予英格兰银行更为广泛的权力，使它可以按照法律对商业银行进行监督和管理（后来该项职能被移交给 1997 年 10 月成立的金融服务局），英格兰银行终于名正言顺地成为英国的中央银行。

3. 英格兰银行在 1946 年被国有化成为真正的中央银行

英格兰银行的最高权力机构是董事会。英格兰银行在 1946 年被国有化，仍为中央银行，并隶属于财政部，掌握国库、贴现公司、银行及其余的私人客户的账户，承担政府债务的管理工作，其主要任务仍然是按政府要求决定国家金融政策。英格兰银行总行设于伦敦，职能机构分政策和市场、金融结构和监督、业务和服务三个部分，设 15 个局（部）。同时英格兰银行还在伯明翰、布里斯托、利兹、利物浦、曼彻斯特、南安普顿、纽卡斯尔及伦敦法院区设有 8 个分行。英格兰银行国有化后，政府成为英格兰银行的最大股东，现在，银行的董事都由政府提名、女王任命。董事会每周和每月都举行例会，讨论并制定相关的重大战略和政策。日常事务则主要由执行董事负责。在金融史上，英格兰银行具有重要的地位，它是绘就中央银行历史的最具代表性的素材。英格兰银行大楼位于伦敦市的针线（Threadneedle）大街，因此它有时候又被人称为“针线大街上的老妇人”或者“老妇人”，银行大楼早已成为当地的一大标志性建筑，里面还有一座专门介绍英格兰银行历史的博物馆，游客可以到此参观，领略“历史最悠久的中央银行”的风情。

——资料来源：王燕．从私人股份银行到中央银行——英格兰银行三百周年回顾［J］．上海金融，1995（10）：30－31。

6.1.2 案例分析

1. 多种因素促成了自身角色的转变

（1）经济环境的变化。17 世纪晚期，由于商业的扩张和工业生产的增长，社会对资金的需求也大为增长。但是，当时战争消耗甚巨，政府不断征税，英国民众的负担明显加重，社会流动资金相对减少。在这样的情况下，英国商人和实业家获得长期抵押贷款的难度也就可想而知了。英格兰银行的建立，一方面为陷入筹款困境的政府提供了巨额长期低息贷款，缓解了政府筹款的压力；另一方面也为新兴资本家自由筹得巨额贷款提供了可能。可以说，英格兰银行是这个时代发展的必然产物。

（2）政府筹款的需要。光荣革命后，玛丽和威廉共同入主英国，英国进入了资本主义快速发展时期。但是和平的局面很快便被打破，1689 年英国就陷入了与法作战的动荡环境当中。战争消耗了英国大量的人力、物力、财力，随着战争的进行，英国政府的财政也开始入不敷出。如何筹得战争的巨额经费成为当时政府要解决的首要任务。英格兰银行建立后立即贷款 120 万英镑给政府，从而为政府解决了战争经费的难题。

（3）英格兰银行特许状的保护。英格兰银行是在英国政府为战争筹款陷入困境的情况下，由一群希望从新型银行中获益的商人和企业家支持建立的。1694 年，英格兰银行的特许状在议会获得通过，宣布银行的正式建立。但是，最初的特许状并没有给予英格兰银行永久的特权，而只有短短的几年期限。在特许状到期的时候，政府会提前一年发出通知，如果得不到延期，政府将会偿还银行所有的贷款，同时解除特许状的法律效力。然而，实际上英格兰银行特许状从来没有被取消，在 1694—1844 年共获得了 9 次长短不同的延期。整个 18 世纪，英格兰银行一直忙于争取特许状的延期，并在特许状的保护下逐步发展壮大。可以这样说，是英格兰银行特许状的持续保护，才使英格兰银行有条件地发展成为英国实力最雄厚的银行。

英格兰银行能够从一个普通的股份制银行逐步演变为英国中央银行，除了与政府的筹款需要和特权法令的保护有关以外，还与英国银行体系的发展、经济增长的需求和民众的信赖等分不开。

英格兰银行在伦敦地区的垄断特权持续了一个多世纪，由此成为伦敦货币市场的实际领导者。到了 1833 年，英国当局彻底废除了不准在英格兰创办股份制银行的规定，但也没有对英格兰银行造成巨大影响，因为此时英格兰银行已经取得了银行券发行的垄断权，成为英格兰地区银行券发行的唯一合法机构。1844 年，英格兰银行正式成为现代意义上的英国中央银行。

2. 对英国金融经济的发展产生了深远影响

（1）对英国乡村银行发展的影响。英格兰银行的发展在限制股份制银行发展的同时给乡村银行的发展提供了客观条件，但又导致了乡村银行资金少、规模小和抗风险能力差的现状。这是英国银行体系发展过程中所独有的特点。

（2）对英国银行券发行的影响。英格兰银行在向中央银行转变的过程中，对英国银行券发行产生了深远影响，这主要体现在英格兰银行在18世纪到19世纪的发展过程中逐步垄断了英国银行券的发行权。

（3）对英国经济发展的影响。18世纪后半期，伴随着乡村银行的发展壮大，英国的银行体系初步形成，通过贴现票据、直接提供短期贷款、间接提供长期贷款等多种方式为工业革命筹集了所需要的资金，为经济发展作出了自己的贡献，从而使英国率先进入现代经济增长时期。

（4）对英国国债制度的影响。英格兰银行的发展壮大并逐步担负起中央银行职责，为政府财政的正常运作提供了稳固的基础。英国政府也正是因为有了英格兰银行这个坚强的财政后盾，才在18世纪与欧洲各国的较量过程中顺利发行大批国债，筹得巨额战争经费并最终成功取得争霸斗争的胜利。英国国债由最初众多银行参与经营到由英格兰银行独家经营，使国债的发行更加稳定，并向制度化方向发展。

3. 英格兰银行国有化

1946年《英格兰银行法》将英格兰银行国有化。从此，英格兰银行不再为私人股东所拥有，而为国家所有。银行的董事也由国王任命。事实上，尽管英格兰银行成立时，是一家私人股份银行，但大部分时期，它充当的是国家机构的角色。它的一切活动都从国家利益出发，都必须考虑与政府的关系。所以它的业务并没有因此而发生较大的变化。国有化法案还赋予政府对英格兰银行进行业务指导的权力。但该权力至今还没有被使用过。英格兰银行国有化以后，便开始发挥在过去250年里发展起来的三项主要职能：第一，帮助政府制定货币政策，并执行货币政策。英格兰银行通常运用对银行贷款进行直接管制、利息率政策及公开市场活动等手段来调节信用，执行货币政策。第二，根据1979年和1987年银行法的有关条文，它拥有管理和监督商业银行的法定责任。第三，作为政府的银行，它执行代理国库、经营政府债务的职能。英格兰银行这些职能的发挥，保证了英国金融体系的有效运转。

此外，英格兰银行还鼓励海外银行到伦敦办理各种业务，鼓励发展新金融市场，并且从各方面保证金融中心的基础——支付和清算体系的正常运转，从而使伦敦成为一个繁荣的国际金融中心。

6.1.3　案例启示

1. 英格兰银行的建立和发展离不开政府的支持

英格兰银行是世界上第一家私人股份银行，它的创设是得到当时英政府的特许的。在英格兰银行的发展过程中，政府颁布了一系列法令条例，这对于英格兰银行成为英国的中央银行起了决定性的作用。当然，政府所采取的一系列措施，也是当时经济发展的需要。如果当时英国政府不缺钱，也不会想起创设一家银行，如果英国不出现物价上涨、纸币贬值的现象，政府也不会要求银行限制货币发行，并将货币发行权集中于英格兰银行；如果整个银行界经营状况良好，英国经济不出现危机，也就不需要英格兰银行充当最后贷款人的角色，并发展起监督和管理商业银行的职能。

2. 注重自身的生存和发展

英格兰银行虽然在诞生初期就和政府有着紧密的联系，但它又是一家私人股份银行，所以非常重视自身的生存与发展，英格兰银行成功地选择了自己的发展方向，它在建行初期并不具备中央银行的各种职能，它的中央银行地位是在漫长的发展过程中逐步建立和完善起来的，在这一过程中，如果英格兰银行的董事们没有高瞻远瞩的眼光，没有生死存亡的紧迫感、使命感，那么英格兰银行很可能就只是一家普通的商业银行。

3. 积极鼓励外资银行加入

英格兰银行从建行不久，就把眼光瞄向世界。英格兰银行在维持英国国内金融体系的稳定和发展的同时，也积极鼓励外资银行的加入，这不仅有利于伦敦银行业的竞争发展，而且促使伦敦成为国际金融中心。即使在欧洲银行业竞争日趋激烈的今天，伦敦仍能维持其桥头堡的地位，这是和英格兰银行的一些特殊政策措施分不开的。大家知道，欧洲货币市场是当今国际金融市场的主要部分。而欧洲货币市场最初就是在伦敦建立的。由于英格兰银行的远见卓识，使得这一市场在伦敦迅速发展起来。

案例 6.2　欧洲中央银行

6.2.1　案例介绍

1. 欧洲经济一体化进程加速

第二次世界大战结束后，欧洲在政治上四分五裂，经济上一片萧条。欧洲政治家面对战后的废墟，痛定思痛，终于认识到要摆脱战争的威胁、防止历史悲剧的重演，欧洲各国必须抛弃仇恨，联合起来走和平发展之路。一场欧洲联合运动就此拉开了帷幕，经过 40 多年的努力和探索，终于结出硕果。进入 20 世纪 50 年代，欧洲各国开始了欧洲经济一体化进程，1968 年 4 月，欧洲共同体（European Community，EC）正式成立。20 世纪 70 年代末，随着布雷顿森林体系的解体和外汇自由浮动机制的建立，欧共体国家为了稳定成员国之间的货币汇率，促进经济贸易的发展，建立了欧洲货币体系（European Monetary System，EMS）。1986 年欧共体成员国共同签署了《单一欧洲法令》，规定欧共体内部市场由一个没有内部边界的区域构成，在此区域内，货物、人员、劳务与资本的自由流动须得到保证。1991年11月，欧洲共同体的首脑在荷兰小城马斯特里赫特签署了一份具有深远历史意义的《欧洲联盟条约》（以下简称《马约》），将欧洲政治一体化和经济与货币一体化推上了一个新的高峰。随后在《马约》中最后确立了欧洲中央银行体系（European System of Central Banks，ESCB）的地位。《马约》规定，欧盟成员国将分三个阶段建立经济与货币联盟并最终引入单一货币——欧元。1998年5月25日，欧元参加国政府一致同意并任命了欧洲中央银行行长和副行长，标志着ESCB的建立向前迈出重大的一步。

2. 世界上第一个管理超国家货币的中央银行

《马约》中关于实现欧洲经济与货币联盟方面规定的主要内容是逐步在欧共体内实现商品、劳务、人员和资本的自由流动，形成统一的欧洲市场，创立独立的欧洲中央银行（European Central Bank，ECB），发行统一的欧洲货币——欧元。

（1）欧洲中央银行的决策机构。

①理事会（the Governing Council，又称总裁理事会、管理理事会）是欧洲央行的最高决策机构，由执行董事会所有成员和参加欧元区的成员国中央银行行长组成，实行一人一票制，一般实行简单多数表决。当表决时赞成和反对票数相等时，管理理事会主席（由ECB行长担任）可投出决定的一票。管理理事会的职责是制定方针和必要的决议以保证赋予ESCB任务的实施。制定欧盟的货币政策，包括ESCB有关的中介货币目标，主导利率和储备供给，还要确定必要时的实施方针，并为ECB的内部组织和决策机构制定规则。管理理事会在欧盟内唯一拥有授权发行纸币的权利，ECB和成员国中央银行发行的纸币在欧盟内具有法偿币的地位。

②执行董事会（the Executive Board）由欧洲央行行长、副行长和其他四名成员组成。只有成员国公民，且被公认具有货币银行专业才能的人才可担任执行董事。这些人员必须是公认的在货币和银行事务中具有丰富的专业经验，由欧盟理事会咨询欧洲议会和欧洲中央银行管理委员会后提议，经成员国首脑会议一致通过加以任命。执行委员会的表决也实行一人一票制，在没有特别规定的情况下，实行简单多数表决。执行董事会的职责是依据管理理事会制定的方针和决议实施货币政策，为达此目的，对成员国中央银行给以必要的指导；执行ECB管理理事会授予的其他权力；为管理理事会的召开做准备。

③扩大理事会（the General Council，又称普通理事会）由欧洲央行行长、副行长和所有欧盟成员国中央行银行行长组成，包括参加欧元区和没有参加欧元区的，执行董事会的其他成员也可参加，但没有投票权。这是一个补充性质的决策机构，主要考虑到四个未加入欧元区的欧盟国家也要参与一定决策。普通理事会的职责包括：由于还有成员国没有加入欧元区，在欧洲经济与货币联盟的第三阶段执行原欧洲货币局的任务；执行ESCB咨询功能；收集统计信息；准备ECB的季度和年度报告以及每周固定的金融综述；为成员国中央银行会计和报告活动的标准化建立必要的规章；确定ECB的资本认购方法（ESCB法规协议有规定的除外）；制定ECB招募职员的条件；为未加入欧元区

的成员国货币同欧元的兑换率最终不可逆转的固定下来做必要的准备。

此外，欧洲中央银行体系还下设 13 个专业委员会：会计和预算委员会、银行监管委员会、银行现钞委员会、财务委员会、新闻信息和公共事务委员会、信息技术委员会、内部稽核委员会、国际关系委员会、法律委员会、市场运行委员会、货币政策委员会、支付和清算系统委员会、统计委员会。各委员会由欧洲央行和欧元区央行代表组成，他们都是某一领域的专家，可以协助欧洲中央银行体系更好地运转。

（2）欧洲中央银行的任务。欧洲中央银行体系的法律协议中规定，根本任务是保持物价稳定，并在此前提下支持欧盟的经济政策。欧洲中央银行体系的任务是确定和实施欧盟统一的货币政策；经营各项外汇业务；持有和管理成员国官方货币储备；促进结算系统顺利运行及协助有关机构顺利执行对金融机构审慎监管和稳定金融体系的政策。此外，欧洲央行体系还有其他一些任务：发行欧元纸币和硬币、金融机构监管、提供顾问咨询和信息统计等。

（3）欧洲中央银行的独立性。欧洲中央银行是世界上第一个管理超国家货币的中央银行。独立性是它的一个显著特点，欧洲央行不接受欧盟领导机构的指令，不受各国政府的监督。它是唯一有资格允许在欧盟内部发行欧元的机构，1999 年 1 月 1 日欧元正式启动后，欧元国政府失去制定货币政策的权力，而必须实行欧洲中央银行制定的货币政策。显然 ESCB 在组织结构属于二元的中央银行体制，地方级机构和中央两级分别行使权力，两级中央银行具有相对的独立性。具体而言，欧洲中央银行及所有成员国中央银行不得允许政府透支，不准向政府提供任何信贷便利，不准在一级市场上购买政府发行的债券等。《马约》早已获得所有欧盟成员国议会通过，因此，各成员国有义务遵守并实施，保证欧洲央行的独立性。

欧盟一些领导人也认为，欧洲中央银行体系是目前世界上独立程度最高的中央银行体系，它可以保证欧元区物价稳定，从而使欧元变成稳定、坚挺的通货。也有人认为，独立的中央银行体系为稳定的物价提供了可能性或必要条件，但物价稳定并不只取决于独立的中央银行体系。欧洲中央银行体系能否实现其稳定物价的目标，还要取决于下列因素：①欧盟劳动市场结构和失业状况的改善；②稳定物价目标和经济增长目标之间的协调；③财政政策和货币政策的配合。

3. 欧洲中央银行正式成立和运作

1998 年 7 月 1 日，欧洲中央银行正式成立和运作。这是一个超国家的全新的货币管理机构。欧洲联盟中法国、德国、荷兰、意大利、比利时、卢森堡、奥地利、西班牙、葡萄牙、爱尔兰、芬兰共 11 个首批加入欧元区的国家，在政治上保持主权独立的同时，将国家经济与货币主权交于新成立的欧洲中央银行统一行使。1999 年 1 月 1 日，欧元作为“记账货币”正式开始启用，经过三年过渡期，从 2002 年 1 月 1 日起，欧洲中央银行逐步将欧元纸币和硬币投入市场，与加入欧元区的各成员国货币一起流通使用。到 2002 年 7 月 1 日，各成员国货币完全退出流通，欧元成为欧元区各成员国唯一合法流通的货币，欧盟经济与货币一体化的计划最终得以实现。在《马约》规定下，欧元区随着时间的推移逐步扩大。从2001年至今，希腊、斯洛文尼亚、塞浦路斯、马耳他、斯洛伐克、爱沙尼亚、拉脱维亚和立陶宛相继加入欧元区，截至2019年，欧元区共有19个成员国。

尽管欧洲经济与货币一体化过程中还存在许多问题需要解决，但是欧洲中央银行在二十年时间中的运作基本上是成功的，它克服了十几个国家政治制度和经济发展水平的差异，通过发行统一货币和实施统一的货币政策，将成员国之间分散的经济力量，整合成一支与美国平起平坐的欧洲合众国经济团队，并且还在不断发展壮大。它所发行的欧元已成为当今世界上唯一能与美元分庭抗衡的国际货币。欧洲联盟的成立是当今世界上区域经济联合的成功范例，而欧洲中央银行的成功运行是巩固和发展欧洲经济联合的体制保证。

——资料来源：郑兴无．剖析欧洲中央银行体系［J］．世界经济，1999（09）：65-70。

6.2.2 案例分析

1. 欧洲统一货币是一个很现实的政治和经济问题

固定汇率制在20世纪70年代初解体后，整个西方工业国家的央行便处于一种学习如何适应浮动汇率制的状态中，欧洲经济共同体的国家更是如此，而浮动汇率又使得欧洲在联合进程中面对新冒出一个货币问题。对欧共体国家来说，欧洲货币体系首先是一个政治考虑，它是欧洲全面联合的一个组成部分。只要欧洲联合的进程不放弃，欧洲货币体系就得维持。1970年10月，欧洲共同体就提出了“沃纳报告”（the Werner Report），建议共同体到1980年建立经济和货币联盟。由于该目标要求有完全统一的央行和纯自由的资本流动，所以这一报告的设想并不现实。因而，欧共体在1972年4月提出了货币汇率“蛇形浮动”的设想，即把欧共体成员国货币汇率的浮动限制在一个范围内，就像蛇在一管道内爬行一样，超出这个范围，央行就得不断进行干预。这便是欧洲货币体系的早期设想。以后随着欧洲联合的目标越来越高，欧洲统一货币的问题就变成一个很现实的政治和经济问题。根据1999年欧洲大联合的设想，欧洲货币体系要不断缩小和固定成员国之间的货币汇率，从而达到欧洲货币同盟的最终目标——只有一种货币和一个统一的央行。

2. 经济货币联盟的发展加深了欧洲经济的一体化

（1）降低交易成本，促进经济增长。欧洲央行成立后，欧元成为统一的货币，消除了原来成员国之间兑换货币的成本，也消除了汇率波动对经济的影响，方便了各国的经济合作，促进了欧元区的经济增长，欧元区的GDP增长率保持了低速稳定的增长趋势。

（2）稳定成员国的价格水平和抑制通货膨胀。欧洲中央银行以法律的形式将其货币政策的首要目标设为维持欧元区物价稳定，这在制度和政策上保证了对成员国价格水平的控制。《马约》规定了整个欧元区的一年内欧元区的调和消费者物价指数（Harmonized Index of Consumer Price，HICP）的变化量基本上每年维持在2%左右，欧洲中央银行在这方面做了很大努力，取得了巨大的成就，从而对欧元区的经济的良好发展奠定基础，这是欧洲中央银行最引人瞩目的成就。

（3）推动欧洲一体化进程。欧洲一体化的发展呈现出多速度多层次的发展，多速度是指在各国向着一体化迈进的路上，速度是不一样的，这是因为各国对待一体化的态度与国家的差异造成的；多层次是指参与国家在长时间内处于不同的一体化程度，存在一体化程度较低的组织，也存在一体化程度较高的组织。在经济领域的一体化方面，经济货币联盟的发展加深了欧洲的经济的一体化，欧洲央行可以说使得经济趋同达到了一个新的高度。

3. 在欧元区制定统一货币政策

（1）货币政策实施的前提——欧元区的趋同标准。欧洲央行建立在欧元区基础上，在欧元区制定统一货币政策，这就对欧元区有特殊的要求。也就是说，欧元区达到什么样的标准才能够实行这样的货币政策，一个国家如何才能加入欧元区。通常来讲，一国加入欧元区需要三个步骤：首先加入欧盟，进而参加欧洲第二汇率机制，最后才能加入欧洲货币联盟。

（2）货币政策的目标——欧元区物价稳定。《马约》第105条第一款明确规定了欧洲央行的货币政策目标，即首要目标是保持价格稳定。同时规定欧洲央行应当把有利于共同体目标的达成为目的，支持共同体一般的经济政策，但这些都是在不危害首要目标为前提的。这说明了欧洲中央银行对物价稳定的重视，并将其放在一个压倒性的核心位置上。为了使这一特定的目标更加明确，1998年欧洲中央行长理事会专门对物价稳定给了量化规定：即一年内欧元区的调和消费者物价指数（HICP）的上升低于2%，并且物价的稳定应维持在中期内。

6.2.3 案例启示

1. 逐步改善我国中央银行的独立性状况

中央银行的独立性主要体现在货币政策的独立性上：一是保证货币政策的有效性；二是为了保证中央银行货币政策目标的顺利实现。从这个意义上而言，欧洲中央银行是世界上独立性最强的中央银行。与其相比，我国中央银行不管是在人事管理的独立性还是职能定位的独立性方面都有一定的差距。人民银行在货币供应量、利率、汇率等重大决策方面，并不能完全自主决策，受制于政府。当然，我国的政治和经济体制与欧盟各国存在根本差异，微观经济基础也不尽相同，应该结合我国的国情，逐步改善我国中央银行的独立性状况。一方面，在人事制度安排上，尽量减少政府官员在货币政策委员会中的比重，相应增加专家学者的席位；另一方面，政府应将有关中央银行事务方面的决策权逐渐交给人民银行，让中央银行自主地行使其职能。

2. 从长期看，应该把保持物价稳定作为我国货币政策的唯一目标

根据《中国人民银行法》第二条的规定，“我国货币政策目标是保持货币币值的稳定，并以此促进经济增长。”“保持货币币值的稳定”实际上包含了“物价稳定”和“汇率稳定”双重目标，而且“并”还蕴含着“促进经济增长”的目标。所以，体现贯彻货币政策的行动中，也必然有所差别。实际上，近年来我国货币政策最终目标具有明显的多重目标并举的特点。当然，目前我国货币政策还面临着一些制约因素：商业银行经营行为缺乏理性化；实体经济结构与金融经济结构之间存在不对称性；居民消费倾向偏低等。在这样的条件下，我国把物价与汇率稳定作为货币政策的最终目标，甚至实行多重目标并举也有一定的合理性。但是，从长期来看，还是要将保持物价稳定作为货币政策的最终目标。这种模式在欧洲中央银行的实践中也得到了证明。

3. 推动与港澳台地区经济和货币合作

海峡两岸暨香港、澳门地理位置相连，文化风俗相同，血脉上同属于中华民族，如果其政治经济能够统一起来，形成中国经济区，那么中国经济实力就将更为强大。但由于众所周知的历史原因，它们属于不同的关税区，采用了不同的货币，货币政策和金融制度也各不相同。但我们本是一个国家、一种文化，在经济上又相互依存。不容置疑，中华民族的全面融合和最终统一是历史的必然。从长远看，国家的和平统一首先应当是经济的统一、货币的统一。因此，在一个可预见的时期内，人民币、澳门元、港币、台币，也有必要升级为一种统一货币。进一步发展经贸关系，将四股经济力量用货币纽带连成一体，建成繁荣强大的中国经济区，符合全体中国人民的根本利益。

案例 6.3　美国联邦储备系统

6.3.1　案例介绍

1. 美国工业经济发展的同时金融危机频发

19 世纪末到 20 世纪初，美国工业经济发展的同时金融危机频发，基本每隔十年就爆发一次金融危机，1907 年金融危机是在国民银行时期所经历的最严重的金融危机，储户挤兑造成银行大规模倒闭，民众毕生的积蓄一夜之间付诸东流。经济也进入长时间的停滞时期，出现了空前严重的经济衰退，私人银行家联手解救危机引发了银行改革运动。摩根大通的创始人摩根召集金融机构要求大家一起拿出资金共同挽救即将崩溃的金融市场。在他的号召下，各家金融机构纷纷出资救市，这一行为极大地增加了市场投资

者的信心。1907 年 11 月，金融危机被成功地控制。频繁爆发的金融危机让公众意识到，在经济恐慌和低迷时期，建立一个中央银行来协调通货膨胀，行使“最后贷款人”职能，成为越来越多人的共识。1907 年金融恐慌过后，为调查此次危机的成因及教训，国家货币委员会主席参议员尼尔森·奥尔德里奇专门成立调查小组，并起草了《奥尔德里奇计划》，主张应效仿欧洲，组建一个统一的中央银行，以便在金融危机时稳定市场充当“最后贷款人”。1912 年威尔逊当选美国第 28 届总统，众议员卡特·格拉斯以《奥尔德里奇计划》为蓝本起草了《联合储备法案》。1913 年 12 月 12 日，《联邦储备法案》分别获得参议院和众议院通过。12 月 23 日威尔逊总统签署《联邦储备法案》。1914 年 8 月 10 日，美国联邦储备局成员经国会批准后，正式宣告就职，12 家联邦储备银行开始办理业务，联邦储备体系正式运作。

至此，美国就建立了一个独特的带有浓厚“制约和平衡”特色的中央银行，联邦储备体系理事会作为一个独特的政府部门，管理 12 家独特的私有地区联邦储备银行。在随后的数年中，根据经济形势和金融环境等因素的变化以及经验教训进行了数次修改，最终形成了今天的联邦储备系统。

2. 美国联邦储备系统的演变

（1）公开市场操作委员会的成立。刚刚成立的美联储并没有意识到公开市场操作的重要性，也没有赋予调整准备金的权利。公开市场操作以营利为目的，12 家联邦储备银行之间互不往来，独立地进行公开市场操作，具备高度的独立性。1921—1922 年的经济大萧条，1923 年创建公开市场投资委员会（Open Market Investment Committee，OMIC），该委员会的任务是协调联邦储备系统内全部的公开市场操作，这标志统一的公开市场操作正式运转。1933 年颁布《银行法》，1935 年修订《银行法》，法案规定“将公开市场投资委员会（OMIC）更名为公开市场操作委员会（Federal Open Market Committee，FOMC）”《银行法》的颁布和修订使联邦储备系统的体系架构搭建起来，基本框架一直持续到今天。

（2）货币政策操作工具的不断丰富。1913 年颁布的《联邦储备法案》中规定美联储货币政策的操作工具主要是贴现率。1913 年成立后到第一次世界大战结束这段时间，贴现率一直是这一时期最主要的货币政策操作工具。通过提高贴现率应对不断上涨的通货膨胀压力。1923 年创建公开市场投资委员会（OMIC）协调联邦储备系统内全部的公开市场操作，在最初几年美联储很少运用公开市场操作这一工具。1933 年颁布的《银行法》中授权美联储调节法定准备金的权利，但直到 20 世纪 50 年代，美联储都很少运用公开市场操作这一货币政策操作工具。第二次世界大战期间（1939—1945 年），美联储以低利率从财政部购买政府债券，主要通过法定准备金这一操作工具制定货币政策，对经济进行宏观调控，以稳定国内物价，平衡国际收支，防范化解金融风险。1951 年美联储与财政部签署《财政部与联邦储备体系协议》，美联储向财政部妥协，被迫维持低国债利率以满足战争筹款时期的终结，尽早能够自主决定利率水平。这一时期公开市场操作成为美联储货币政策最常用的操作工具，而其他政策工具——贴现率和法定准备金率的使用频率降低成为辅助工具。

（3）独立性地位的确立。美联储成立之初曾长期受制于财政部，第二次世界大战期间，美联储与财政部一起为满足战争筹款保持着相当低的利率。美联储以低利率从财政部购买政府债券，低利率难以支持美国政府债券价格，货币政策很难起到调控作用，这一时期货币政策实质上属于财政政策的一部分，制定货币政策的独立性并未实现。朝鲜战争的爆发推动了美联储独立性方面的进程。1950年朝鲜战争爆发，战争导致国内物价迅速上升，中央银行无法控制物价，货币政策的局限性在战争的作用下被显著放大。这一现状推动了联储取得利率制定的自主权，摆脱财政部的控制。1951年《财政部与联邦储备体系协议》签署。美联储被迫维持低国债利率以满足战争筹款的时期终结。这份协议制定了中央银行独立的标准，使得美联储能够独立于国债发行，实施独立的货币政策。1951—1970年，即马丁任美联储主席期间，他一贯坚持美联储的相对独立性。经过长期的磨合，到沃克尔任美联储主席期间，特别是格林斯潘任主席时，美联储在政府内的独立地位已经被确认。

（4）联邦储备系统的组织结构。

①联邦储备系统理事会的组织结构及其职能。联邦储备系统理事会（Federal Reserve Board of Governor）简称为理事会，是作为联邦政府的一部分设立的，是一个纯粹的政府机构。理事会是联邦政府的组成部分，也是整个联邦储备系统的核心。理事会直接向国会报告并对国会负责，为该体系提供总体指导并监督12家联邦储备银行。理事会位于华盛顿，是该系统的最高决策机构。理事会由7名成员组成，每一名成员任期14年，不得连任。理事会的主要职能有制定货币政策；监督12家储备银行的业务；与储备银行一起监督信托、保险等其他金融机构；促进支付和结算系统安全和效率；确保中央银行的货币政策广泛听取消费者和社区的意见，以消费者为中心进行相关研究和政策分析，通过促进公平透明的消费者服务市场促进消费者保护和社区发展。

②联邦储备银行的组织结构及其职能。考虑到商业便利和习惯，美国全国划分成12个联邦储备区，每区设立一家联邦储备银行（Reserve Banks）。12家联邦储备银行及其25个分支机构是联邦储备系统的运营机构，每家储备银行在划定的地理区域内运营。联邦储备银行是联邦储备体系中极其重要的政策执行部门，也是具体执行美联储货币政策的执行部门。储备银行的核心职能有：监督和审查成员银行（选择成为联邦储备系统成员的州级特许银行）；贷款给存款机构以确保金融系统的流动性；提供支持国家支付体系的关键金融服务以及担任美国财政部银行；检查某些金融机构以确保并强制执行联邦消费者保护和公平借贷法律，促进当地社区的发展。

③联邦公开市场委员会的组织结构及其职能。联邦公开市场委员会（FOMC），由12名成员组成，分别为理事会的7名成员，纽约储备银行主席，选出的其他4位联邦储备银行行长（或第一副行长）组成，任期一年。联邦公开市场委员会主席由理事会主席兼任，纽约联邦储备银行行长为副主席。联邦公开市场委员会是联储体系的货币政策决策机构，负责就联储的货币政策操作目标——联邦基金利率目标作出决策。联邦基金利率即美国银行间同业拆借利率。

3. 美联储是一个十分特殊的机构

美国联邦储备系统不同于其他任何国家的中央银行制度，有其自身明显的特点，主要表现在：一是联储银行不是由联邦政府控制，而是由12个地区联储银行和联邦储备委员会共同执行中央银行职能，对货币政策的制定和执行有相对独立性和较大自主权。二是联储银行由成员银行共同所有，而不是由联邦政府所有，其性质是私有的。三是联储银行虽然是以私营机构注册的，但其活动具有很强的政府色彩，因此，联储每年盈利的90%都要上交给联邦政府，只有很少的一部分作为红利分给股东，所以美联储是一个十分特殊的机构。

——资料来源：中国人民银行分行行长赴美考察团．关于美国联邦储备系统运作情况及联邦储备银行职能的考察报告（一至四）[J]．中国金融，1994（10、11、12）、1995（01）。

6.3.2 案例分析

1. 金融危机频发给美国带来了空前严重的经济衰退

（1）防止银行恐慌并促进商业繁荣。在美国第二银行关闭后的70多年里，美国政府没有再试图建立一个类似中央银行的机构。在此期间，美国的金融市场经历了放任自流式的大发展。但随着金融市场的不断扩张，放任自流式银行体系的缺点也越来越多地暴露出来，银行挤兑造成市场崩溃的情况经常发生。美国在1873年、1884年、1890年、1893年、1907年都发生过由于挤兑造成银行大规模倒闭的金融危机。尤其是在1893年的危机中，美国有超过500家银行相继倒闭，很多人的毕生积蓄可以说一夜之间付诸东流。

金融危机不仅给个人和家庭造成巨大的财富损失，整个美国经济也由于金融业无法正常运转而陷入了长时间停滞。1893年的金融危机给美国带来了空前严重的经济衰退。沉寂了10年之后，金融危机于1907年在美国再度爆发。1907年10月，纽约第三大信托投资公司可尼克波克被迫宣布破产，从而引发了一场席卷美国的金融海啸。存款者人人自危，纷纷从银行等金融机构提款以避免损失。由于金融恐慌，银行间也失去信任，相互间的借贷完全冻结，并发生挤兑。当时，美国著名金融公司摩根大通的创始人摩根意识到了问题的严重性，并立刻召集最重要的几家金融公司的总裁开会，要求大家一起拿出资金帮助面临挤兑的银行。而摩根也身先士卒，拿出资金帮助金融市场渡过危机。

频繁爆发的金融危机让公众逐渐意识到，放任自流式的金融市场存在很大问题。支持成立一个机构对金融市场进行适当监管的呼声逐渐高起来。摩根带领其他金融机构挺身而出，为遭受挤兑的银行提供流动资金是1907年危机成功化解的一个重要因素。但这种依赖金融市场上某个人的能力解决危机的方式存在很多不确定性，最好用法律形式赋予某个机构稳定金融市场的职能来缓解危机。因此，奥尔德里奇花了将近两年时间考察欧洲国家的中央银行，并对欧美金融市场进行了系统的比较分析。随后他起草了被称为《奥尔德里奇计划》的提案，主张美国应该模仿欧洲国家成立一个统一的中央银行。

（2）充当政府的银行。《奥尔德里奇计划》受到议会很多成员的强烈反对。作为共和党的主要成员，奥尔德里奇非常担心联邦政府权力过大，因此不愿意成立一个新的联邦政府机构来执行中央银行的职能。因此《奥尔德里奇计划》中的中央银行的各种角色完全由私人银行扮演，而不像欧洲国家的中央银行属于政府机构。民主党人威尔逊于 1912 年当选美国总统。在威尔逊总统的支持下，参议员欧文和众议员格拉斯以《奥尔德里奇计划》为蓝本，在 1913 年起草了《联邦储备法案》。最初的《奥尔德里奇计划》把美联储完全定性为一个私人机构，而《联邦储备法案》把华盛顿的联邦储备局定性为联邦政府机构，美联储的 12 个联邦储备银行被定性为更接近于私人部门的非营利性机构。1913 年美国国会最终达成一致意见，通过了《联邦储备法案》。威尔逊总统签署了该法案，正式宣告美联储成立。

2. 联邦储备系统为国民经济“提供有伸缩性的通货”

国会创立联邦储备体系之前，金融体系缺乏伸缩性的、集中的货币供应系统，经常发生周期性金融危机，银行倒闭、企业破产。经过充分论证，国会在 1913 年成立联邦储备系统，以便为国民经济“提供有伸缩性的通货，提供商业票据再贴现的手段，建立更有效的银行监督以及其他目标”。随着金融环境的变化，成立之初的功能与现在已经有了很大的变化，新的职能应运而生，原有的职能有的逐渐弱化。当代联邦储备系统主要职能有：管理全国的支付系统；分发由美国财政部印制的美元（纸钞及硬币）；协助联邦储备委员会监管该储备区的会员银行及银行控股公司；调整该储备区信贷政策；为本储备区的银行保管存款；为财政部提供相应的服务等。

3. 联邦储备系统成为制定和执行货币政策的主体

（1）制定和执行货币政策。联邦储备系统通过对货币政策的制定和执行，运用三大货币政策操作工具，对货币供应量以及信用活动开展宏观调控，调节经济中的货币流通与信贷状况，从而调节总需求和总供给，实现充分就业和物价稳定。

（2）维护金融市场的稳定，监管金融机构的活动。美联储的金融监管职能是指作为全国金融机构的管理部门，维护金融体系稳定，治理金融乱象，建立健全金融法规，监督和规范商业银行及其他金融机构的经营活动，保证金融系统的安全。作为最后的贷款人维护金融市场稳定，向商业银行和其他金融机构提供贷款，增加公众信心，防止金融危机，保证金融市场的稳定。美联储对金融机构进行监管包括监督和调控两方面内容。

（3）为金融机构提供高效和安全的支付清算系统。资本主义市场经济越发达，对债务清算的要求就越高。支付效率的高低直接影响国家经济的运行效率。市场经济中的支付体系分为三个部分：第一部分为现金支付；第二部分是商业银行辅助微观经济主体进行的存款支付；第三部分是由市场参与者的交易行为或商业银行本身债务关系造成的各个主体之间的清算支付。前两部分的支付行为由商业银行完成，不需要联储介入，最后一部分则必须由美联储提供转移支付才能完成。

6.3.3 案例启示

1. 必须根据各国的国情设置中央银行机构体系

建立什么样的中央银行组织体系，一定要从各国国情出发。美国联邦储备银行的设置，是和美国的政治制度、经济制度有着密切关系的。我国中央银行机构的设置必须按照我国社会经济发展的实际情况来考虑，要有利于增强中央银行的金融宏观调控能力。美国共设立12个联邦储备银行，而不是按州设，每个联邦银行管辖几个州内的金融活动，这样做，对独立货币政策的执行、减少环节，特别是摆脱各州联邦政府不必要的干预是有好处的。从我国来看，随着经济体制改革的深入，从计划经济转向社会主义市场经济，资金日益市场化发展，需要建立强有力的金融宏观调控体系，克服人民银行基层分支行地方化的倾向，提高中央银行在党中央、国务院直接领导下独立制定和执行货币政策的职能。

2. 中央银行政策的制定要有一个科学化、民主化的过程，而在执行上要有相对的独立性、权威性

美联储货币政策制定有一套比较科学、民主的决策程序，它集中体现在联邦公开市场委员会定期召开会议，由7位理事和区域性联储银行12位行长共同分析经济金融形势，制订货币计划。各联储行参加会议对地区内经济情报作深入全面的调查分析，作出详细的报告，供制定决策时参考。但是货币政策一旦制定，必须服从，认真执行，不能强调特殊。在执行中不受各方干预，以体现中央银行在制定和实施政策中的独立性、权威性。这对我们有很重要的参考价值。

3. 根据经济发展情况，及时调整中央银行货币政策调控手段

美国联邦储备系统在货币政策制定、执行方面具有的特点及调控手段的运用，是多年来逐步形成的，它有一个发展、变化和逐步完善的过程。美国中央银行货币政策制定及调控手段运用的独立性、超前性、时效性和灵活性是比较突出的。我国的中央银行也需要根据我国的经济发展情况，及时调整和改善自己的调控手段。要更多地运用金融手段进行调控，特别可在发挥中央银行利率杠杆作用，发展公开市场业务方面加大力度逐步推进。

4. 依法监管是中央银行监管的重要手段

美联储系统对金融机构的监管是比较严格的，每一项监管都是依据一定法规而进行

的，而且法规的每一项条款都很详细具体，操作性强。借鉴美联储的银行监管经验，我们必须重视法规建设，要抓紧研究制定各种监管法规和标准，依法进行监管。要加快金融立法工作，使中央银行的监管工作纳入法制化轨道，做到依法监管；中央银行应把监管的重点，放在维护金融秩序和金融运行的安全上，切实使金融机构在业务活动中，遵纪守法，维护金融体系安全、有效地运行。

第7章　投资银行与保险公司案例

案例7.1　华夏证券股份有限公司破产案

7.1.1　案例介绍

1. 曾经辉煌的华夏证券

华夏证券股份有限公司曾有着辉煌的过去，成立于1992年10月，注册资本27亿余元，是由中国工商银行、中国农业银行、中国银行、中国建设银行和中国人民保险公司五家金融机构作为主要发起人，联合其他41家大型企业共同组建的。公司业务主要包括：发行和代理发行各种有价证券；自营和代理买卖各种有价证券；有价证券的代保管、鉴证和过户；代理还本付息、分红、派息等权益分派；基金和资产管理；企业重组、收购与兼并；投资咨询、财务顾问；外币证券业务等。1994年年初，华夏证券和其他证券公司一起，开始了如火如荼地实业投资热潮。华夏证券从事的实业投资涉及方方面面，大到高速公路、房地产，小到酒楼、典当行。而支撑这一大规模实业投资的资金来源就是股民的客户保证金。1996年华夏证券利润高达10多亿元。当年在证券交易额、营业收入、利润总额等指标的排名中，均位于行业前列，与南方证券、国泰证券一起，并称为中国三大全国性证券公司。华夏证券旗下曾拥有91家营业部和24家证券服务部，有近200家债权人，并创造了无数令同行垂涎的第一：第一家全国交易联网；第一家实现全国统一清算；第一家实现保证金集中管理。

2. 声名显赫的华夏证券步步陷入深渊

（1）出现问题。1996年以后，管理层发现，大量实业投资严重拖累公司业绩，开始收缩投资战线。1998年7月10日，在证监会的要求下，华夏证券向全体分支机构下达了“110号文件”并开始对违规事件进行查处。在随后的一年时间里，华夏证券被查出有约30亿元的保证金被挪用，这直接导致了时任董事长邵淳的离职。1999年8月，证监会派出以赵大建为首的四人“工作小组”进入华夏证券。四人“工作小组”的人事任命，既不是由董事会推荐，也不是由股东大会选择，而是由以证监会为主的上级主管部门向公司董事会作了“不可改变的推荐”。

（2）步入亏损。2001年是中国股市步入熊途之年，也是券商的命运转折年，该年，券商尚有“微利”。而自2002年起，券商全行亏损一年甚于一年，无论是经纪业务还是投行业务，抑或自营和委托理财业务都陷入了前所未有的困境。2002年年底，华夏证券在太极集团和西藏矿业（000762）等股票上出现了巨额亏损，各种传言开始在市场上流传。最为负面的传闻是，华夏证券之所以在太极集团的投资上损失惨重，是由于公司高管亲属在股价高位时的“老鼠仓”出逃所致。

2003年来，券商的重大违规事件不断涌现，先后有大连、富友、鞍山、佳木斯、新华、汉唐、辽宁、闽发、云南、大鹏、南方、亚洲、北方等规模不一的券商受到撤销、托管或关闭等不同形式的处理。建银百亿注资南方、科技证券，汇金75亿巨资重组银河……

2004年6月，华夏证券的一系列不良数字被曝光：挪用客户保证金16亿元、投资股票的市值缩水到7亿元、自营投资累计亏损达17.9亿元、国债欠库约10亿元，另外还有10多亿元的经营性亏损。2004年9月，北京市审计局派出审计组开始对华夏证券2001—2004年有关经济责任进行专项审计。次年3月4日，审计结论报告分别递交北京市政府和中国证监会。该审计报告披露，与截至2001年12月的数据相比，至2004年6月，公司总资产、利润总额、净利润均呈现幅度惊人的下降，其中总资产下降37.2%，利润总额下降3 348.72%，净利润下降6 289.6%。账面上只剩下4 000多万元，负债高达60亿元。

（3）最后挽救。2005年8月，华夏证券重组方案出台，中信证券发布公告：中信证券与建银投资共同出资筹建中信建投证券有限责任公司（中信建投）、建投中信资产管理有限公司，中信建投注册资本人民币27亿元，其中公司出资比例为60%。中信建投设立后，将以华夏证券股份有限公司现有的全部证券业务及相关资产为基础，按照综合类证券公司的标准进行经营。中信证券与建银投资联手出资46亿元吞下了华夏证券。

（4）破产清算。2005年12月15日，中国证监会和北京市人民政府发文决定停止华夏及所属分公司、证券营业部和证券服务部的证券业务活动，撤销华夏证券公司的业务许可。截至2007年10月底，华夏证券公司审计调整后资产总额为38.18亿元，而负债总额高达89.86亿元，净资产为－51.67亿元。由于其已构成严重资不抵债，无法清偿到期债务，2008年4月28日，证监会发函同意华夏证券公司依法申请破产。4月30日，该公司清算组以公司严重资不抵债、不能清偿到期债务为由，向北京市二中院申请宣告该公司破产还债。8月18日，北京市二中院受理了华夏证券的破产清算申请。2008年11月17日，华夏证券召开债权人第一次大会，昔日声名显赫的华夏证券终于走向终点！

3. 证监会同意华夏证券申请破产

北京市第二中级人民法院作出民事裁定，宣告华夏证券股份有限公司破产。北京市二中院根据华夏证券股份有限公司清算组的申请，受理了华夏证券股份有限公司破产一案。经审查，截至2008年7月31日，华夏证券资产总额为人民币4 017 473 384. 98元，负债总额为人民币8 952 942 688. 43元，净资产为人民币 -4 935 469 303. 45元，资产负债率为222. 8%。法院认为，华夏证券已不能清偿到期债务，资不抵债，符合申请破产的条件，应当宣告其破产。依照《中华人民共和国企业破产法》有关规定，法院于2008年12月23日作出上述民事裁定。

华夏证券在1992—1999年，违规挪用客户保证金57亿余元，用于违规自营，造成亏损。在2000—2004年，又通过借债的方式弥补挪用的客户保证金及其利息。2005年12月15日，华夏证券的证券许可业务被中国证监会撤销，并委托信达资产管理公司成立清算组。

中国证监会于2008年4月28日同意华夏证券申请破产。4月30日，华夏证券公司清算组向北京市二中院申请宣告华夏证券公司破产还债。7月31日，北京市二中院立案受理其破产申请，并指定清算组为破产管理人。11月17日，华夏证券第一次债权人大会召开，共有138名债权人代表出席了会议，投资者保护基金公司被指定为债权人会议主席。根据破产管理人向债权人通报的债权人享有债权的初步审查结果，截至2007年11月10日，债权人共申报债权约100亿元，申报本金约80亿元。

——资料来源：李箐，于宁．华夏证券生死之间［J］．财经，2005（04）：40 -46；钟正．北京市二中院宣告华夏证券破产［N］．中国证券报，2009 -01 -07。

7.1.2 案例分析

1. 政企不分与违法违规是其走向毁灭的主因

（1）政企不分。1999年8月，证监会派出以赵大建为首的四人“工作小组”进入华夏证券，一直被认为是政企不分带来的恶果，亦是华夏陨落的重要原因。自从四人领导小组进入后，四人“工作小组”被赋予了极大的权力，而赵大建则迅速把自己从国泰君安带来的23名旧部安插到各个要害部门。

1999年年底至2001年5月，公司董事长长期缺位，造成四人“工作小组”凌驾于董事会之上，该小组集决策、监管和执行于一身，董事会形同虚设。但形式上还是由董事会任命。2003—2004年，公司从未召开监事会，也未设立监事长。所有公司高层领导的业绩评价均由主管部门每年派考察小组到公司来听取述职，考核标准是“德能勤绩，廉洁奉公，团结协作”三大项。这一干部管理程序的结果是高管不向董事会负责，董事会也无法向股东大会和监事会负责，董事会、股东会和监事会没有说“不”的权利，责权利严重分离。本来与业绩评估紧密相关的薪酬标准也发生了变化——实行“职务工资制”。管理人员职务越高，工资也相应越高，与公司业绩并无直接关系。

（2）挪用客户保证金，兴办实业。华夏一位接近决策层的员工说：“证券公司成立初期，大部分人是从银行系统出来的，当时就把客户保证金看作是银行存款，公司是可以用的。”1994 年年初，人民银行确立了证券公司要证券与实业“两个轮子一起转”的思路。

2003 年华夏证券曾和一个香港商人合作耗资 5. 8 亿元从乌克兰购买了一艘航空母舰，原打算将这个现代化的作战平台改建成超豪华海上邮轮，运到澳门，建立一个海上赌场。航空母舰航行途中，在达达尼尔海峡被土耳其政府扣留，引发严重的外事纠纷和华夏证券内部的人事危机。华夏证券就此成为国内首家投资购买航空母舰的证券公司，这艘“瓦良格”号航空母舰在很大程度上拖垮了华夏证券。同时还投资海南房地产和高速公路，先后挪用客户保证金 73 亿元。

（3）违规委托理财，坐庄套利。华夏证券集中大量资金用于太极集团（600129）股票的二级市场操作。到 2002 年年底，华夏证券在太极集团和西藏矿业（000762）等股票上，出现了巨额亏损。重仓炒作股票太极集团（600129）、青海明胶（000606）、火箭股份（600879），造成浮动亏损 8. 6 亿元。2001 —2004 年，公司违规卖空国债、企业债券，涉及金额 6. 88 亿元。受托投资管理业务持股比例达 19% 以上，超过证监会规定的 10% 上限，形成风险。

（4）高息揽存。在华夏证券困境重重之时，证监会责令华夏限期内归还历史上被挪用的保证金，累计金额达 57 亿元。华夏证券决定采取高息揽存来归还保证金。据了解，当时召开各分支机构领导会议，下达融资指标，利息达到 10% 。高息揽存是当时华夏唯一的融资出路，但却导致其每年的财务成本增加 3. 5 亿元。高成本大额违规融资，违规变相用客户交易结算资金担保融资；为规避监管，借助所属实体向银行融资。重庆分公司总经理非法融资骗贷 2 亿多元。

（5）财务造假，账外经营。2002 年公司通过将 21 家上市公司法人股转让给下属公司，虚增利润 5. 15 亿元，2003 年通过计提应收债权项目的利息和罚息，虚增利润 4. 5 亿元，2002 —2003 年公司共虚报利润 9. 65 亿元。某总经理助理以司机的名义从公司借款 500 万元长期未还，拒不认账。某经营部经理盗用经营部公章及伪造总公司公章进行账外经营。

2. 华夏证券的兴衰成为中国券商史的缩影

与同期其他券商一样，华夏证券之后陷入了未加限制的扩张，投资于各类实业，之后又违规坐庄，之后更是深陷保底违规委托理财，给公司造成巨额亏损。除挪用客户保证金，华夏证券还在大规模对外融资，甚至增资扩股，由于财务成本过高，最终难以收拾。2005 年 12 月 15 日，中国证监会和北京市人民政府发文决定停止该公司及所属分公司、证券营业部和证券服务部的证券业务活动，撤销华夏证券公司的业务许可。短短 13 年间，这家知名证券公司走完了自己的一生。在某种意义上，华夏证券的兴衰正是中国券商史的一个缩影：先是挪用客户保证金，兴办实业；随后是违规委托理财，坐庄套利。两者均造成巨额亏损，唯有对外融资度日，或者仰赖增资扩股，但由于财务成本过高，终致难以收拾。

3. 资产重组

（1）通过出资设立中信建投证券有限责任公司（中信建投）。华夏证券股份有限公司与中国建银投资有限责任公司（中国建投）共同出资筹建中信建投，中信建投注册资本人民币27亿元，其中公司出资比例为60%，出资额16.2亿元。中信建投设立之后，将以受让华夏证券股份有限公司现有的全部证券业务及相关资产为基础，按照综合类证券公司的标准进行经营。

（2）通过出资设立建投中信资产管理有限公司（建投中信公司）。华夏证券股份有限公司与中国建投共同出资筹建建投中信公司，建投中信公司注册资本人民币19亿元，其中公司出资5.7亿元，出资比例为30%。鉴于公司无法直接投资资产管理公司，公司拟将上述5.7亿元资金委托一家信托公司履行对建投中信公司的出资义务。建投中信公司设立之后，将受让华夏证券现有的非证券类资产，以资产管理公司的标准进行经营。

7.1.3 案例启示

1. 加强对证券公司资金管理的控制

一些运作规范的证券公司都比较重视资金营运安全性、流动性和效益性，以强化资金集中统一管理为目标，对资金结算、营运资金管理、长期投资和应收债权管理、内部往来资金管理做了有关规定。公司内部建立统一资金管理体系和调拨流程，实行资金统一清算，统一集中管理和统一调度，并制定了资金审批签报制度。导致我国目前证券公司风险存在的主要原因是证券公司违规、违法经营。其违规、违法行为主要是挪用客户巨额保证金、违规委托理财业务亏损、非法融资融券以及违规自营业务失控导致巨额亏损等。这些风险应该尽快通过建立正确的管理程序得到控制。管理层应采取分离交易职能和后台职能的基本风险控制措施，华夏证券失败说明了建立适当的风险管理及控制系统的重要性。

2. 加强对证券公司业务类型的控制

证券公司应依照《证券公司内部控制指引》的要求，建立起了架构较为清晰的内部控制机制，制定了相关内部控制和内部防火墙机制，对经纪、自营、投行、资产管理等业务分别设置了不同业务部门，并针对不同的业务类型制定了业务流程规范指引、决策程序和风险控制标准，分别由不同的高级管理人员分管，相互之间有职能和业务上的独立分工，办公场所适当分离，做到了规章制度和形式上的健全，资金的管理使用和财务核算也做到了分业务进行，在组织机构、规章制度、资金财务和信息传播等方面做到了一定程度的隔离。

3. 加强对我国证券公司法人治理结构的建设

与西方投资银行相比，我国证券公司股东存在大股东所占比重过大，股权不够分散的现象，容易造成大股东控制经营层，股东、董事会、监事会和经理人之间没有形成有效的相互制约、协调运作的机制。由于治理方式存在缺陷，我国证券公司董事会在公司治理中尚未有效发挥作用。我国证券公司的外部董事虽然在董事会中占较大比重，但从其来源上看，几乎大多数都来自证券公司的股东单位。这就是说，在我国的证券公司中，董事成员大都属于关联董事，董事会缺乏必要的独立性。我国证券公司独立董事不仅人数不足，也存在形式化的趋势。

我国证券公司的监事会是公司治理结构中一个重要组成部分。在监事会的职能方面，由于很多公司对监事会的监督职能没有充分的认识，对监事会的建设未引起足够的重视，严重制约了监事会监督作用的发挥。盈利模式单一，后续如何发展创新是所有证券公司必须面对的共同问题。

案例 7.2　南方证券有限公司破产案

7.2.1　案例介绍

1. 南方证券的成立与发展

南方证券有限公司是经中国人民银行批准，在中华人民共和国财政部的大力支持下，由中国工商银行、中国农业银行、中国银行、中国建设银行、交通银行和中国人民保险公司联合发起，并由国内四十多家著名企业出资组建的全国性大证券公司，公司注册资本 10 亿元人民币，1992 年 12 月 21 日在深圳特区宣告成立。截至 1998 年 5 月末，南方证券资产总额达 198. 69 亿元人民币，净资产 19. 43 亿元人民币。公司在全国设有 7 家分公司和 12 家直属营业部，营业网点多达 68 家。此外，公司还在纽约、香港地区和新加坡设立了分支机构。公司员工最多时有近 3 000 人。

2000 年年底，公司完成增资扩股，股本达到 34. 5 亿元人民币。公司经营范围包括代理、自营证券买卖；证券的承销和上市保荐；发行和代理发行债券；证券的代保管、过户、鉴证；证券的代销、抵押、贴现融资，证券投资咨询；财务顾问；与证券业务有关的投资；企业重组、收购与兼并及融资安排；代理还本付息和分红派息；资金管理；拓展基金业务；境外证券业务；担任证券投资基金的发起人和基金管理公司的发起人；中国证监会批准的其他业务。

公司成立以来始终坚持“安全性、创造性、效益性”的经营方针，倡导“竭诚服务、客户至上、团结友爱、开拓进取”的企业精神，贯彻“立足南方、面向全国、走向世界”的发展战略，取得了令人瞩目的成就。截至2001年5月底，南方证券有限公司总资产达329.89亿元，净资产40.71亿元。公司在全国设有2家分公司和8个大区管理总部，营业网点71家，员工3 000人。公司共担任了187家企业股票主承销（A、B股），上市推荐116家，企业债券承销11家，承销总股数108.7亿股，累计为国家和企业募集资金463亿元，共完成代理交易总额23 878.26亿元，市场占有率已达到5.09%，累计实现利润31.51亿元，向国家缴纳各种税金16.3亿元。多年来，公司以骄人的经营业绩不断获得各项荣誉，多项业务在中国国内证券市场名列前茅。

2. 南方证券跌跌撞撞走完了其生命的全部旅程

（1）增资扩股，快速扩张。2001年2月25日，在剥离了大量不成功的实业投资之后，南方证券宣布增资扩股，注册资本由10亿元增资扩股至34.5亿元，股东由46家扩增为68家，公司变更为股份有限公司。大股东为深圳市政府直属的深圳市投资管理公司。改制不久，南方证券开始把市场重点放在委托理财业务上。这一业务从2001年上半年开始大量增加，很多股东单位都与其签了委托理财协议。上海汽车2001年与南方证券签订了4亿元的委托理财合同，2002年又与华德资产签署了3亿元的委托理财合同。2000年，南方证券受托资产为26.22亿元，2001年的受托资产为45.92亿元，2002年的受托资产为31.51亿元。中国证监会有关人士调查推测，称南方证券当时的委托理财资金近100亿元。由于对后市预期较高，证券公司与委托理财方普遍签的是“保本保底”协议。当时券商委托理财业务的收益保底线为6.5%～12%。在券商的账本上，这种保底合同等于是成本，这对南方证券来说就意味着每年欠6亿～12亿元的保底成本。市场向好之时所签的“保底”协议，在市场反转时便成为无法承受之重。

2001年后期，国内股市持续下跌，南方证券所持庄股严重亏损，之前以高息募集的委托理财资金面临巨大的偿付压力。2002年6月，深圳市政府宣布调离南方证券的前党委书记沈沛（退休）、董事长刘波和总裁郭元先。同时，阚治东的5年禁期解禁。受深圳市政府的任命，阚治东在2002年6月出任南方证券总裁，大力压缩委托理财业务。但这意味着南方证券立刻面临偿付客户巨额本息的压力，在这种情况下，南方证券大举挪用客户保证金偿还委托理财客户的投资本金。上证综指从2001年6月间达到2 200多点高点后，至2003年10月底跌至1 300多点，跌幅超过30%。南方证券爆发大范围信用危机，委托理财客户纷纷索要本金和收益。南方证券的委托理财业务已经无力自拔。

在自营业务上，南方证券也是泥足深陷。截至2002年12月31日，南方证券在净资产2.294亿元的情况下，自营证券的规模达到了83.41亿元，远远大于中国证监会规定的证券经营机构证券自营业务账户上持有的权益类证券按成本价计算的总金额，不得超过其净资产或证券营运资金的80%。但南方证券做到了近370%。

2000年12月18日，哈飞股份在上交所上市，南方证券是其主承销商。哈飞股份上市后，南方证券开始对哈飞股份进行“重点投资”，并联合南方证券成立的两家公司上海天发投资有限公司和上海华德资产管理有限公司一起参与哈飞股份的投资。在这个过程中，南方证券、华德公司、天发公司，陆续在上海、深圳、南京、北京等全国25个城市45家证券营业部，以法人或自然人名义开设了289个资金账户，并下挂1 611个股东账户，参与哈飞股份的分仓买卖。但从2001年12月31日至2003年6月30日，哈飞股份每股净收益由0.36元跌至0.07元，南方证券当时在哈飞股份中沉淀的资金近2亿元，损失8 000万元以上。此后，南方证券、华德公司采取透支的方式，集中资金操纵哈飞股份的交易价格。

在重仓持有哈飞股份的同时，南方证券还大量买入哈药股份股票，总投资达22亿元。在南方证券重仓“双哈”的时候，股市持续调整，南方证券亏损严重。以南方证券重仓股哈药集团（600664）为例，其股价从6月30日的21.8元/股跌至10月31日的14.43元/股，而南方证券和华德资产在其中持股总计16.95%，如果持仓不变，单就哈药集团（600664）就造成浮亏7亿元左右。

（2）违规操作，出现问题。据南方证券2002年资产负债表披露，南方证券挪用客户保证金19.17亿元，而实际上挪用的客户保证金金额也许不止于上面所计算的19.17亿元，很可能会更多。至2003年10月，南方证券爆发大范围信用危机，委托理财客户纷纷上门索要投资本金和收益，南方证券生死悬于一线。当时，南证客户保证金存款约为80亿元，委托理财规模也约为80亿元。

近年来，公司管理混乱、内控不力、经营不当，财务、资金状况继续恶化。其间，该公司虽采取过增资扩股，调整领导班子等措施，但未能起到应有作用。公司近期曾多次向股东单位通报风险情况并请求采取救助措施，但一直未能寻求到任何实质性的自救措施，目前依靠其自身的力量难以有效保护客户权益。为此，证监会与人民银行、深圳市政府加强了对南方证券的现场监管、组织了专项检查、多次责令公司整改，并督促其加大风险控制力度，同时调用紧急救助资金对其清算与支付给予了临时性支持。但由于问题严重，已经采取的这些措施仍不能解决问题。2004年1月2日，由于挪用客户准备金高达80亿元以及自营业务的巨额亏损，鉴于南方证券股份有限公司违法、违规经营，管理混乱，为保护投资者和债权人的合法权益，中国证券监督管理委员会、深圳市人民政府、中国人民银行、公安部联合成立的行政接管领导小组开始对南方证券股份有限公司实施全面行政接管。接管后对南方证券的清查结果表明，南方证券挪用个人保证金超过80亿元，机构债务超过120亿元。2005年2月，央行为此提供了80亿元再贷款，用以弥补南方证券挪用的个人保证金缺口部分。

南方证券终于完成了自己的生命轮回，黯然谢幕。这一曾经在中国证券市场上叱咤风云的老牌券商，就此成为历史。

3. 南方证券从被行政接管到破产还债

南方证券从2004年1月被行政接管开始算起，到2006年8月深圳中院宣告南方证券进入破产还债，以及后续程序的进行，耗时3年多。南方被接管后，2004年6月清查结果显示，南方证券挪用个人保证金部分超过80亿元，机构债务120亿元，央行为此提供了80亿元再贷款，用以弥补南方证券挪用的个人保证金部分。2005年4月28日南方证券因挪用巨额客户交易结算资金被证监会取消证券业务许可并责令关闭，南方证券进入清算阶段，其经纪投行业务被剥离出来独立营运，并整体打包进行招标重组。根据南方证券行政接管领导小组的委托，深圳市政府于同日成立南方证券清算组，负责南方证券关闭后的清算工作。2005 年 8 月，被证监会宣布关闭清算整整 3 个月之后，中国建银投资有限责任公司在深圳与南方证券清算组签订资产收购协议。根据该协议，在承接央行 80 亿元再贷款的前提下，建银投资以 3.5 亿元收购南方证券类资产。2005 年 9 月 28 日，在原南方证券的基础上重组形成的注册资本 15 亿元的中国建银投资证券有限责任公司（中投证券）在深圳宣布成立，南方证券正式退出历史舞台。在员工安置同步完成的基础上，清算组对南方证券主要债权债务进行了清理，南方证券在清算中对个人柜台国债基本兑付完毕。

截至 2005 年 12 月 31 日，南方证券有限公司资产总额为 106.31 亿元，负债总额为 228.08 亿元，资不抵债 121.77 亿元，资产负债高达 214.55%。如此高的负债和资产负债率，足以让南方证券破产两次。2006 年 8 月 16 日，深圳市中级人民法院宣布：因资不抵债 121 亿余元，南方证券破产还债。这家曾经聚集着无数投资者、企业法人以及投资股东财富梦想的资本大鳄就这样完结了。至此，南方证券走完了其生命的全部旅程。

——资料来源：任健．接管南方证券［J］．新财经，2004（02）：24－35；http：//www.chinanews.com/cj/news/2006/08－17/775617.shtml。

7.2.2 案例分析

1. 证券公司的内部制度隐含典型的“国企病”

（1）过度扩张，催生病变。从财务指标看南方证券陷入当前困境的直接原因是 2001 年增资扩股以后委托理财业务和自营业务规模的过度扩张。过量的委托理财业务和自营业务令证券公司将身家性命“系”在了股票市场行情这一“腰带”上。2001 年 6 月国有股减持暂行办法出台和紧急叫停后，股指由最高的 2 245.43 点一路跌至 1 307 点，跌幅达 42%，流通市值缩水 2 084 亿元，流通股平均股价由 14.4 元跌至 2003 年第三季度的 5.6 元，跌幅为 61.1%。至此，委托理财业务和自营业务令南方证券付出了沉重且难以弥补的代价。

（2）制度缺陷，先天不足。在我国证券市场快速发展的同时，证券业也经历了一个粗放型快速扩张的阶段，快速发展的证券业又为推进证券市场发展作出了重要贡献。但在高速发展的另一面，证券公司的内部制度隐含了诸多弊病，最为典型和突出的就是“国企病”。当时，第一大股东的股份性质为国有性质的证券公司约为我国证券公司总数的 80%，其中，国有独资占比为 52.21%，国有控股为 25.66%。类似南方证券、华夏证券和国泰证券等全国性的大型证券公司，都是由国家级的银行、保险公司等金融机构发起设立，属于国有独资企业。证券公司发起设立之初，国有股股东占比过大，股权不够分散，大股东控制经营层，同样具有较为严重的国有企业弊病：机构重叠、法人治理结构不合理，股东大会、董事会、监事会和管理者之间没有形成一种有效的相互制约、协调运作的机制。

（3）资金匮乏，后天失调。我国证券公司注册资本规模普遍较小。截至2002年年底，我国排名前20家的券商净资产总额61.250亿元，平均每家30.63亿元。美国著名投资银行，如美林集团、摩根、所罗门和雷曼兄弟，其总资产均在千亿美元以上，资产规模是我国各大证券公司资产额的几十倍到几百倍。过少的资本金不仅使券商赖以进行资产扩张的基础极为薄弱，而且极大地降低了证券公司抵御风险的能力，使证券公司在市场走低客户资产流出时无能为力，只能静等“流动性危机”，从而将证券公司推入一个变幻莫测的风险世界中。这是从南方证券身上发现的主要问题，也是证券公司全行业面临的关键问题，更是制约我国证券市场的健康持续发展的瓶颈。

（4）内控欠缺，回天乏力。证券行业是一种高风险行业，证券公司应有较为完备的内控制度建设和风险监控体系。当前国际著名投资银行均有健全完善的内控制度、风险监控体系和管理手段，主要包括：法律框架、外部监督机制、监控体系和证券公司内部风险管理制度等。目前，我国正处于转轨时期，券商除了面临国外投资银行一般面临的风险外，还要面临由于制度缺陷、功能缺损所引发的其他特殊风险，例如证券法制不健全、执法不严等。由于风险防范意识普遍淡薄，疏于风险监控，加上外部风险体系不完善，造成我国证券公司出现资产流动性差、盈利率低、违法违规较多等问题。

2. 南方证券破产案对中国证券市场产生深远影响

南方证券破产案之所以能在市场中产生如此大的反响，一方面在于它是当年中国证券市场的三大“元老级”券商之一，走过了十几年的风风雨雨，现在被宣布破产还债，确实令人感到惋惜；另一方面，作为资本市场中的大鳄，南方证券的一举一动曾经在市场中产生过深远的影响，是市场的一面旗帜，从以往的业绩排名看，无论哪方面南方证券都备受瞩目，破产还债的结局是许多人所无法接受的。应该说，从原先的股市航母到后来的资本大鳄，南方证券在自身得到发展的同时，也为国内的证券市场作出了一定贡献。但是，由于市场本身的局限性，券商还无法摆脱靠“天”吃饭的厄运。而一旦市场有风吹草动或遭遇大熊市，券商中的“裸泳者”便纷纷浮出水面。南方证券破产案是中国证券市场中券商破产的第一大案，毫无疑问，其宣判具有里程碑式的意义，将会产生深远的影响。

3. 中国证监会对南方证券实施行政接管

鉴于南方证券股份有限公司违法违规经营，管理混乱，为保护投资者和债权人的合法权益，中国证监会和深圳市政府联合颁发公告，自2004年1月2日起对南方证券实施行政接管。南方证券被接管后，公司的证券经纪、承销等各项业务将正常开展，各营业网点照常经营，投资者证券交易和保证金存取正常进行。在接管期间，中国证监会、深圳市政府会同人民银行、公安部成立接管领导小组，并组成由市场专业人士为主的接管组进驻南方证券，全面负责公司经营、管理和运作。行政接管措施是国际上处置金融机构风险的通行方式，其优点是能够迅速控制和有效化解风险，可以最大限度地减少风险处置成本和市场波动，能够充分维护公司客户的合法权益，有利于保护所有债权人的整体利益，也能为公司的复兴创造有利条件。

7.2.3 案例启示

1. 建立完善审慎的监管体系

从偿债环境来看，证券行业的稳健发展需要加强监管水平，建立完善审慎的监管体系，证券行业评级应当充分考虑行业监管水平以及监管体系与制度的发展变动；此外，证券公司的评级过程中，应当充分认识到外部环境变动的影响因素。

2. 业务模式有待进一步多元化发展

从财富创造能力来看，证券公司相较其他传统金融机构如银行、保险等，与资本市场波动周期的相关性更强，而目前证券公司尤其我国券商财富创造能力仍以经纪业务为主，盈利来源较为单一，业务模式有待进一步多元化发展；另一方面，证券公司多元化发展的过程中也应当尽量减少关联交易所带来的系统性风险。

3. 完善内控制度

在偿债来源和偿债能力方面，证券公司内部治理是导致其失败的内在关键因素。因此，证券公司应按照中国证监会的要求制定合理、有效的内部控制制度，使得相关部门、相关岗位之间的相互监督制衡机制行之有效，保证经营活动的正常进行，最大限度地控制管理风险。

案例 7.3 美国国际集团歇业案

7.3.1 案例介绍

1. 美国次贷危机的爆发是始作俑者

美国国际集团（American International Group，AIG）是世界保险和金融服务的领导者，也是全球首屈一指的国际性保险服务机构，业务遍及全球 130 多个国家及地区，其成员公司通过世界保险业最为庞大的财产保险及人寿保险服务网络，竭诚为各商业、机构和个人客户提供服务。AIG 成员公司是美国最大的工商保险机构，旗下的 AIG American General 更是全美最顶尖的人寿保险机构。美国国际集团的股票在纽约证券交易所、美国 ArcaEx 电子证券交易市场、伦敦、巴黎、瑞士及东京的股票市场均有上市。

AIG 在全球各地的业务包括金融服务和资产管理，如飞机租赁、金融产品、贸易和市场的开发、消费者信贷、机构、私人和直接投资基金管理的资产管理、不动产投资管理及退休金管理服务。AIG 不断发展的全球消费者信贷业务主要由美国的 American General Finance 管理。同时，通过旗下的 AIG SunAmerica 及 AIG VALIC，集团现已成为全美首屈一指的退休金管理服务机构。AIG 亦是个人和大型企业投资管理市场中的翘楚，为客户提供专业的股票、定息证券、地产及其他投资管理服务。

AIG 拥有超过 1.2 万亿美元的总资产，从纽约到北京再到伦敦，遍布全球 130 个国家的子公司和分公司，经营着各种险种，人寿、退休到地震与洪水，乃至石油钻探和卫星承保。2004—2006 年，它的净利润分别达到 98 亿美元、104 亿美元和 140 亿美元。这让它长期居于美国利润最丰厚的十家公司之列，巅峰时期市值近 2 400 亿美元。截至 2007 年年底，它还握有近 200 亿美元现金。随着美国次贷危机的爆发，住房按揭递延贷款的偿付率屡创新低，AIG 面临着巨额赔偿金额。有着长达 89 年的经营历史、总资产规模超过 1 万亿美元的 AIG 在此次金融危机中受到重创濒临破产。为防止 AIG 倒闭引发系统性金融风险，美国政府对其进行了救助。

2. AIG 的危机演变

（1）AIG 历史。AIG 是极少数起源于中国的美国公司之一。1919 年，AIG 的创始人史带先生在上海创立了 AIG 的前身美亚保险公司。最初，美亚保险公司只在上海承揽一些美国保险公司的代理，提供火险及水险服务。1926 年在美国本地开设第一家公司，在纽约设立了美亚保险公司，承保美国公司在海外的风险，作为美国保险公司的代理。1931 年 9 月 18 日，日本侵华战争爆发，使得中国一片动荡不安，史带决定把公司总部搬离总部上海，并将新的总部设在美国，一方面给公司的发展找到了相对稳定的发展环境，另一方面也开拓了拉丁美洲市场。中国动荡不安的局势，使得集团在中国的业务逐渐减少，为了集团的发展，史带将集团在中国的业务逐渐转移到美国，直到 1949 年中华人民共和国成立，集团在中国的保险业务已经基本完全撤离。1939 年，史带将总部迁往纽约。在史带的带领下，公司业务从亚洲扩展到美国、拉丁美洲和欧洲。

1960 年，格林伯格加入集团。格林伯格接手公司后，把发展目标放在转移公司主要业务上，试图通过发展回报率较高的险种，提高公司的收益。原来公司的业务主要集中在个人保险方面，格林伯格对业务进行调整之后，把业务的重点放在有着高回报的企业保障计划上。在格林伯格任职的 38 年间，AIG 的业务领域从保险领域扩展到寿险、财险、汽车保险、按揭保险、退休服务、贷款、投资服务和航空租赁等多个领域。在人们普遍认为保险行业不要指望有什么创新时，格林伯格却认为“创新是可以做到的”。AIG 开始以为非传统风险提供有条件保障，注重免赔额等手段吸引了市场的注意。之后 AIG 的新险种业务不断得到挖掘——其中颇具新意的就有因特网身份被窃险、劫机险、海上油田保险，还领先同行于 2003 年推出黑客保险业务。当 2003 年年底一系列著名网站，如雅虎、亚马逊和 eBay 等相继被黑客侵袭之后，互联网保险业务马上热门起来，

AIG 当月的保险业务就增加了 4 ~5 倍。格林伯格接手 1 年后，AIG 上市，市值从 3 亿美元上升到 1 730 亿美元，是市值最大的保险公司。在过去 10 年中有 8 年，AIG 的纯收入增幅超过了 15%。其现有保单总价超过 500 亿美元，客户数量达到 5 000 万，业务遍及 130 多个国家和地区。

AIG 上市以后，公司进入稳步发展的阶段。上市范围的扩大也使得集团被世界上更多的国家和地区了解，进一步促进了业务的扩大。在集团一开始设立的亚洲，还存在许多集团的附属公司，比如美亚保险以及香港的美国友邦保险（AIA）。直到 2008 年金融危机前，AIG 都是全球最受人景仰的大公司之一，在世界保险业享有盛誉，股价最高曾达到 72. 65 美元，雇员 11. 6 万人，总资产高达 1. 1 万亿美元。2005 —2007 年，蝉联全球净利润最高保险公司，2007 年世界 500 强企业中排名 23。

（2）AIG 危机演变。1987 年，AIG 在伦敦设立了一家子公司，名为“美国国际集团金融产品公司（IAGFP）”，其很早就进入刚刚兴起的金融衍生市场，成为美国最早投资金融衍生产品的公司之一。金融产品公司主营业务是从事金融衍生产品交易，最初的衍生产品交易业务大多是利率互换之类的产品，从 20 世纪 90 年代后期开始大量介入为担保债务权证（CDO）提供担保的 CDS 业务。当时由于其母公司 AIG 自身是 AAA 评级的公司，不必提供任何抵押，便可以担保，再加上当时美国经济蓬勃向上，违约率相当有限，这些 CDS 交易对金融产品公司来讲极为盈利，每年净收保费，这也给 AIG 带来了丰厚的回报。

2002 年，美国证券交易委员会（SEC）调查发现，AIG 帮助 PNC 金融服务公司将 7. 62 亿美元的债务和不良贷款从其公司的资产负债表上转移出去。AIG 没有向公众如实披露其在协助 PNC 金融服务集团掩饰不良贷款时的作用及有关交易。AIG 通过误导投资者而销售某些保险产品，并通过设立附属机构为某些客户掩盖亏损或虚增盈利，这种欺骗行为可以追溯到 90 年代。从 1997 年开始，AIG 开始推销一种所谓的“非传统”保险产品，它具有“损益表滤波器”作用，可以帮助公司把一次性的损失分摊到未来几年中。2003 年 9 月，SEC 指控 AIG 通过欺诈性保单帮助 Brightpoint 公司隐瞒账面亏损，最终支付 1 000 万美元罚金。

随着美国次贷危机的爆发，住房按揭递延贷款的偿付率屡创新低，AIG 在信用违约掉期上遭受的损失不断加重，AIG 面临着巨额赔偿金额。2008 年 8 月 6 日，AIG 公布第二季财报，因房贷相关减记价值及减损金额超过 110 亿美元，净损 53. 5 亿美元，该公司连续第三季出现亏损。截至 2008 年 6 月底，AIG 信贷违约掉期业务累计亏损达 250 亿美元，其他业务亏损达 150 亿美元。9 月 12 日，股价暴跌 31%，标准普尔向 AIG 发出警告，将下调信用评级，使 AIG 筹资困难。为避免评级机构下调公司评级，AIG 向美国联邦储蓄系统（Federal Reserve System，Fed）寻求 400 亿美元贷款资金援助。9 月 15 日，Fed 要求高盛和摩根大通帮助 AIG 取得 700 亿 ~750 亿元美国贷款，两家公司经评估后拒绝贷款。接着穆迪、标准普尔和惠誉三大评级机构一致下调了 AIG 的债务信用级别，迫使 AIG 向其交易对手再提供至少 100 亿美元的抵押品，从而使抵押品总额达到 200 亿 ~250 亿美元。9 月 16 日，股价再暴跌 31%，在连续三个交易日中跌幅达 79%。

2008 年以来，该股累计下跌 93%，为道指成分股中表现最差的一个。紧接着，美国联邦储备委员会理事会（Federal Reserve Board）于 16 日晚间宣布，遵照《联邦储备法》第 13 条第 3 款，授权纽约联邦储备银行向 AIG 发放 850 亿美元紧急贷款并将其接管。

3. 美联储和财政部的成功救助

在美联储和财政部的救助下，AIG 最终度过危机，核心资产和业务得到了保全，并在随后几年重新实现盈利。美联储紧急贷款本息也均得到了偿还，在救助过程中还为纳税人赚取了近 200 亿美元的利润。虽然市场曾将救助过程形容为“趁火打劫”，但不可否认的是，美联储和财政部的救助行为成功避免了因 AIG 倒闭对危若累卵的美国金融体系造成更大打击。

——资料来源：张金凤．美国国际集团（AIG）危机案例分析［J］．时代金融，2019（05）：108－109，132。

7.3.2 案例分析

1. 美国“次贷”危机加剧了企业财务状况的恶化

（1）复杂的外部环境加剧了企业财务状况的恶化。美国“次贷”危机犹如一根导火索，引发了国际金融市场的剧烈动荡，同时也给国际保险业带来了严重损失。因为购买次级债衍生品的投资者遍布全球，危机便能够通过资金链条传导给各国的基金公司、资产管理公司等机构投资者，造成了整个信用市场危机和投资者恐慌，最终演变成为金融风暴。如此一来，受抵押贷款投资不当的衍生品资产减记拖累，AIG 在信用违约掉期（CDS）上遭受的损失不断加重。金融市场脆弱，投资者信心不足，导致股票价格持续承压下挫，使得 AIG 本已虚弱的财务状况更加恶化。美国穆迪投资服务、标准普尔和惠誉三大信用评级机构分别将 AIG 的信用级别下调至少两个等级。信用评级下调在助推融资成本升高的同时，迫使 AIG 向其交易对手再提供至少 100 亿美元的抵押品，从而使得抵押品总额达到 200 亿～250 亿美元，导致 AIG 财务状况急剧恶化。也正是因为信用评级的下调，致使 AIG 在试图利用信贷循环额度作最后一搏时，遭到了银行的拒绝。

（2）企业自身风险控制不力。AIG 的风险不是由保险主业产生，而是源于衍生金融产品。由于 AIG 从事的传统保险业务一直都是中等的成长型业务，公司为追求成长性，为大量的金融产品提供保险，包括风险极高的抵押债券证券（CDO）和次级债产品。其中，由于泡沫经济时期抵押债券实现的高额利润远高于房屋保险业务、人寿保险业务以及汽车保险业务，AIG 仅对该债券的担保金额就高达 4 000 亿美元。引爆 AIG 危机的 AIGFP 成立于 1987 年，在其为 AIG 持续获取丰厚利润的背景下，集团管理层逐渐放松了监督。而 AIGFP 经营表现出很强的投机性，片面追求利润，忽视风险控制，完全不顾来自多方的风险预警。单纯利润导向下的内控机制失效，使经营风险迅速累积。正是受抵押贷款投资不当的衍生品资产减记拖累，AIG 在信用违约掉期上遭受的损失不断加重。其旗下一家出售信用违约掉期（CDS）的子公司，在过去三个季度累计亏损 180 亿美元，致使 AIG 不得不追加价值数十亿美元的抵押品，导致公司财务吃紧。由于公司缺乏足够的流动性资金，带来额外信贷成本，使公司最终陷入财务困境。而 AIG 公司由于心存侥幸和疏于对 CDS 风险的防范，当 2006 年 CDS 成本大幅上升、2007 年次级债风波出现兆头时，AIG 没有对 CDS 作出严肃的处理，为后来公司陷入危机埋下了祸根。

（3）金融发展与金融监管失衡。20 世纪 80 年代以来，美国金融自由化进程不断推进，出现了金融创新加快和监管放松的趋势，最终导致了金融发展和金融监管的严重失衡。AIG 从事 CDS 相关业务，保险监管机构和证券监管机构都没有明确的监管要求，对次级债市场的监管存在空白地带。如信贷违约掉期市场就没有受到政府管制，也没有公开的记录显示如果债券违约，卖方是否拥有资产进行支付。究其本质，在于美国金融监管部门过度相信市场的自我调节作用，强调并依赖市场自律和金融机构的内部控制，对本国金融机构及市场的竞争力和创新力过于乐观。

2. AIG 危机带来社会经济破坏性影响

作为一个资产规模高达 1.1 万亿美元以及保险业务范围覆盖全球 140 多个国家、7 600 多万客户（其中，美国就有 3 000 多万客户）和 10 万多家实体的金融机构，AIG 一旦倒闭，将带来破坏性影响：一是数千万投保人的保险和养老金将难以兑现，进而引发严重的社会问题；二是包括地方政府机构、商业银行在内的 AIG 投资者将蒙受巨额损失，进而导致政府财务状况恶化、商业银行表外风险暴露，最终将影响美国及国际金融市场的安全稳定；三是对于 AIG 这样规模的金融机构，当时没有有效的破产框架来实现有序退出，其破产可能造成灾难性后果。鉴于以上原因，再加之 AIG 主体业务正常并且拥有大量优质资产，具备偿付能力，美联储果断对 AIG 进行了救助。

3. 美联储采取各种措施救助

（1）直接发放紧急贷款，向 AIG 注入流动性。2008 年金融危机中，美联储自 20 世纪 30 年代大萧条以来第一次向非银行金融机构提供了紧急贷款。首先是提供循环紧急信贷额度。2008 年 9 月 16 日，美联储在财政部支持下，授权纽约联储向 AIG 集团提供了 850 亿美元的循环紧急信贷额度，期限为 2 年，利率为 3 个月 LIBOR 加 8.5 个百分点，并以 AIG 集团及主要子公司的全部资产作为担保。紧急贷款旨在帮助 AIG 偿还到期债务和 CDS 赔偿款，为 AIG 有序出售其部分业务筹集资金争取时间。作为贷款条件，美国政府获得 AIG 79.9% 的股权，有权决定 AIG 的管理和股息支付等政策；为保证纳税人利益，发放的紧急贷款具有优先偿还权。其次是发放证券借贷工具抵押贷款。紧急贷款短期内稳定了 AIG 的财务状况，但由于投资者为避险开始抛售各类金融股票及债券，导致 AIG 的 CDS 等业务流动性敞口加大，再度出现现金短缺。2008 年 10 月 8 日，纽约联储再次向 AIG 子公司提供 378 亿美元的贷款额度，AIG 子公司以投资级别的固定收益证券作为担保，实际贷出 205 亿美元。

（2）向AIG购买优先股，降低AIG财务杠杆。2009年3月2日，在美联储授权下，纽约联储向AIG子公司——美国友邦人寿保险公司（AIA）和美国人寿保险公司（ALICO）购买优先股，并于6月25日支付250亿美元，固定股息率为5%，旨在提高AIG的资本状况和流动性水平，降低其财务杠杆，减轻其信用评级压力，推动其子公司重组和上市。与此同时，纽约联储也将AIG的循环贷款额度调整至600亿美元。随着美联储救助资金的大量注入，AIG获得了喘息之机，并在美联储和财政部主导下，自2008年9月开始有序出售部分海外业务。AIG在数年时间里累计出售资产近1 000亿美元，并对部分子公司进行了重组上市，所得资金均用于偿还纽约联储紧急贷款本息、赎回优先股及支付股息。2011年1月，AIG还清了纽约联储紧急贷款本金，支付了利息67.8亿美元；赎回了纽约联储持有的AIA和ALICO优先股，并支付股息14.4亿美元。

（3）发放间接贷款，剥离处置AIG不良资产。尽管从美联储获得了巨额流动性注入，但因RMBS证券投资亏损和CDS合约风险敞口在不断加大，AIG仍面临着严重的流动性压力。为此，美联储授权纽约联储成立ML Ⅱ LLC和ML Ⅲ LLC，通过向这两个公司发放贷款，大量购入AIG的RMBS证券以及AIG交易对手方持有的CDS合约，以剥离对AIG流动性影响严重的不良资产和风险业务，在保住其主要业务、维持正常运转的同时，也为其资产处置、重组和结构性改革争取更多时间和灵活性。

7.3.3　案例启示

1. 防止金融创新过度

自20世纪80年代末以来，美国在金融创新中推出了许多金融衍生产品，这对繁荣金融市场和市场经济发挥过重要作用。AIG的商业模式是：对金融衍生产品进行保险。而这些衍生品又是基于其他抵押品产生的衍生品，因此，当金融衍生品出现问题时，AIG便受到波及。鉴于此，有必要对金融创新进行重新审视，既要看到其对金融发展的促进作用，也要对金融创新的负面效应有一个清醒的认识，以便在推动金融创新的同时，最大限度地防范由此带来的金融风险。

2. 混业经营要建立有效的风险防火墙

分业经营最大优势是风险隔离，不同行业的业务风险，不会直接相互传导。但混业经营后，不同子行业的风险很容易在内部子公司间传导，在合并资产负债表中体现。在此次危机中，保险业务虽然没有出问题，但是衍生金融产品带来的灾难却殃及池鱼，如AIG下属运营良好的分支友邦保险出现的退保潮。而在此次危机之前，混业经营也曾给企业带来高额收益。混业经营好还是分业经营好，值得公司的高管深思。

3. 健全保险公司风险管理体系

就AIG公司自身而言，可以说祸起金融衍生产品，但倘若公司风险管理体系健全，是可以有效控制风险的。在次级债风波这样的背景下，AIG 却疏于对 CDS 风险的防范，没有对 CDS 作出严肃的处理。目前，随着金融市场的全球化和金融衍生产品的逐渐增多，保险业风险呈现出新特征，对保险公司的内控和风险管理的要求也越来越高。只有具备完善的风险管理和控制体系，才能顺利应对意外事件的冲击。因此，我国保险公司应建立严格的内控制度，制定合理的激励机制，加强风险管理体系建设，建立覆盖所有业务流程和操作环节、能对风险进行持续监控、定期评估和准确预警的综合风险管理体系。

第 8 章　金融市场概述案例

案例 8.1　第一次世界大战后纽约金融市场的形成与发展

8.1.1　案例介绍

纽约金融市场作为国内金融中心已有一两百年的历史，但作为国际金融中心却是最近五六十年的事情。第一次世界大战以前，伦敦曾执世界金融中心之牛耳达一百多年之久，当时世界各国的国际贸易和金融交易都要通过伦敦进行结算，英镑是当时的关键货币。第一次世界大战以后，随着国际经济关系的变化，纽约逐渐成为重要的国际金融中心。

1. **第一次世界大战为美国纽约金融市场提供了更大的发展空间**

一般意义上认为战争意味着人力的耗费、物资的匮乏，对整个国家乃至整个人类都有着十分不利的影响。对美国也是如此，无论从哪一角度看待美国战争的花费，战争期间的支出都超过和平时期的支出，这一总额大概达到 330 亿美元。该数额超过了美国从 1791—1913 年的总支出，包括这一时期所有战争的花费。这 330 亿美元中的 1/3 借贷给协约国，其净花费为 230 亿美元。但战争也为美国的发展提供了机会。美国从债务国变为债权国。第一次世界大战，欧洲国家成为战场，遭到削弱，他们不得已卖掉自己手中所持有的大量美国债券为战争融资，而美国则积极在国内鼓励民众为协约国筹集资金。早在 1917 年美国参战前，协约国已经通过私人投资银行大量向美国借款。起初，美国总统威尔逊反对美国直接为协约国提供战争贷款，国务卿罗伯特兰辛通过事实告诉威尔逊总统，如果美国不给予协约国资金帮助，那么美国自身经济也会衰落，美国的工业产量将会下降，美国的资本将会空闲，美国的劳动力将会闲置，鉴于此，威尔逊总统最终批准向协约国提供贷款。随着 1917 年 4 月美国参战，美国政府开始承担为协约国提供资金援助的责任，联邦政府不得不筹集大量的资金以满足战争的需要。发行债券是筹集资金较好的一种方式，也是美国长久以来选择募集资金的一种方式。

为战争筹集资金，南北战争时期就存在。美国民众对于投资债券的热情也在此时达到顶峰。南北战争时期，作为未来银行家楷模的杰伊·库克为了销售债券，在报纸上大肆进行宣传，并印发了大量的传单。为了刺激低收入者对债券的购买力度，库克说服美国财政部，将此次发行的债券的面值缩小到美元。较小的面值，便于民众购买与选择，满足了不同阶层群众的需要。经济实力雄厚的可以多购买些，经济实力欠缺的可以依据自身情况购买。同时为了使普通民众更加了解债券，他还在当时的报纸上讲了很多通俗易懂的小故事，吸引人们的注意。他将债券的价值告诉普通的工薪阶层，使得当时的民众，尤其是下层群众认识到购买债券不仅仅是一种爱国的表现，也是一笔很好的投资，能够为他们带来丰厚的收入。“在南北战争前，美国持有证券的人数远不到总人口的1%。除了富人以外，一般美国人还是习惯把多余的现金藏在床垫之下，但是库克使得5%的北方人口购买了国债。到战争结束时，库克卖国债的速度已经比政府军事部花钱的速度还快。”通过多种方式的鼓励与推销，人们购买债券的热情被点燃，债券的销售远远超过了当时人们的预想。人们之所以大量购买债券，主要源于对政府的信任，债券作为一种投资，其安全性较之股票要高，加之该债券由政府发行，信誉度得到保障，因而人们纷纷大量购买。

这种极为快速的融资方式，一直受到人们的青睐，第一次世界大战期间的融资也采用了南北战争之间库克所进行的方式，即直接将债券的购买群体面向普通民众，而非将其私下直接出售给银行或者作为中介人的经纪商。为了吸引人们的投资，在发行债券的推介会上，甚至邀请到了当时著名的好莱坞影星道格拉斯·费尔班克斯和玛丽·璧克馥到场助兴。更多的民众参与债券的购买，大大促进了战时美国融资的速度以及金融资本的积累。“第一次世界大战以前，由于外国人购买美国股票和债券，美国对外负有几十亿美元的债务。但在战时的四年中，协约国向美国借款共117.45亿美元，前两年向私人借款23亿美元，后两年向政府借款94.45亿美元。这样，在战争结束时，美国不仅已赎回在国外的20亿美元的债券，并且拥有110多亿美元的海外债权。海外债权的增加促使纽约金融市场的国际业务相应增加。”美国由债务国变为债权国，同时纽约的金融能力也得以提升，金融业发展不断繁荣。资本的流通扩大了金融业的业务，提高了美国的金融实力。

随着美国经济在战争中的发展，华尔街成为战时十分重要的融资机构。“华尔街为美国经济的发展提供源源不断的资金，实现社会资源的优化配置，而华尔街本身也伴随着美国经济的发展而成长为全球金融体系的中心。”大量的股票交易在这里进行。如同南北战争之时，华尔街资本市场的突然繁荣一样，第一次世界大战给华尔街带来了新的机遇与挑战。华尔街作为纽约重要的金融业从业地，它的繁荣发展一定程度上折射出了当时纽约金融业发展的情况。“在20年代中期，纽约已经成为重要的国际金融中心，在同伦敦的竞争中它们各有长短，互为补充。如果说伦敦仍能维持其为国际结算中心和外汇中心的地位，那么纽约则已成为主要的国际资本供应中心。仅1924—1930年外国借款者就在纽约债券市场发行了65亿美元的国际债券，同一时期在伦敦发行的外国债券只有35亿美元。”同时，“第一次世界大战期间及战后在美发行国际债券大幅度增长，美元开始成为重要的国际交易媒介和储备货币。20世纪20年代早期，纽约可放贷的资金充裕，加之英国当局对海外借款人发行证券加以管制，纽约超越伦敦成为海外借款人发行证券的主要市场。另外，华尔街贴现市场蓬勃发展，国际贸易融资中美元汇票的使用日益增多。”“到1930年，美国在海外共拥有亿美元的债权和直接投资，使纽约的国际金融业务不断扩展。银行制度的改革和海外分支机构的建立，也为纽约成为国际金融中心创造了条件。”战争同时授予美国接受代理商业票据的权力，使得银行的许多业务从伦敦转向纽约，这样做保证了维护国外贸易融资所必需的便利性。战争的到来为纽约金融中心的发展提供了便利条件，纽约凭借其战时有利的环境，开始承担更多的金融业务，逐渐走向国际金融的大舞台。

2. 美国经济的飞速发展为纽约金融市场提供了条件

众所周知，第一次世界大战结束时，美国是真正的赢家，经济得到空前发展。“1918年，国民生产总值从1913年的390亿美元增加到771亿美元。战争结束时，整个世界对外贸易总值缩减到战前的60%，而美国出口总值反而增加2倍，累计外贸顺差116亿美元，同期黄金储备从15.26亿美元增加到45亿美元。战后，美国加强资本输出，包括海外直接投资和购买外国证券，1912年对外投资只有19亿美元，到1930年增加到132亿美元，投资范围遍及世界各地。”实际上，美国在1900年，已经是世界主要农产品棉花、小麦、玉米出口国，也是包含石油和铜这两种新的矿产在内的世界主要矿产品的出口国。“在这个时期美国也成为世界上主要的工业品出口国，1865年，工业品只占到美国出口额的22.78%，但到1900年，这些产品已经占出口额的31.65%，而出口总量也大大增加，与以前不可同日而语。”美国的生产力水平及其增长速度远远高于英国，它在世界工业生产中的比例从1913年的36%一直上升到1928年的45%。战争给美国的金融发展提供了前所未有的契机，美国由债务国变为债权国。随着世界经济重心的转移，美国开始承担起金融大国的重任，金融实力得到提升。

3. “新政”的推行为金融市场的发展提供了制度保障

1929—1933年，是美国金融业发展十分困难的一段时期。20世纪20年代初，美国经济迎来历史上的大发展时期，即众所周知的“柯立芝繁荣”。但是在繁荣的背后，美国社会背后包含着巨大的隐患。就金融业的发展来说，金融监管方面存在严重的漏洞。投机盛行，人们受股市风潮引领，将大量金钱用于投资股市，同时公司上市变得异常简单，没有资格审查与资产鉴定，就可以上市筹资。面对股市存在的风险，联邦政府几乎没有任何法律、法规予以规范，对自由经济的奉行与推崇在此时体现得淋漓尽致。1929年美国股票市场暴跌，美国经济进入大萧条。在此后的两年半里，美国股市持续下跌，1932年的股市市值仅剩下1929年危机前的10%。股票市场的崩溃、大萧条的发生在一定程度上都与金融领域存在的漏洞有关。华尔街金融机构不正当的运营，民众的盲目投机，美联储的软弱无力，所有这些都要求建立严明的金融与证券法律，来规范以华尔街为首的金融市场。罗斯福新政的推行，政府开始干预金融业的发展，从一定程度上规范了金融业，为纽约国际金融市场的发展提供了坚实的制度保障。

——资料来源：潘英丽等．国际金融中心：历史经验与未来中国［M］．上海：上海人民出版社，2010。

8.1.2 案例分析

在纽约国际金融市场形成与发展的过程当中，战争的机遇、强大的经济实力及适当的政府干预是其第一次世界大战后形成与发展过程中最主要的三个因素。

1. 战争的机遇

对于第一次世界大战前的欧洲而言，英国一直掌控世界金融，伦敦更是首屈一指的国际金融中心。但随着战争的爆发，国际贸易发展需要的是稳定、安全的国内环境，欧洲各国已无法满足。同时，由于战争的特殊形式，欧洲的各大国际金融中心都处于大战当中，各国也都忙于战事，无暇顾及金融业的发展。美国参战较晚，国土远离战场，因而为国际贸易融资的责任自然而然就落到了美国银行的肩上。为了夺取战争最后的胜利，协约国不仅需要物资，更需要筹措资金来购买所需要的物资。而此时能为协约国提供资金的只有华尔街和坐落于此的大银行，它们成了为协约国提供资金的唯一源泉。

战争使得欧洲各国的物质财富消耗巨大，英、法等国自身的大量物资需要通过美国提供，自然无暇顾及世界上其他的地区。英国在大战中遭受的危害最为严重。总债务额为55亿美元，加速了英国金融业的衰退。在世纪交替之时，德国在钢铁业及化学领域，日本在纺织等领域都冲击了英国在这些行业当中的优势地位。这直接导致了英国贸易额的下降；英国的物品大多贱卖，但是从国外购买这些必需品的价格却相对较高，英国经济陷入低迷。同时长期以来一直被欧洲控制的亚洲和拉美工业品市场此时也向美国人打开门户，美国迅速抓住了这个黄金商机。战争创造了对军需品、钢铁、车辆、通信工具、铁路设施和船只的巨大需求，这也随即带来了自南北战争以来美国经济前所未有的大繁荣。美国在自身经济得到快速发展的时期，抓住战时有利时机，扩大自己的控制范围。这样一来，就增强了自身的经济实力。美国获得了自身发展的有利时机，拉美和亚洲也成为美国商品的经营之地，促进了美国的经济发展。战争不仅注入了大量的流动资本，促进美国金融业的发展。还从债务国变为了债权国，同时也使得美国的金融地位有所提高，还深入到了更为广泛的地域和领域。

2. 强大的经济实力

在第一次世界大战之后，美国经济快速发展，由债务国变为债权国。美国经济实力的增强为纽约国际金融中心的发展奠定了坚实的经济基础。美国综合实力得到发展，尤其是经济实力。美国经济实力的提升，为纽约金融市场的发展提供了强有力的国家保障。

3. 适当的政府干预

随着美国越来越多地参与国际金融事务，纽约作为美国国内金融中心顺势走上历史舞台，开始承担更多的金融业务，逐渐成为国际金融中心。纽约国际金融中心得到发展，作为金融业重要组成部分的银行业更是发展迅速。华尔街也越来越多地开始承担国际金融的相关业务。但在该时期，美国国内对于金融业的规范极为缺乏。金融业存在大量的投资隐患。人们醉心于大量的投机当中。公司为了提高经济实力，也纷纷上市。证券中心对上市公司也没有过多的限制与资格审查。这样虽然便于公司筹集资金、拓展业务，但同时也提高了大众投资的风险。人们盲目投资，不顾股市风险。虽然一些专业人士看到了股市中存在的风险，但是难挡人们高涨的热情。最终随着大危机的爆发，各方开始关注金融业领域当中存在的弊端。

罗斯福新政较为妥善地处理了金融业内部的一些弊端，为纽约金融市场的发展提供了制度上的保障。新政之前的美国奉行自由经济的原则，在金融领域当中，缺乏有效的监管。大危机的爆发更是将金融弊端暴露无遗。罗斯福新政规范了金融领域，开启了政府对金融监管的新时代，从制度上为纽约金融市场的发展提供了保证。

8.1.3 案例启示

纽约在第一次世界大战时面对突如其来的责任，明显没有做好应有的准备，但是当时其拥有战时的有利的条件，即美国国内环境安定。没有了战争这一特殊的有利环境，发展一国金融市场就应该不断地提升自身经济实力、完善各种金融制度、政府适当的干预。

1. 稳定的政治环境

稳定的政治环境是金融市场形成和发展的基本条件，只有政局稳定，经济才会稳步发展，各种金融业务才能正常开展，金融市场才有稳步发展的可能。

2. 提升经济实力

经济实力是金融市场发展的经济保障。发展才是硬道理，在经济发展过程中，资金需求增多，风险加大，这就需要金融市场一方面通过各种筹资渠道来满足资金需求；另一方面又通过金融市场中的各种金融工具创新来防范风险，增加金融市场交易的金融工具，提供多样化的金融服务，使金融市场不断发展。

3. 政府的适当干预

政府适当干预金融市场，完善金融市场的各种制度，包括金融市场的交易制度、法律制度、监管制度等，只有完善的金融制度，才能保证金融市场的正常秩序，促进金融市场的健康发展。

案例8.2　伦敦金融城——一平方英里的神化

8.2.1　案例介绍

举世闻名的泰晤士河由西向东蜿蜒穿过伦敦市区。在它的北岸，有一块被称为“一平方英里”的地方，这里楼群密布、街道狭窄，寸土寸金。500多家外国银行、180多个外国证券交易中心云集于此；30多万金融精英与英国历史悠久的银行、交易所一起，拥挤在经典、厚重的古老建筑里；世界500强的跨国企业中，有75%在这里设立分公司或办事处。这就是伦敦金融城。

1. 优秀人才集聚

21世纪，是充满竞争的世纪。无论何时何地，外交竞争、经济竞争、科技竞争、教育竞争、体育竞争、综合国力竞争，归根到底是人才的竞争，是高素质人才的竞争，是高素质的拥有全球眼光的人才的竞争。

伦敦金融城政府由于拥有精通业务的专业人才、灵活稳定的劳动力市场以及宽松适当的监管机制，伦敦金融城这个卓越的金融中心是目前全球机构经营的最佳地点。从人才引进的角度看，伦敦金融城具有相当的国际性。10年前，与投资银行家、基金经理人或者伦敦金融城政府的政府官员和管理层一起工作的，可能是与他们自己相似的人，即牛津大学、剑桥大学或伦敦大学各学院的文科毕业生或理工科毕业生。但是，现在，在这些人身旁工作的可能是来自中国高校的数学奇才。于是，一个良性循环诞生了：伦敦金融城里的国际人才越优秀，其竞争优势就越强；其竞争优势越强，吸引的“新型的”高层次的人才就越多。

2. 金融自由开放

伦敦金融城2014年常住人口只有8 000人，但每天有30多万人来伦敦金融城上班。从上午6点~9点到下午4点~8点，伦敦金融城的对外交通是全球最繁忙的。走在伦敦金融城的大街上，会听到美国、加拿大以及澳大利亚的口音，也会看到亚洲、非洲和拉丁美洲的面孔。“在很多方面，伦敦一直都是开放、国际化的地方，即使在1800年前的罗马统治时期，伦敦也是国际化的交易中心。在周围的街道上，会听到古代的英国人说着英国的方言，许多罗马士兵和管理者说着拉丁文。在市场上，可以发现来自罗马帝国的木材、酒和香料。”

随着国际贸易的发展，银行应运而生。最初是意大利北部的伦巴底人建立了银行。这些意大利银行家来到伦敦，成立了国际贸易银行。他们的副业是贷款给英国王室，用于英国与法国开战的开支。有意思的是，在法国，这些意大利银行家的表亲们放款给法国的国王。在工业革命期间，伦敦利用其资本和专业知识为全球工业发展、纵横南美的铁路基础设施，以及电报电缆融资。

进入 20 世纪，在第二次世界大战结束后，当时很多人以为，伦敦会一蹶不振，甚至可能会崩溃，但是伦敦金融城却奇迹般地挺过来了。美元在欧洲的广泛流通使得欧洲美元市场的发展成为可能。马歇尔计划（第二次世界大战后美国援助欧洲的计划，也称为欧洲复兴计划）的实施带来了上亿美元，这些巨额美元在欧洲被消费、流通。当时，美国大约有 80 万士兵在欧洲，他们使用的是美元。通用电气、玛氏等美国公司也着手建立欧洲网络。美元成为欧洲第二大非官方的货币。在 20 世纪 60 年代初，一群国际银行家（他们大多数在伦敦，少数在法国）或偶然或通过协议，将这些美元聚集起来并打包，从事美元存贷款业务。这就是欧洲美元市场的开始。随后，欧洲日元市场、欧洲法郎市场、欧洲欧元市场纷至沓来。政府、跨国公司以及国际性组织都能在伦敦快速、便利地融资。

3. “金融大爆炸”功不可没

伦敦金融业近 20 年来的飞速发展以及实现对纽约的赶超，离不开 20 世纪 80 年代以金融自由化为特征的“大爆炸”。在“大爆炸”之前，伦敦投资银行、经纪商以及承销商只能是英国本土企业，业务单一，以合伙制公司为主，一片死气沉沉。1986 年的“大爆炸”取消了固定佣金制和单一业务制度，一家公司可以同时从事公司融资顾问、股票承销、经纪业务及自营交易。国际资本也进入英国，并且收购英国公司，伦敦证券交易所也从面对面的场内交易向电子交易转型。伦敦的开放在对证券交易所的收购态度上也可见一斑。“证券交易所之间的合作和并购可以带来很多好处。这些好处来自流动性和技术的共享。”对于纳斯达克交易所对伦敦证券交易所的竞购，伦敦金融城市长史达德说：“我们非常高兴纳斯达克向伦敦证券交易所提出敌意收购，这说明伦敦市场质量被认可。所有权并不重要，重要的是当他们获得所有权后怎么来监管。如果纳斯达克收购伦敦证券交易所，它必须接受金融服务监管局而不是美国证券交易委员会的监管。”开放的伦敦吸引众多金融机构纷至沓来。现在，伦敦拥有世界上几乎所有大型国际银行和金融机构的办事处。

4. 全方位交易平台

作为全球领先的金融中心，伦敦提供了无以匹敌的从保险、证券、外汇，到大宗商品甚至海运等各个细分领域的交易平台。这里拥有世界上最大的外汇市场，日交易量占全球总交易量的 32%。伦敦金属交易所是世界上最大的有色金属交易所，全球 90% 以上的有色金属交易所都在这里进行。伦敦是全世界金银交易的全球结算中心，是目前最大的场内市场，平均每天在伦敦金银市场协会结算的金银交易量约为 55 亿英镑。

作为全球最大保险市场，劳合社在全球保险和再保险领域拥有崇高的威望。劳合社保险大厦给人的第一感觉是现代工业和科技的无限张力。劳合社的会员（可以是保险公司或者富有的个人）通过组成辛迪加（若干承保会员组成的承保小组），由代理人管理，向投保人提供保险。劳合社几乎“无所不保”——从模特的腿到明星的脸蛋，从火箭到飞机。劳合社大部分业务主要集中在北美和欧洲，而中国的业务只占亚洲业务的4%，亚洲业务只占整体业务的9%。

——资料来源：李宇．伦敦金融城：一平方英里的神话［J］．宁波经济（财经视点），2014（04）：46－47。

8.2.2 案例分析

伦敦金融城的形成与发展是经济主体集聚金融优势的历程，在英国王室和政府的大力支持下，在企业和公民的积极参与和配合下，通过自然集聚优势和能动集聚优势、双向互动集聚优势三个方面运作的产物。

1. 市场从自然集聚到自觉集聚

伦敦具有自然集聚的优越条件，历经数百年的发展，伦敦集聚了充足的金融优势资本。

（1）伦敦吸引了庞大的跨国金融机构。伦敦金融城集聚了近180家外国证券公司，几乎一半的国际股权交易额是在这里进行的，还管理着28 290亿英镑的全球资产。在伦敦股票交易所上市的外国公司的数量（453家）超过世界上任何其他的交易所；全球外汇收入的三分之一在这里交易，而纽约只有16%，东京9%，新加坡6%。伦敦金融城承揽了全球36%业务量的场外衍生金融产品。近500家外国银行在伦敦金融城营业，经营全球20%的国际银行业务。伦敦金融城拥有全球最大的黄金交易市场，同时还是世界上最大的有色金属交易市场。伦敦金融城是世界保险和再保险中心，其中世界航空保险业务的31%和水险业务的20%都集中在这个市场。

（2）伦敦凝聚了独特的金融中心文化。随着经济全球化的深入与金融自由化的深化，跨文化能力已上升为国际金融中心的一种关键性资源。国际金融中心的重要特征在于集聚全世界的目光，打造文化品牌。伦敦以它悠久的历史、斑斓的色彩、雄伟的风姿屹立于世界名城之林，使得外来投资者和金融家产生浓厚的向往和意愿，也促使伦敦本地的居民和企业产生强烈的自豪和归属感。

（3）伦敦吸收了充沛的人力资源集群。在伦敦，几乎世界上所有语种人才都能够12小时内找到，类似于精算师、国际律师、高级财务分析师这样尖端人才，也可以及时为企业或个人提供服务。伦敦拥有数量众多的大学、学院、学校及学术研究机构，通过“产学研一体化”价值链整合，伦敦形成了面向全球的金融人力资源集群。

2. 政府推动其从被动集聚到主动集聚

（1）政商联合共建金融中心区。金融中心区（Central Finance District，CFD）是金融产业发展和金融活动的心脏带。伦敦金融城就是这样一个CFD，伦敦金融城拥有便捷的交通、丰富的信息、即时的通信、高质的办公设施及良好的金融和商务运营环境，可以大大节约公司的管理和交易成本，能够促进知识型、信息型、清洁型和高附加值的金融产业的发展。为了在空间上给英国的金融发展提供必要的新空间，伦敦还将金丝雀码头区改造为新金融区，这里外表端庄厚重，具有深刻文化内涵，与整个城市风格协调且功能性很强的楼群都是近 20 年内建起来的，规划更新，设计也更现代化。

（2）高起点制定金融战略规划。伦敦金融城具有公司和政府双重属性，对相关业务统一规划，商业化运作管理，工作重心在于协调、服务、宣传推介与调研支持。但是，伦敦金融城是服务于整个英国长远利益，具有全球战略属性，而不是局限于一城之隅。从政策制定、对外承诺到管理体系，具有长期连贯性，使得外界国家、地区和企业法人对在此地进行经营运作具有坚定的信心和稳定的预期。英国王室和政府赋予伦敦金融城独特的战略地位，职能权限具有很大的独立运作空间，在战略机遇出现时，伦敦金融城可通过各种方式灵活执行创新决策权。

（3）注重优质基础设施建设。伦敦具有国际金融中心所必需的优质基础设施条件。伦敦聘请世界顶尖级的大师做城市发展规划，凸显城市的文化品位、艺术特色、生态标准、建筑质量。一方面，伦敦凝结了世界上最优秀的、同时也是生态水平很高的建筑和绿化群体；另一方面，伦敦具有先进的公共服务能力，比如：治安、供电、供水、供暖等设备非常完善。伦敦还拥有非常强大的物流、交通以及国际信息交换能力。

（4）兼顾国际标准的柔性金融监管。伦敦金融城有一个宽松而严格的法规体系，作为老牌金融中心，其监管都是国际标准，在制度设计上注重原则，而不是规则。海外投资者只要遵守一组基本原则，就能在伦敦创新。金融服务监管局（Financial Services Authority，FSA）、英格兰银行和财政部三方常设委员会是伦敦重要的金融监管机构，此外，贸工部、工作和养老部、职业养老监管局、公平交易办公室、打击严重欺诈办公室、国家刑事犯罪情报局也可以根据需要参与金融监管。为了促进金融业发展，金融城的监管也在不断创新和调整。

（5）及时推动金融技术创新。国际金融中心高度集中的都是“高度秩序化”的金融和服务“前台”，这些金融服务机构需要传送金融资讯、咨询服务、转账业务、安全保障和数据处理等大量信息，其物质基础必须建立在大规模的科技投资之上，需要有尖端的计算机系统以及灵敏度和安全度极高的信息传播体系。伦敦金融城在历史上较早地应用了电报、电话、计算机，以及芯片技术和卫星通信等技术媒介，以科技创新来体现和保障金融服务业的高效和迅捷的行业特征。此外，为有效应对新技术，伦敦金融城在国际金融历史上较早开发出利率定价体系、AIM 市场、私募基金平台和场外离岸交易等多种金融模式，进行金融方法创新，也取得显著的绩效。

3. 金融机构和城市从单向集聚到多向集聚

伦敦金融城并不只是单纯汇集金融机构，打造良好的基础设施，选择合适的战略规划，更多地是采取走市场道路，执行集聚优势战略。

（1）金融单位的互动集聚。伦敦金融城的金融企业或机构通过金融家族的内外向型集聚，已逐步渗透世界其他的国际金融中心内部。利用行之有效的全球化战略，这些金融单位已经能够融入所在地的经济文化圈，并对相关区域和国家的价值取向实施控制，有超过300个资产在1亿英镑以上的超级富豪在伦敦开设了理财机构，对家族的财产进行保值增值，同时通过各种渠道渗透世界各地的金融市场，左右世界金融局势。伦敦存在着超过100个“家族联合机构”，由数个富有家族共同设立，通过分享信息来提高全球投资能力。

（2）金融城市的多向联系。伦敦金融城和其他国际金融中心保持了正向联系。一方面，伦敦金融城在主要的全球城市纽约、东京、法兰克福、瑞士、莫斯科以及上海都设立了办事机构，建立了联系的成效机制；另一方面，香港、新加坡、悉尼以及温哥华等金融中心都曾在一定时期隶属于英国管辖，所以原有的联系机制仍然具有活力。此外，所谓的离岸金融中心，如英属维尔京群岛、开曼群岛、巴哈马群岛、百慕大群岛、西萨摩亚、安圭拉群岛等，它们和伦敦金融城在业务联系、信息交流和历史沿革上，具有强烈的协同性，已经成为整个国际金融体系资本流通虚拟环路中的特殊节点。

8.2.3 案例启示

1. 以功能建设为先导，建设金融优势集聚的基础平台

功能建设比形态建设更为重要。伦敦金融城之所以能够成为全球著名的金融市场，除了特定的历史渊源外，关键在于其完善的金融法律、制度和政策环境能够充分满足金融服务的需要。上海陆家嘴金融贸易区是全国唯一以“金融贸易区”命名的国家级开发区，在形态建设上已经具备规模。今后的重点，应放在如何完善功能建设上来，从而增加自身的吸引力和影响力。

2. 以政策协调为保证，提供金融优势集聚的战略保障

英国各主要的金融监管机构如英格兰银行、英国金融服务局等均位于伦敦市内，这使得它不仅是一个金融交易中心，而且也是一个金融决策中心。这种安排使得金融资源的配置更有效率，更容易发挥金融中心的整体集聚和辐射作用。

3. 以对外开放为动力，开拓金融优势集聚的发展远景

上海可以适当借鉴伦敦市场的经验，仿照劳合社的市场组织形式，设立固定的保险交易场所。鼓励和吸引大型跨国集团的总部或地区总部、国际著名的商业银行、投资银行、保险公司等落户上海，以完善国际金融中心的服务功能。

4. 以政府信用为承诺，理顺金融优势集聚的长期路径

上海建设国际金融中心，重要因素是要保持政府公信力，树立良好的国际形象，激发跨国公司和国际友人的投资信心，维持政策的权威和连贯性。既要通过制度变迁不断解决存在的问题，激发发展活力；又要避免过度演进和政策多变导致“长期承诺”的缺失。

5. 以金融创新为突破，创造金融优势集聚的裂变单元

金融创新是国际金融中心发展的不竭源泉。上海应该加快“上海银行间同业拆借利率”（Shanghai Interbank Offered Rate，SHIBOR）建设，引导 SHIBOR 广泛进入各类金融产品的定价，如金融债、企业债、短融券、利率互换、远期利率协议、票据转贴现与回购、同业借款与存款、商业银行内部转移定价等，使其真正成为中国的 LIBOR（London Interbank Offered Rate，伦敦同业拆借利率）。上海要全力打造人民币金融产品中心，积极发展多层次的以资本市场为主体的直接融资体系，要引入更多的商业金融债、企业债、商业票据等，推动债券的跨市场交易，培育机构投资者流动性管理、风险管理的能力。

案例 8.3　香港人民币离岸金融市场的发展

8.3.1　案例介绍

离岸金融市场指主要为非居民提供境外货币借贷或投资、贸易结算、外汇黄金买卖、保险服务及证券交易等金融业务和服务的一种国际金融市场，亦称境外金融市场。最早是由欧洲美元市场发展而形成的，但其内涵早已突破欧洲美元市场的狭隘范畴，我国在推行人民币国际化进程中，跨境贸易结算发展导致大量人民币资金在境外金融市场沉淀。

1. 香港人民币离岸金融市场的发展历程

在我国政府的积极推动之下，香港人民币离岸市场主要经历了三个不同的发展阶段，包括最初的起步探索阶段、后来的高速增长阶段以及时至今日的全面拓展阶段。

（1）起步探索阶段（2003 年 12 月至 2008 年 12 月）。

①离岸人民币个人业务的出现。2003 年 6 月，我国政府与香港当局双方首次签署了双边经贸合作制度安排，中央银行为香港的个人人民币存款和汇兑业务提供清算安排，并公布了最终决议：人民币清算行由中国银行香港股份有限公司（简称“中银香港”）来担任。2004 年 2 月，离岸人民币个人业务首次出现在香港，即持牌银行开始提供人民币存款、汇兑和信用卡等个人业务，其中兑换额每人每天不得超过 2 万元人民币。同年 12 月，中国人民银行发布《扩大内地与香港人民币业务补充规定》，取消个人人民币业务信用卡额度限制；并允许每天签发 8 000 元以下的人民币支票，以方便香港居民在广东省内进行消费。由于市场强劲的升值预期致使离岸人民币一直处于供不应求

的状态。因此，我国为了满足市场需求，于2005年将个人人民币业务在扩大范围的同时，也提高了现钞汇兑上限额度。

②离岸人民币债券业务的出现。为了扩大离岸人民币市场规模，我国政府继离岸人民币存款业务之后，持续鼓励离岸人民币债券业务进驻香港。2007年7月，国开银行赴港发行首只人民币债券，规模为50亿元。因为在发行初期，人民币债券规模较小，又被称为“点心债券”。2008年12月，国务院办公厅发布了《关于当前金融促进经济发展的若干意见》，允许境内企业或金融机构在港发行人民币债券。离岸人民币债券业务强劲的发展势头，进一步推动着香港离岸人民币市场的深化。

（2）高速增长阶段（2009年7月至2011年7月）。2008年年底，我国开始着重推行人民币国际化战略，而香港人民币离岸市场作为我国战略阵地的“桥头堡”，其作用非同寻常。2009年7月，随着人民币跨境贸易结算试点工作的开展，香港离岸人民币资产存量开始猛增；2010年6月，随着《关于扩大跨境贸易人民币结算试点有关问题的通知》颁布，结算试点由原来的5个城市扩大到20个省市，境外试点地区范围涵盖了全球所有国家与地区；同年7月，中国银行（香港）股份有限公司与中国人民银行共同签署《关于人民币业务的清算协议》（以下简称《清算协议》），这一里程碑的事件对人民币账户开立、兑换和转账有着极其重要的意义；同年年底，中国人民银行第六部委将参与试点的境内出口企业由365家扩大至67 359家，并且香港金融管理局给参与人民币业务的香港银行提供进一步的操作指引；2011年1月，中国人民银行颁布《境外直接投人民币结算试点管理办法》，在简化境外投资人民币结算业务的同时，也为离岸人民币资本项目发展提供了广阔的平台。香港人民币离岸市场在相关政策的支持下，人民币资金池日益壮大。2003年，香港开始着手建立人民币离岸金融市场。同年，中国人民银行在香港提供人民币清算业务，初步建立了境外人民币的回流机制，为香港银行开办个人人民币业务提供充分条件，为人民币离岸金融市场的发展奠定了基础。但直到2008年之前，出于降低交易成本、提高人民币持有和使用意愿等目的，香港人民币离岸金融市场的业务量增长始终较为缓慢。

（3）全面拓展阶段（2011年8月至今）。虽然，香港人民币离岸市场雏形已定，但是与高度发达的离岸美元市场相比，其成熟度依旧较弱。因此，在香港人民币离岸市场进入全面拓展之期，其实质已经处于发展的“深水区”，我国政府在如何应对攻坚问题方面也颇下苦功。“十二五”规划明确提出支持香港发展成为“双中心”，即离岸人民币业务中心与国际资产管理中心。2011年8月国务院副总理李克强在“国家‘十二五’规划与两地经贸金融合作发展论坛”上提出来八项措施，以大力支持香港离岸人民币市场的发展。2011年10月，《关于跨境人民币直接投资有关问题的通知》所签署的跨境结算额高达165.3亿元；2011年11月11日，外资银行人民币增资试点正式启动，首家汇丰银行增资额就达28亿元；2012年1月，人民银行允许人民币合格境外机构投资者（RMB Qualified Foreign Institutional Investor，RQFII）投资境内证券市场，并且明确规定了RQFII起步投资额为200亿元；逐步扩大在港人民币国债的发行规模，并且将其作为长期的制度安排；鼓励香港人民币离岸金融产品的创新。2015年，人民币汇率改革十周年，人民银行进一步完善人民币汇率中间价报价，注入更多市场化的元素，令汇率机制更透明化。自 2016 年 10 月 1 日起，人民币纳入 IMF 特别提款权货币篮子，国家经济实力日益增强，人民币在国际贸易上愈加重要，极大加快了中国金融改革开放的步伐。受益于人民币国际化进程和内地金融改革的提速，香港人民币离岸业务蓬勃发展起来，全球七成以上的人民币结算业务都由香港来处理，目前已基本构建起人民币离岸金融中心的制度框架。

2. 香港人民币离岸金融市场的架构与业务

随着香港人民币支付结算体系的逐步完善，香港逐渐发展起多元化的人民币离岸金融业务，并由此形成了多层次的人民币离岸金融市场，奠定了人民币国际金融中心的地位。

在香港，各类金融机构开展了多种多样的人民币离岸金融业务，涉及储蓄存款、消费信贷、企业长短期贷款、融资担保、票据贴现、同业拆放、债券发行、股票发行、企业再融资、资产管理、货币兑换、外汇即期及远期交易、金融衍生品等多项金融业务。根据业务种类的不同，可以将香港人民币离岸金融市场大致划分为借贷市场、货币市场、证券市场、外汇市场、金融衍生品市场等多种不同类型的金融市场。其中，借贷市场主要包括离岸人民币的存款市场和贷款市场，是指银行等金融中介机构向普通居民和企业吸收离岸人民币储蓄存款或发放贷款，存贷款期限一般在五年内，以一年期存贷款为主要参考利率；货币市场是主要的离岸人民币短期资金市场，具有期限短、风险小、规模大、流动性强的特点，也是最活跃的金融市场之一，主要包括同业拆放市场、短期信贷市场、票据贴现市场、大额可转让定期存单市场；证券市场是证券发行和交易的市场，有利于境内外企业筹集离岸人民币资金和境内外投资者寻找合适的人民币投资标的，主要包括离岸人民币的债券市场、股票市场、基金市场；外汇市场是离岸人民币汇率形成的重要市场，对在岸人民币汇率也产生重要影响，主要包括可交割的即期人民币外汇交易市场和不可交割的人民币远期外汇交易。金融衍生品市场主要包括金融期货合约、金融期权合约、货币互换等多种市场交易类型，也是金融创新活动最活跃的领域之一。除此以外，其他金融产品市场还包括以人民币计价的保险市场、黄金市场、大宗商品市场、艺术品市场等。

——资料来源：巴曙松．香港离岸人民币市场　快速成长时期更需框架设计［N］．经济参考报，2011-03-31。

8.3.2　案例分析

香港人民币离岸金融市场的形成对我国经济发展具有举足轻重的作用，主要表现在以下几方面。

1. 加快人民币国际化步伐

经过多年的发展，香港与内地跨境贸易往来频繁、居民旅游携带人民币及海外人民币滞留等因素，使得香港离岸人民币规模迅速扩大。加之我国实体经济发展势头良好，国际社会对人民币升值预期较高，客观上促使海外投资者对香港离岸人民币业务需求旺盛。在这样的背景之下，我国政府及时出台了一系列措施，尤其是《清算协议》签订之后，以人民币进行结算的跨境贸易额度陡然攀升。海外充足的人民币贸易结算存量，以及投资者对人民币前景的看涨，不仅刺激着香港人民币离岸市场发展壮大，更在深层次上推进人民币以官方姿态迈出国门、顺利地走向国际化。

2. 推动我国资本账户开放

根据 IMF 颁布的《汇兑安排与汇兑限制年报》(Annual Report on Exchange Arrangements and Exchange Restrictions)，我国在过去 30 多年间，跨境金融交易的限制不断减少，资本账户开放度指数稳中有升。1993 年设定了可兑换的目标，并于 1996 年宣布经常账户可兑换并且接受了 IMF 第八条款。在亚洲金融危机期间，我国资本账户的开放度虽然明显放缓。但于 2000 年调整战略布局之后，我国基本上取消了对外直接投资 (Outbound Direct Investment，ODI)、外商直接投资（Foreign Direct Investment，FDI）的管制措施，并且随着合格境内机构投资者（Qualified Domestic Institutional Investor，QDII)、合格境外机构投资者（QFII）和人民币合格境外机构投资者（RQFII）等一系机构的设立，人民币资本账户可兑换的条件基本趋于成熟。推进香港人民币离岸市场的发展，拓宽人民币投资渠道，提高海外居民持有人民币的意愿，促进境外人民币的保值增值，为人民币资本账户完全开放奠定坚实的基础。

3. 降低企业融资成本

香港离岸人民币利率远远低于我国境内利率水平。因此，对于依赖银行贷款融资的境内企业而言，香港离岸人民币市场对中资企业具有更大的吸引力，赴港筹资不仅保证企业资金链条完整还可以有效降低融资成本。随着香港离岸人民币债务证券市场日渐成熟，吸引了越来越多的企业赴港融资。于 2014 年 11 月，香港离岸人民币市场债务融资成本的年利率很少有高于 5% 的情况，我国 3B 级企业在港发行十年期债券的利率为 3% 左右，而在境内通过贷款融资的基准利率则为：1 ~ 3 年（包含三年）6.15%，3 ~ 5 年（包含五年）6%，5 年以上 6.15%。

4. 巩固香港国际金融中心地位

在 20 世纪 80 年代，香港已经发展成为全球高度自由化的国际金融中心之一，其股票市场、债券市场、保险市场和外汇市场的国际地位得到进一步的提升。但是在全球范围来看，香港不仅自身存在一定的劣势，而且始终面临着来自伦敦、新加坡和东京等国际金融中心的严峻挑战。一方面，伦敦和东京金融中心的发展一直都有着雄厚的区域产业作支撑，而香港腹地狭小致使金融业产值不高，由于历史因素致使香港近年来才开始与内地展开合作，拓展其离岸金融业务；另一方面，香港金融中心发展失衡，由于其债券市场和期货市场起步较晚，因此发展较为落后，股指期货、期权交易等衍生性金融工具在交易市场上并不活跃。在这种不利的经济环境之下，人民币国际化所催生出的离岸人民币业务恰到好处地弥补了香港离岸中心在发展过程中的短板，巩固其国际金融中心的地位。

8.3.3　案例启示

1. 扩大人民币离岸金融市场建设范围

随着我国与拉美、非洲的贸易、投资关系日趋紧密，仅仅依靠香港一地的人民币离岸金融市场来提供各种服务可能会有心无力。所以，在发展香港人民币离岸金融市场的同时，应推动台湾地区、新加坡、伦敦等地的人民币离岸市场建设，并根据各个人民币离岸市场的地域特征和当地金融市场的政策，发挥比较优势，合理安排不同市场的功能定位，逐步推进人民币离岸市场的全球布局。

2. 形成“内外互动”机制

在当前资本账户有限开放的背景下，如何保障离岸市场的资金流动性，是人民币离岸市场迫切需要解决的问题。解决的有效途径就是增强境外人民币离岸市场和境内人民币业务的良性互动，主要包括两个方面：一是建立境内外分离的离岸金融中心模式；二是中资银行通过国际化发展将本币的境内优势延伸到境外。在资本账户开放时机成熟以前，调控人民币离岸市场的规模与结构，适时、有序扩大“离岸”与“在岸”两个市场的“通道”，可以不断接近并实现资本账户开放，从而积极稳妥地推进离岸市场的发展。

3. 提高人民币资产的安全性

在人民币国际化初期，主要考虑使贸易顺差所确立的债权国家地位更加巩固，提高人民币资产的“安全性”等级，提高非居民持有人民币资产的意愿。在此基础之上，离岸市场建设应侧重于提供外汇风险管理工具，以此保证人民资产的“安全性”。同时，通过建立境内市场和离岸市场的利率联动机制与资金调节机制，提高人民币离岸市场的作用。

4. 完善人民币离岸金融市场

一是完善人民币离岸债券市场。加强人民币债券的发行力度，扩大离岸市场人民币债券的规模，从而形成合理有效的人民币债券收益率曲线，便于投资者分析。同时，使人民币债券类型多样化，着力打造多品种、高质量的人民币债券产品，满足投资者的投资需求。建立有效的信用评级机制和相应的信用评级机构，保护投资者的利益和市场的规范运行。二是扩大人民币股票市场投资者的范围。不能局限于机构投资者，逐步放开离岸市场投资的条件，有效吸收更多的人民币投资到离岸市场中。三是加快金融工具的创新。只有加快人民币金融工具的创新，才能为境外人民币提供更多的投资渠道，促进人民币离岸金融市场的发展。

第9章　货币市场案例

案例9.1　2013年银行大闹“钱荒”事件

9.1.1　案例介绍

1. 银行间债市现违约“黑天鹅”传闻

早在2013年5月初，上海银行间同业拆借利率（SHIBOR）就呈现出上涨势头。6月6日上午，受到市场资金紧张的影响，中国农业发展银行6个月期限的金融债券未能达到融资200亿元的目标。6日午后，兴业银行和光大银行——这两家倚重同业资金的中型银行高达千亿元交割违约传闻袭来，银行间市场罕见的“黑天鹅”事件出现了。6月7日，尽管光大银行和兴业银行双双出来辟谣，但当日上海银行间同业拆放利率（Shibor）包括隔夜、7天期、14天期、1月和3月拆放利率全线飙升已经说明了问题，隔夜和7天Shibor更是大涨231.20和152.00BP至8.2940%和6.6570%。

2. 银行间交易闭市两度延迟半小时

2013年6月19日，银行间市场“钱荒”愈演愈烈。以往作为出钱方的大型商业银行也进场借钱，导致到下午既定收市时间，市场上依然有部分机构未能轧平头寸，银行间本币系统因此被迫延长交易半个小时。这已是近期第二次出现类似情况。

3. 短期国债出现流标

2013年6月6日上午，农发行在银行间市场发行了第10期金融债，期限为6个月，计划募集200亿元，实际发行额仅为115.1亿元，为近年来首只流标的利率债。端午节后，6月14日，第四期记账式贴现国债再现流标，该债券期限为9个月，计划募集150亿元，却仅获得95.3亿元的有效认购，中标利率则高达3.7612%，较发行前一个交易日二级市场收益率高出了60多个基点。

4. 银行间同业拆放利率创历史新高

2013 年 6 月 20 日，这是疯狂的一天，足以载入中国银行间市场史册。当日，银行间隔夜回购利率最高达到史无前例的30%，7 天回购利率最高达到28%。在近年来很长时间里，这两项利率往往不到3%。当天，全国银行间市场同业拆借共成交222 笔，总计716.69 亿元，较前一日减少 173.78 亿元，加权利率 13.1860%，其中隔夜拆借利率高达13.44%；质押式回购共成交 2 813 笔，总计 8 117.71 亿元，较前一日增加2 144.31亿元，加权利率 11.5652%；买断式回购共成交 191 笔，总计 140.39 亿元，较前一日减少 14.13 亿元，加权利率 12.0801%；现券买卖市场共成交 1 181 笔，总计744.45 亿元，较昨日增加 265.58 亿元。

5. “钱荒”对金融体系影响巨大

股市跌幅惨重。沪综指大跌近 3%，收盘失守 2 100 点整数关，报于 2 084.02 点；深成指则收跌 3.25%，以 8 147.48 点报收。两市均刷新了年内最低纪录，这是 A 股自2013 年端午节小长假后的第二个“黑色星期四”。上一个周四复盘交易大跌，很大程度上受到“美联储退出量化宽松政策”预期的困扰。美联储主席伯南克表示，美联储很可能在今年晚些时候放缓资产购买，并于 2014 年年中结束量化宽松（Quantitative Easing，QE）。这使得市场流动性趋于紧张，利空于全球股市。6 月 20 日亚太股市普跌，香港恒生指数收跌 2.88%，日经 225 指数收跌 1.74%，韩国股市跌幅也达到 2%。

银行上调利率，谨慎放贷。中国金融市场资金紧张的状况已开始逐渐渗透到更广泛的经济领域，银行高管纷纷表示可能上调利率并谨慎放贷，此外银行也可能通过提高投资产品回报率来筹措资金。

银行间拆借利率飙升，资金面开始告急，它对经济的具体影响将取决于“钱荒”持续时间的长短。6 月 19 日一项基准银行间贷款利率升至近两年来的最高水平，表明资金紧缺现象丝毫没有缓解迹象。

中小型银行比大型国有银行更加依赖短期银行间拆借市场，据银行高管称，持续的资金压力已迫使许多中小银行重新评估贷款条件。在中国经济增长已显现放缓迹象之际，任何信贷阻力都会成为不利因素。

银行理财产品收益率上涨。银行间市场短期资金流动性的突然紧张，也引发了银行理财产品收益率的上涨，特别是 3 个月以下的短期限产品上涨幅度较大。银行理财产品的投资对象以货币市场工具及债券为主，因此货币市场资金利率的上涨促使新发行理财产品的预期收益率出现上升，“人民币款债券与货币市场类产品里，1 ~3 个月期限产品的周度收益率本周已升至 4.52%，1 个月以下期限产品也在近两周上涨明显，本周达到3.56%；从所有人民币理财产品来看，平均预期收益率也出现较大幅度的上涨，1 ~3个月期限产品的收益率 5 月第一周还是 3.93%，本周已达到 4.56%。”

募集运作提速。不仅短期银行理财产品收益率有明显提升，一些理财产品的募集运作也明显提速。如原来一只理财产品从开始募集到投入运作，动辄要十天半个月，但当时募集期有缩短之势。建行、工行在发的理财产品，均有6月19日开始募集，6月21日开始运作的。这意味着，居民投资于银行理财产品的资金，将减少趴在账上的时间，运作效率将明显提升。

——资料来源：葛春晖．“钱荒”升级　资金利率全线飙涨［N］．中国证券报．2013－06－20。

9.1.2　案例分析

1．“钱荒”反映了商业银行的流动性风险

同业拆借利率反映了同业拆借市场上的资金价格，是货币市场的核心利率，也是整个金融市场具有代表性的利率。它能够及时、准确、灵敏地反映整个金融市场的短期资金供求关系。当商业银行自有资金无法填补出现的流动性缺口时，银行会首先选择通过同业市场进行融资，以抵御流动性风险。当存在一定数量的商业银行同时出现流动性缺口且无法通过自有资金填补时，金融市场中的资金需求超过资金供给，从而拉高了同业拆借利率。在此次“钱荒”事件中，1个月内各品种同业拆借利率的上涨可以用疯狂来形容。其中，被称为商业银行体系流动性风向标的上海银行间隔夜拆借利率历史上首次突破10%，最高达到13.44%。

2．外汇供给的减少加剧了资金面的紧张

外币进入我国后需要首先兑换成人民币才能在市场中流通。国家通过外资换汇需要投入大量资金，这些资金形成了外汇占款，它影响着国家基础货币的投放。因此，通过企业进出口贸易及国际热钱涌入所带来的资金都通过外汇占款形式表现出来。2013年中旬，我国金融机构外汇占款明显减少，这主要是由于以下两个方面原因：首先，美联储在5月初明确表示将逐步退出量化宽松政策。这表明美国的经济逐渐恢复，对全世界资本的吸引力也在逐步增强。这对于世界新兴市场国家是不利的，我国也不例外。“钱荒”事件爆发前3个月内我国外汇流入速度明显减慢。从2013年1月至5月，银行结售汇余额持续下降，到了6月更是出现了4亿美元的逆差。其次，国家外汇管理局在5月初发布了针对外汇资金流入管控的相关措施，并且在6月底准备实施。该措施的重点是要求对企业进出口货物交易的外汇收支分类进行管理，目的就是控制虚假和非法的贸易。此外，该措施还要求将银行外汇存贷款比率纳入管理考核中。为了能通过标准，一些银行在5月初就通过买进美元补充外汇头寸。这均给银行的资金面带来较大压力，也在一定程度上加剧了银行间资金面紧张状况。

3．企业税款的清缴及银行上缴法定准备金占用了一部分流动资金

按照《企业所得税法》规定，每年年末之后5个月内，企业须报送纳税申报表，并汇算清缴。大多数企业从资金收益方面考虑，一般在5月底清缴所得税。因此资金会在

4 月和 5 月通过税收形式从企业转移到国库，记入财政性存款账户中。财政性存款在 2013 年 4 月和 5 月共计增加近 9 900 亿元，央行对资金的回笼，占用了银行一部分流动性。此外，每月 5 日，金融机构须根据上个月的存款缴纳一定比例的准备金。2013 年 5 月各项存款增量接近 1.5 万亿元，巨大的存款增量意味着银行在 6 月须缴纳较大数额的准备金，这又占用了银行一部分流动性。

4. 互联网理财产品对银行揽储能力的冲击

2013 年 6 月 13 日，正当各大商业银行遭受“钱荒”困扰时，阿里巴巴推出的“余额宝”给银行吸引存款能力带来一定程度的冲击。仅过了 20 天，余额宝凭借较高的收益率就吸纳了 66 亿元，囊括了全国 80% 的小额客户。“余额宝”在 2013 年平均年化收益率高达 4.9%，远远高于同期银行活期存款利率。此外，“余额宝”还能随时支付，方便灵活。兼顾了流动性及盈利性的特点。这种新兴互联网理财产品的出现，让居民不再满足资金收益较低的银行存款方式。个人储蓄存款在 2013 年 6 月的环比增幅仅为 1.85%。相比于 2012 年 6 月，增长率下降幅度超过 50%。此外，整个银行体系对资金的吸纳能力相比 2012 年 6 月也下降很多。虽然目前这些新兴互联网理财产品吸纳资金数量仍远不及银行存款。但可以肯定，这些非银行系统的理财产品吸纳资金数量必然会持续增加。

5. 市场恐慌心理放大了“钱荒”效应

2013 年 6 月上旬光大银行对兴业银行的违约门事件产生的蝴蝶效应，进一步强化了市场对资金紧缺的猜测和预期，放大了“钱荒”的恐慌效应。当然，比光大银行蝴蝶效应更强烈的市场恐慌心理，来自央行对市场流动性紧缺的态度和反应。在金融市场资金利率急速飙升的情况下，央行释放流动性的动作远远低于市场预期，由此透露出强制商业银行去杠杆的政策预期，这导致恐慌情绪越来越浓，市场利率越走越高。

9.1.3 案例启示

2013 年 6 月的“钱荒”事件仅仅是虚惊一场，没有引发类似 2007 年次贷危机一样的金融危机。虽然此次钱荒事件有惊无险，但是对商业银行未来发展的启示却是深远的。

1. 正确认识市场的流动性需求，加强自身流动性管理

商业银行作为连接货币经济与实体经济的纽带，在社会经济发展过程中起到了不可替代的作用。对流动性的正确认识不仅体现在对货币供给数量以及规模上的概念，同时也体现在不同市场主体对流动性需求的理解和判断。商业银行内部流动性缺乏是整个市场流动性紧缩的核心所在。商业银行体系内部没有充足的流动性势必将整个市场带入流动性不足的局面。在预期流动性紧缩出现以前，商业银行应该做好充足的准备，对资金进行科学合理的安排。

首先，商业银行应该谨慎对待其自身的资产负债组合，设计适合自身风险承受能力的资产组合。其次，在保证头寸相对充足的情况下，尽量缩短存贷款的期限错配时间，保证其自身流动性在资金短缺的情况下仍能良好地运行，保证有充足的资金向市场进行支付。再次，商业银行应谨慎规划贷款的形式和规模，科学合理地开发货币市场衍生品，在增加银行效益的同时防范流动性风险。最后，规模相对较大的商业银行应充分发挥自身优势，在货币政策的指导下，协助人民银行完善货币市场布局，平衡社会各部门的货币资产结构。

6 月 24 日，人民银行发布的《中国人民银行办公厅关于商业银行流动性管理事宜的函》强调："当前，我国银行体系流动性总体处于合理水平，但由于金融市场变化因素较多，且临近半年末重要时点，客观上对商业银行流动性管理提出了更高的要求。根据党中央国务院关于做好当前经济工作的有关要求，各金融机构要继续认真贯彻稳健货币政策，切实提高风险防范意识，不断提高流动性管理的主动性和科学性，继续强化流动性管理，促进货币环境稳定。"中央银行这样的做法是有着重大意义的：一方面中央银行向整个市场宣告着目前经济运行的状态良好；另一方面坚持不一再为保护银行业而向市场中注入流动性，让银行体系意识到央行不会再继续无限度地充当救市主的角色，让商业银行意识到自我流动性管理的重要性。

2. 合理规划资金调配，防范交易对手风险

人民银行多次强调货币政策将会把"盘活存量"作为未来的工作重点，前期式地向市场大规模注入流动性不会再持续下去。货币当局的表态显然已经彻底打破了机构对货币政策放宽的预期——过去长达数年之久的宽松的货币环境将就此止步，而在此基础上构建起来的各种业务模式也是时候反省自身的可持续性了。如果以 2007 年为起点，整个金融业的发展规模可以用"急剧膨胀"来概括。不同产业在市场中的基础条件不同，需要的空间也不同。未来的货币政策必将会更加倾向于有价值的产业，不断升级的产业结构将会在未来市场竞争中获得新生。货币资金不应该在金融体系内呈现空转的态势，应该进一步更好地服务于实体经济。应该在严格控制风险的基础之上大力推动利率市场化甚至汇率市场化进程，只有这样市场中的流动性才能够更加有效地被自身所调节。合理的资金调配，有助于稳定市场预期，减少市场中恐慌情绪。

商业银行可以通过多样化的风险对冲手段加强自身风险组合的管理。通过权衡资产与风险之间的关联性，对资产配置、风险敞口、风险承受能力和承受方式做统一安排，提高风险管理的有效性。同时，通过市场化手段处置风险，提高信用风险管理的灵活性。随着我国利率市场化的不断深化，人民银行的货币政策开始转向，商业银行应合理调整长短期资产负债业务的期限错配，强化自身内部评级制度，加强压力测试，准确计量相关风险敞口并计提充足的资本准备，提高风险管理的有效性，有效防范交易对手风险。

案例9.2　农行39亿票据风险大案水有多深

9.2.1　案例介绍

我国票据市场发展迅速，业务量呈阶梯式增长。截至2016年9月末，全国企业累计签发商业汇票达15.2万亿元，比同期增长了15.6%，金融机构累计贴现34.6万亿元，比同期增长了54.1%。票据业务有较强的灵活性，且期限短，融资成本也相对较低，不仅成为企业短期融通资金的主要方式，也成为银行调整资产结构、规避经营风险、提高营业利润的重要工具。然而，当前多数银行的内部控制体系并不健全，票据业务风险管理面临内外多重挑战，银行票据业务风险逐渐暴露，银行内部控制不足，外部监管力度不够，这些票据风险问题导致票据案件一再发生，加强票据风险的管理工作成为当前迫切需要解决的问题。

近年来的信贷规模逐渐增大，且其中很大一部分为票据融资业务，虽然银行的票据业务得到了迅速发展，但这其中蕴藏着较大的案件风险，银行内部控制不足，频频出现银行内部员工对外勾结，套取银行资金的情况，导致近年来票据诈骗案件层出不穷。这些票据诈骗案件不仅给商业银行造成了巨大的损失，也给银行的声誉带来了很大的影响，同时也扰乱了票据市场正常秩序，由此可见商业银行票据业务的操作风险与道德风险日益突出。

1. 银行承兑汇票变报纸

2016年1月22日中国农业银行发布公告，该行北京分行票据买入返售业务发生重大风险事件，出现票据包内部分票据被报纸替代的怪事，而且票据进出未建立台账。经核查，涉及风险金额为39.15亿元。

事件的大致脉络是，农行北京分行与某银行进行银行承兑汇票（下称“银票”）转贴现业务，在回购到期前，银票应存放在北京分行的保险柜里，不得转出。但实际情况是，银票在回购到期前，就被票据中介提前取出，与另外一家银行进行了回购贴现交易，而资金并未回到农行北京分行的账上，却进入了股市。保险柜中的票据，则被换成了报纸。

2. 票据中介的推波助澜

银行承兑汇票是票据业务使用最为广泛的方式之一，可以简单地把它看作是一种贷款业务，承兑汇票的期限不超过半年。例如A企业需要向B企业购买商品，但资金不足，就可到银行存入一定数额的保证金，以此要求银行以承兑汇票的方式付款给B企业。在这期间，B企业可能在半年之内的某一时间想要获得资金，可以选择到商业银行或第三方机构进行贴现，以提前得到资金。由此可见，票据可以进行多次转手贴现，成为一种短期融资的工具。

票据买入返售业务的实质为银行间的资金拆借业务。例如，当 A 银行暂时需要资金时，就可到 B 银行用其所拥有的已贴现但未到期的承兑汇票，来进行买入返售业务，通过质押这些票据，来从 B 银行获得一定的拆借资金，并约定日后会以约定的价格在 B 银行回购这些票据。在买入返售业务的进行过程中，经常会出现票据中介，中介可能会持有从 B 银行流出的质押票据，再重新到别的银行去贴现，以此获取资金。

中国农业银行北京分行与某 A 银行进行一笔银行承兑汇票转贴现业务，按照规定，在回购到期前，票据不可以转出，需统一封包入库存放在中国农业银行北京分行的保险柜里。但事实却并非如此，票据在回购到期前，某重庆票据中介将票据提前取出，随后在某 B 银行进行了回购贴现交易，使得原本属于中国农业银行北京分行的资金并未回到该行账上，存放在农行 B 分行保险柜中的票据也被换成报纸，这部分资金非法进入了股市，直到资金缺口无法填补，股市暴跌，事件才被曝出。

案例流程解析如图 9 – 1 所示。

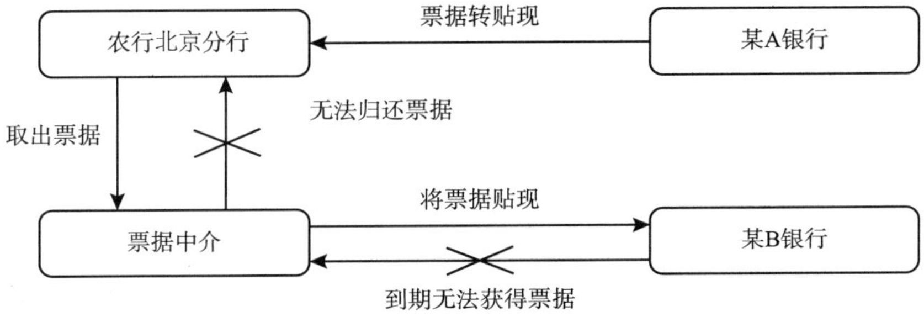

图 9 – 1　案例流程解析

3. 票据业务风险被重视

中国农业银行北京分行票据诈骗案件给票据市场造成了很大影响，是票据贴现利率上升的原因之一。在该事件发生后，各商业银行对票据业务予以了重视，而且在 2016 年年初，银监会就发布了对有关票据业务的风险提示，事件发生后，各家商业银行都减少甚至暂停了该项业务，以致整个票据市场利率迅速反弹，半年期的银行承兑汇票的贴现利率从原来的 2.85% 升到了 3.7%。同时市场资金短缺，资金面相对比较紧张，使得票据市场利率持续上涨。2016 年 1 月 22 日，长三角的直贴利率为 3.55%，珠三角为 3.6%、中西部为 3.65%，环渤海地区为 3.7%，而转贴利率也达到 3.5%，比 10 天前增加了 1%。由于票据市场是货币市场的重要组成部分，如果票据市场利率出现了剧烈波动，可能会对货币市场层面以及整体经济造成影响。

银监会下发《中国银监会办公厅关于票据业务风险提示的通知》，并对银行业金融机构票据业务进行现场检查，检查后对相关部门作出风险提示，检查中发现的银行的不审慎行为有：银行与票据中介联手，进行违规票据交易，扰乱了票据市场正常秩序。有些银行业金融机构，离行离柜，并对无真实贸易背景的票据办理贴现业务，非法套取资金等。根据《中国银监会办公厅关于票据业务风险提示的通知》，银监会要求银行业金融机构将风险较低的业务也全部纳入统一授信范围。随后，多家银行都进行了紧急自查，减少甚至暂停了一部分票据业务操作。

4. 电子票据逐渐取代纸制票据

中国农业银行北京分行票据诈骗案件发生后，虽然纸质票据转贴现业务受到了一定影响，但电子票据直接贴现和转贴现业务仍正常进行。在这次票据市场的波动后，票据市场更透明、更便捷，且能够降低操作风险的电子票据业务也将在未来得到飞速发展，在不远的将来，电子票据也将会逐步替代纸质票据。

——资料来源：张珏景. A 银行票据业务风险管理案例分析［D］. 南昌：江西财经大学，2018。

9.2.2 案例分析

1. 行内风险检查机制未能发挥作用

农行内部早就设有专门的风险监控部门，对下级行的经营业务实行风险监管。但从案例介绍章节不难发现，农行被曝出的票据风险案件是因为保险柜中的票据被替换成了报纸。难道农行在交易期间行内的风控部门都没有对该项交易进行过风险排查？事实上，北京分行自开展本次业务之后，接受过多次风险排查，具体风险检查情况整理见表 9－1。

表 9－1　　2015 年农行北京分行的风险检查情况

时间	2015.02	2015.04	2015.07	2015.10
检查单位	财政部	北京市银监局	农行总行	农行北京分行

资料来源：由 2015 年农行内部控制报告整理。

2015 年，北京分行接受过四次风险排查，其中也包括农行总行和北京分行自查。但是，事实证明，这些检查没有检查出任何风险。这是因为在检查时，风险监控部门没有按照行内制度严格检查，只是走形式，没有真正发挥自身的作用。另外，农行北京分行的风险检查机制是事后风险管理机制，不是事前风险预防，风险检查机制还不够完善，所以没有及时发现票据有问题，从而引发大案。

2. 行内票据交易流程存在漏洞

按照制度，一般国有银行在票据交易时需遵循严格的流程：只要涉及票据交易的操作，则需要各个部门员工密切配合和监督。在移交票据环节，一定要点清票据的数量，确认无误后两方的交易对方要签字；在进出金库环节，要取得分管行长的签字盖章，需要两个不同部门的员工共同前往金库，合理分工，一人拿钥匙，一人拿票据，不得一人同时拿钥匙和票据，每一个环节都有监控。而农行北京分行实际执行的票据交易相关制度，却存在诸多漏洞：一是金库里的资产包有钥匙就能取，不需要得到上级领导批示，而且监管松懈，拿到钥匙非常容易；二是在上门取票环节，单独一名员工就可以上门取票，没有严格的监控，进出库也不用拆包验票。因此，农行在票据交易过程中存在的漏洞反映出其内部的票据操作流程与其他行相比确实不够完善，进而引发操作风险。

3. 行内员工关系较为复杂

农行的办行宗旨是把农行建设成为面向“三农”、城乡联动的现代化商业银行。“有人居住的地方就有中国农业银行”，这也说明了农行是我国网点最多、覆盖率最高的商业银行。由于农行自身的这种定位和管理体制导致其对基层网点的监管过于分散，关系户越来越多，比较容易滋生腐败。与其他国有银行相比，农行管理体系更加落后，甚至有更复杂的关系网。农行北京分行内的员工约有一半以上都是高层领导的亲属。犯案的两名员工正是因为自己深厚的背景才能够比较容易拿到入库的钥匙，同时还能准确地绕开监管，与票据中介合作犯案。由此可见，农行北京分行的员工关系户较多，进而为了利益相互勾结而犯案。

4. 票据中介机构的不合规经营

操控“同业户”、骗取授信额度是票据中介不合规经营的重要手段。在本案中，由于宁波银行在农行北京分行有同业授信额度，所以票据中介为了“掩护”合作银行的同业部门走通合规流程，进而拉拢宁波银行作为民生银行和农行北京分行的“过桥行”完成买入返售，事成之后再给宁波银行一些利润。同时他们与行内员工勾结将封包票据调换，向其他银行进行转贴现交易，获得的资金流入股市，股市行情低迷，导致资金无法收回，案件才浮出水面。

9.2.3　案例启示

2016年是商业银行票据案件爆发最频繁也是涉及金额最多的一年，涉案总金额高达一百亿。从2016年年初的农行票据案中可以明显看出，在进行票据转贴现交易时，我国票据市场、商业银行以及票据中介机构普遍存在或多或少的问题，比如监管不到位、内控把关不严、员工合规风险意识不强以及票据中介的非法经营等。随着2016年年底上海票据交易所的成立，票据市场上的票据交易将更加便捷和规范，在这种市场趋势下，对票据中介的监管力度将会加大，随着在票据市场监管以及票据中介风险防控的加强，出现的风险点将会越来越少。但是，银行内部的操作风险和合规风险却不容小觑。具体而言，此次农行票据案给我国商业银行今后开展票据转贴现业务带来以下四点启示。

1. 严格审查票据，规范异地同业账户的使用

在农行票据案中，票据中介拿到封包票据向其他银行转贴现，获取的转贴现资金进入股市，当时监管部门并没有对该笔资金的去向进行严格监督。所以，在以后的票据转贴现业务中，监管部门要对进行票据贴现的企业提供的经济交易进行严格的审查。商业银行也要以此为诫，加强票据的真实性背景审查，完善自身的票据交易流程。在进行票据转贴现业务前，商业银行要了解交易对手的经营状况和财务状况，并严格管理票据交易流程，避免员工操作不当。只有在进行交易前完全了解交易对手和票据中介的经营状况以及对票据交易流程的严格管理，才能规范票据交易的每一个重要环节，减少操作风险。

另外，监管部门应对整个行业进行严查，严格整顿租用银行同业账户这种不合规的行为，规范异地同业账户的使用。同时，通过规范银行同业户，避免票据中介利用虚假的同业户套取资金，向其他银行进行第一轮、第二轮的转贴现，杜绝转贴现资金流入其他投资领域。

2. 开展风险培训，提高员工合规意识

在农行票据案中，票据在入库前被调包是因为员工和票据中介相互勾结，将票据换成报纸，再向其他银行转贴现，得到的资金投入股市而导致农行遭受损失。由此看来，首先，商业银行要对员工进行定期的风险培训，提高员工合规意识，尤其是与票据交易相关工作的员工更要进行高水平的培训。其次，商业银行内部应当制定合理的员工风险考评机制，并与员工的绩效挂钩，这样不仅能够促使员工自律，还能相互监督，发现同事有不正当行为应及时报告，并严格追究责任，进而减少合规风险。

3. 对票据中介参与的业务严格把关

农行票据案发生的根源是票据中介参与的灰色交易。因此，商业银行在经营票据转贴现业务尤其是买入返售业务时，要重点把关有票据中介参与的业务。首先，提高交易对手的准入门槛。这与农行整改计划所述一致，具体可以采取建立违规黑名单的方式，从源头上杜绝与非法票据中介的合作。其次，在与票据中介合作时，要严格审查票据中介机构的合法性，同时对交易对手的财务状况和其以往的票据交易进行核实，确保合法经营。最后，银行的风控部门要对有中介参与的票据业务进行严格审核，定期评估业务的风险状况，避免为了完成存款任务而进行票据空转。

4. 树立“审慎”的票据业务创新理念

在银行业竞争激烈、信贷规模管制的背景下，我国商业银行普遍面临存贷款压力大、盈利考核压力加剧的困境。基于此，银行票据转贴现业务下的买入返售业务作为银行关键的利润增长点，也是银行实现从资产持有型向资产交易型模式转型的重要抓手，其创新需求非常旺盛。但是，创新并不意味着可以逃避监管，而是要在符合监管规范的

前提下，在理念、产品、技术等方面进行创新，最终目的是促使银行和客户的利润双丰收。因此，要树立两点“审慎”的业务创新理念：一是经营方式的转变。要加快从存量经营向流量经营转变，构建业务联动经营模式，通过强化同业资金在期限、地域、产品间的错配，提升资金周转效率和盈利能力。二是产品的创新。要及时跟进监管政策和同业市场变化，加快研发和推广票据同业投资、票据资产证券化等创新型产品，拓宽票据转贴现业务的空间。

案例9.3 LIBOR利率操纵事件

9.3.1 案例介绍

2012年6月，英国巴克莱银行被曝涉嫌操纵伦敦同业拆借利率（LIBOR）和欧元同业拆借利率（EURIBOR）丑闻，此后，如同导火索般，在金融体系迅速引曝出一系列更严重的操纵事件，在全球引发剧烈反响。这些违规事件不仅反映出报价形成机制的先天缺陷，也暴露出监管的巨大漏洞。

1. LIBOR操纵丑闻的背景及表现

2012年6月29日，英国巴克莱银行与美国商品期货交易委员会、美国司法部和英国金融服务管理局就其涉嫌操纵LIBOR和EURIBOR丑闻达成和解。据上述三家监管机构调查，2005—2009年，巴克莱银行高管和交易员共向LIBOR和EURIBOR报价员请求人为更改利率257次，试图抬高或降低利率估值，以增加衍生品交易的利润或降低损失。在和解书中，巴克莱银行同意支付总额为2.9亿英镑（相当于4.5亿美元）的罚金。

自该事件被曝光以来，操纵LIBOR丑闻在全球持续发酵，美国、欧盟、日本、加拿大等多国监管机构先后介入调查，涉及数十家欧美金融机构，暴露出全球金融体系存在普遍的系统性欺诈和明显的监管漏洞，严重挫伤公众对金融业的信心，并推动全球监管机构将基准利率形成机制改革提上日程。

一般情况下，LIBOR利率与美联储发布的欧洲美元利率比较相近。在2008年危机期间，3个月欧洲美元利率超过3个月LIBOR利率高达195个基点，表明金融机构提交的利率报价低于实际的市场美元融资成本①。随着融资形势的改善，欧洲美元和LIBOR利率双双开始下降，且近期走势呈现相似之处。

若各行报价采用欧洲美元利率作为衡量银行间融资成本的基准，则有多家金融机构

① 伦敦银行家协会2008年4月7日公布的美元1月LIBOR利率为2.72%，但美联储当日稍后给出的银行间有担保贷款利率为2.82%。根据经济学常识，一般信用拆借的利率要高于有担保的信用放款利率。

报价远低于市场利率。事实上，2008 年 9 月 30 日劳埃德银行（Lloyds）提交的 LIBOR 利率低于当日 3 个月欧洲美元利率高达 215 个基点，在当前所有报价行中利差最大，花旗银行（Citibank）报价也低于欧洲美元利率达 210 个基点，瑞士信贷（Credit Suisse）和巴克莱银行（Barclays）报价也远低于由市场决定的欧洲美元利率。

2. LIBOR 操纵案件的严重性

（1）影响范围广。自从 1986 年 LIBOR 诞生以来，其一直是金融市场的重要基准指标，直接影响利率期货、利率掉期、工商业贷款、个人贷款以及住房抵押贷款等金融产品的定价以及货币政策制定。根据美国商品期货交易委员会的数据，全球有超过 800 万亿美元的证券或贷款与 LIBOR 相联系，包括直接与 LIBOR 挂钩的 350 万亿美元掉期合约和 10 万亿美元贷款。这意味着 LIBOR 每变动 1 个基点，就可能在全球范围内造成数百万美元的利润或亏损。此外，在金融危机期间，LIBOR 曾被视为反映银行业健康水平的晴雨表而受到市场密切关注，部分国家央行还将 LIBOR 作为其货币政策操作的标准之一，如此重要的基准利率遭受操纵会对整个金融体系的安全产生威胁①。

（2）涉嫌机构多。目前已有数十家欧美银行先后接受调查，调查范围从伦敦同业拆借市场扩大到欧洲和东京同业拆借市场，美国、英国、德国、瑞士、日本和加拿大等多国监管机构也相继介入。据海外媒体报道，除巴克莱银行外，瑞银集团、德意志银行、苏格兰皇家银行、汇丰、花旗集团、美国银行、法国兴业银行等机构也因涉嫌操纵利率受到监管机构调查。监管部门的文件显示，这些机构的交易员不仅相互串通人为改变美元 LIBOR 报价，也涉嫌操纵欧洲银行同业拆借利率（EURIBOR）、日元 LIBOR 报价和东京银行间同业拆借利率（TIBOR）。

（3）存在时间长。从目前披露的资料来看，巴克莱银行试图操纵基准利率主要发生在 2005—2009 年，但到 2012 年 6 月底被美英监管机构曝光，利率操纵时间长达五年之久。

3. LIBOR 操纵案件的后续影响

（1）银行损失巨大。据摩根士丹利（Morgan Stanley）估计，12 家与 LIBOR 操纵丑闻公开有关联的跨国银行或需支付合计高达 220 亿美元的监管罚金以及对投资者和对手方的赔偿金。进一步分析认为，苏格兰皇家银行（RBS）可能会收到 10.6 亿美元的罚单，德意志银行紧随其后，罚款数额可能为 10.4 亿美元，第三大受罚银行可能是瑞士最大银行瑞银（UBS），罚金可能为 2.54 亿美元。

（2）LIBOR 信任度下降。如果 LIBOR 在形成过程中被操纵，将意味着整个金融市场的定价基准失真，其影响范围可谓巨大。更重要的是，判定 LIBOR 操纵因为存在太

---

① 一般情况下，LIBOR 越低，就说明市场的流动性需求越小。在 LIBOR 被人为操纵的背景下，央行对流动性判断就容易发生错误。比如说，LIBOR 被人为降低，那么从数值上来看，就是市场对流动性的需求减少了，央行就会减少提供的流动性，而事实上，这只会令“真正的 LIBOR”水涨船高。那些银行接下来只能更大程度地拉低 LIBOR，这就是一个恶性循环。

多主观因素而很难实现外部监督，而作为当今全球两大最主要市场基准利率形成机制之一，LIBOR 在相当长时间内都将是不可替代的。在这种背景下，“可能被操纵”这一天然缺陷将在一定程度上降低人们对于 LIBOR 的信任度。

（3）LIBOR 形成机制面临改革。LIBOR 的使用已根深蒂固，涉及数百万亿美元金融产品的定价，特别是以 LIBOR 为基准的欧洲美元期货在利率交易中占据主导地位。鉴于超量金融衍生品重定价可能出现的混乱局面，LIBOR 短期内将难以被其他参考利率取代，但其形成机制将面临几个方面改革：一是在报价银行上，应增加报价银行的数量。英国银行家协会可能在目前的基础上，纳入更多系统性重要银行作为 LIBOR 的报价行，以降低单个报价银行的影响，同时优化报价成员的结构，改变以欧洲报价行为主体的结构，增加其他地区的报价行数量，使报价利率更具合理性。从而产生更具代表性的利率。二是在报价方式上，应以实际交易为准，采取匿名报价方式，减少报价行因担心其高于平均值的报价受到额外关注而压低报价的可能性。三是在报价制度上，规定利率报价必须基于实际交易利率，加强对利率报价及相关流程的审计、监督。[①]

（4）外部监管趋于严厉。一是强化信息披露。LIBOR 被操纵在金融危机期间时有发生，但近期才频繁曝出丑闻，这与银行的信息披露不足有很大关系。检验 LIBOR 真实性的更可靠的方法是将报价与银行短期借债利率相比较，但银行的短期债务成本并不公开，这也间接导致了 LIBOR 的异动长期被忽视。因此为确保 LIBOR 数据的真实性，对报价行的信息披露要求将被提高。二是加强 LIBOR 的报价监管。金融危机期间，LIBOR 持续下跌乃至低于美国联邦基金利率，此外各大银行在 CDS 溢价持续上升的情况下 LIBOR 报价却持续走低。所有这些迹象都表明各大银行在报价时故意压低了自己的融资成本。因此，金融监管机构可能会加强外部监控，并采取不定期检查的方式防止 LIBOR 的报价出现异常。

（5）欧美基准利率改革博弈日趋激烈。目前全球的基准利率形成机制主要有两类：一是以 LIBOR 为代表的银行间拆借利率；二是以不同期限的美国国债收益率为代表。这两方的定价权博弈长期存在。由于 LIBOR 涵盖 10 种货币和 15 种不同期限的利率，覆盖到全球大部分金融产品，其影响力更大。美国一直希望以美国国债收益率作为全球大部分金融市场的基准利率，来逐步替代 LIBOR 的功能和作用，增强美国的利率定价权。

在金融危机期间，美国监管机构就已知晓 LIBOR 利率操纵行为，但当时并未阻止，只是提出改革建议。早在 4 年前，时任纽约联邦储备银行行长的盖特纳，就曾向英国央行行长提出改进 LIBOR 机制的六项建议，其核心要求就是增加参与 LIBOR 定价的美国银行数量和话语权。而最近又由美国监管机构公布了英国银行的操纵利率行为，美联储主席伯南克直率地批评 LIBOR 机制有垄断或寡头之弊端，并建议用回购利率、隔夜指数掉期利率或者美国国债收益率替代 LIBOR，其争夺利率定价权的意图

---

① 路透社建议，改善 LIBOR 制定可信度的办法是出台一条规定，报价银行如果在伦敦时间上午 10 点前后的定盘时间后借入资金，就必须以其 LIBOR 申报利率支付，否则就不能借款。

不言自明。

——资料来源：彭作刚，严敏．LIBOR 利率操纵事件原因、影响及启示［J］．债券，2012（03）：47－52。

9.3.2 案例分析

1. LIBOR 形成机制存在缺陷

根据现行的 LIBOR 定价机制，20 家大型银行在每天伦敦时间上午 11 点向英国银行家协会提交借贷利率估值，后者去除占报价行总数 1/4 的最高利率和最低利率得出的算术平均值，即为当天的 LIBOR 利率，随后这一利率便被应用到各种贷款、衍生品和其他金融工具的定价中。这种定价机制明显存在两个问题：一是无法保证银行报价的真实性。目前银行提供的 LIBOR 报价大多是基于无担保货币市场上借得资金所需支付的利率，而不是实际获取贷款时支付的利率。此外，银行间市场是一个双边市场，只有交易双方才清楚确切的交易条款，相关交易信息很难被外界获知。因此，报价行的数据准确与否很难考证。二是易被操纵。由于 LIBOR 选取的统计样本行只有 20 家，如果几家银行串谋，或者一两家银行持续压低或抬高报价，都可能对最终结果产生影响。根据现行 LIBOR 定价机制，占报价行总数 1/4 的最高利率和最低利率都将被剔掉，因此如果有超过报价行总数 1/4 的银行参与操纵价格，则完全可以影响最终结果。

2. 巨额非法利益的驱动

首先，利率操纵有利于银行在危机时降低借贷成本。金融危机期间银行间资金拆借的流动性会变得紧张，此时 LIBOR 上升将导致银行的借贷成本上升，对资金紧缺的银行来说将是雪上加霜。因此，大型国际金融机构有动力在 LIBOR 报价时报出比实际更低的利率，以使得市场最终将 LIBOR 维持在低位，从而降低融资成本。操纵 LIBOR 的另外一个原因是其对利率衍生品市场产生的巨大影响。据国际清算银行（Bank for International Settlements，BIS）统计，截至 2011 年 12 月，全球场外交易衍生产品名义价值总量达 648 万亿美元，其中利率衍生品占 78%，为 504 万亿美元。通过改变利率，国际金融机构可以使衍生品价值向有利于自己的方向变动，极其微小的利率改变都将带来巨大的衍生品实际价值改变，从而给自己带来巨额收益。最后，出于维持金融市场稳定的考虑。若 LIBOR 大幅走高，或将意味着银行业流动性再次枯竭，从而推高市场风险厌恶情绪，为避免被市场认定为高风险，国际大型金融机构也会倾向于报出较低的价格，避免被市场认定自己陷入了财务风险。

3. 相关金融监管的疏失

LIBOR 是一个每日公开的数值，但 LIBOR 的异常并没有及时引起关注，这样的监管疏失在一定程度上纵容了巴克莱银行等投行的操纵行为。例如，2007 年，巴克莱就曾向英美金融机构反映 LIBOR 报价存在低估，但监管当局并未及时作出反应和加强严格监管。从 2007 年 8 月至 2008 年 10 月，巴克莱与美联储就 LIBOR 相关问题沟通就达 10 次。纽约联邦储备银行曾就改进 LIBOR 形成机制向英国央行提出过建议，但并未采取措施阻止巴克莱的利率操纵行为。国际清算银行在 2008 年 3 月发表的《国际银行业与金融市场发展》报告中专门提到，与其他参考利率相比，LIBOR 的可靠性可能存在问题。同年 4 月 16 日，美国《华尔街日报》发表文章指出，为避免被认为存在流动性压力，LIBOR 报价机构有意将报价放低。英国《金融时报》当时也表达出对此问题的忧虑。当前似乎没有哪家监管机构表示应对确保银行提交利率数据的真实性负有最终责任，凸显全球监管体系的重大漏洞。

9.3.3　案例启示

经过多年的实践和培育，我国上海银行间同业拆放利率（SHIBOR）已经成为金融产品定价的重要基础。但与 LIBOR 不同的是，SHIBOR 是拆出利率，而 LIBOR 已被改为拆入利率，不过二者生成机制类似。LIBOR 形成机制的天然缺陷，同样也将存在于 SHIBOR 的形成机制之中。因此借鉴 LIBOR 的经验教训，将有助于我国利率市场化条件下基准利率体系的完善和发展。

1. 提高 SHIBOR 的代表性

目前我国 SHIBOR 的报价行只有 16 家，代表性不够。建议将更多交易量大、对市场有影响力的不同类型的金融主体纳入 SHIBOR 的报价团之中，以便更全面地反映出真实的金融市场资金的供求变化，以最大限度地体现 SHIBOR 的代表性。

2. 提高 SHIBOR 的科学性

目前金融机构可对 SHIBOR 进行报价，但无成交义务，报价行有可能出现道德风险，报价可能会更多体现自身的利益诉求，而不是真实的资金供求，从而使 SHIBOR 的准确性和公正性受到损害。由于我国的信用交易制度尚未完善，存在较大的信用风险，债券回购以债券质押为担保，其安全性高于同业拆借，导致银行间债券回购的交易规模目前远大于同业拆借市场交易规模。相比同业拆借利率，债券回购利率更能够全面反映货币市场资金供求关系。建议将有质押担保的回购利率作为报价基准，以保证报价的真实性。

3. 加强外部监管

当前对利率的监管主要集中为事后监管，而 LIBOR 操纵违规多发生于金融危机时期，反映出加强日常监管的必要性。因此亟须建立有效机制及时评估 SHIBOR 报价机构的报价质量，及时发现报价过程中可能出现的异常问题，以保证 SHIBOR 报价的有效性。

案例9.4 美版“余额宝”的失败

9.4.1 案例介绍

中国第一支互联网货币基金——余额宝，是2013年5月底由阿里巴巴旗下支付宝和天宏基金管理公司联合推出的一项余额增值服务，目的在于开启“零散化理财”。余额宝作为一种全新的金融产品，在不足1个月的时间里，客户转入资金就突破百亿元，整个金融界为之轰动，对银行业产生了一定的影响，并成为人们当下热议的话题。然而随着中国金融体制改革进一步深化，利率市场化被提上日程，余额宝的前途令人担忧，甚至有人提出余额宝与美国已关闭的美国版“余额宝”——Paypal类似，不能长久存在的说法。到底中国的余额宝与美国版“余额宝”有什么相似与不同之处？从美国版“余额宝”中有何借鉴呢？

1. 美国版的“余额宝”

全球最大的网络支付公司Paypal成立于1998年，隶属于eBay旗下。Paypal可以接收25种在国际上主要流通的货币包括美元、加元、欧元、英镑、日元等，它就像中国的支付宝那样，可以通过网络进行快捷支付、交收货款、交易跟踪以及提现等日常活动。

世界上第一支互联网货币市场基金就在这里诞生了，1999年Paypal设立了类似于余额宝的货币市场基金，它依托于账户余额并且由Paypal自己的资产管理公司以联接基金的方式将资产交给巴克莱的母账户管理。同样的，用户仅需要简单的操作，就可以从闲散资金中获得收益，并且也具有同余额宝一样良好的用户消费体验。由于此基金为T+0货币市场基金，并且支持即时购买、赎回与支付业务，在消费过程中，用户仿佛是在使用自己账户余额消费，几乎感受不到基金的赎回过程。与余额宝类似，由于银行活期存款利息率极低，而相较之下Paypal货币基金的收益率高且具有高流动性，几乎与银行活期存款不相上下，在短时间内便吸收了大量的闲散资金，甚至减少了银行活期存款额。

2. 美国Paypal的兴衰十年

Paypal货币市场基金为了确保客户的利益，将资金主要投资于高质量的以美元币值计价的金融产品，同时还接受相应信用质量、投资多元化以及到期日规定等方面的监管。美国规定该货币市场基金只能投资于高质量的证券，不能过于投向某个发行者所发行的证券，并且要求所投资的某一单一证券到期期限不超过397天，投资组合的加权到期期限不超过90天。Paypal的成功之处就在于利用了长尾效应，即所有非流行因素积聚起来会形成比流行因素还大的影响力。对于银行来说，活期存款即是非流行市场，由于该部分资金存取频繁，手续复杂所费成本高，因此利息率很低，一些西方国家对这部分存款一般都不付息，甚至有时还会收取管理费，而这部分存款恰恰是商业银行的重要资金来源，也是一国货币供应的最大部分。Paypal 的出现给用户提供了更多更好的选择，2007 年 Paypal 货币基金年收益率超过 4% 达到峰值，且规模连续翻番，不断扩大至接近 10 亿美元，甚至出现了从银行"抢钱"的可能，迫使美国开始实施零利率政策。致使 Paypal 关闭该货币基金的主要原因不是货币基金市场本身的风险问题，而是金融危机的爆发，产生了挤兑现象，现金不足迫使基金出售自己流动性最好的资产，又引发了更大规模的赎回，这也体现了货币市场基金面对风险相对于高度杠杆化产品具有更高敏感性。最终以美联储和财政部联手相救才挽回局面，但此时 Paypal 货币基金的规模及收益直线下跌，直至 Paypal 宣布关闭该货币基金。根据 Paypal 公布的财务数据显示，在货币基金关闭前 Paypal 就已经开始对该货币基金进行补贴，也就是该货币基金早已不具有之前那么高的收益率。2011 年 Paypal 选择对该货币基金清盘。

3. Paypal 的特点

Paypal 具有余额宝所具有的所有特点，开辟了新的基金销售渠道，在为客户提供良好消费体验的同时增强了用户黏性。但是需要清楚的一点是货币市场基金本身与银行活期存款是有差别的，属于不同性质的资金。

首先，银行活期存款向政府机构投保，因此有一定的保障，是无风险的；而货币市场基金是一种理财产品，本身就存在一定的风险，风险与收益共存是不可否认的事实。Paypal 自身具有一定的风险：投资并非银行存款，可能投资于美元计价的外国证券，这些都有可能由于政治因素、信息缺乏等问题而最终亏损。

其次，该基金并没有任何存款保险为其提供担保，一旦市场利率发生重大变化、投资出错或者出现巨额赎回现象，都有可能发生挤兑致使货币基金跌破面值。因此 Paypal 是一个成功的长尾案例，并且很好地利用了当时的市场环境，但货币市场基金的投资几乎都是以银行存款利率与市场利率之间的差额为动力，从中赚取收益，相当于一个大的"套利者"，当利差减小时，套利机会消失，Paypal 的高收益率则不能够继续维持下去，最终回归正常收益水平，Paypal 的优势消失。但 Paypal 货币市场基金的关闭不代表永久性的消失，一旦条件符合，或者经过进一步的创新，Paypal 货币市场基金还有可能重返市场，更好地服务于用户。

——资料来源：贾静颖，张弘．美国版"余额宝"为什么失败？[J]．清华金融评论，2017（03）：108－111。

9.4.2　案例分析

1. 中美"余额宝"的相同点

（1）具有相同的运行模式。余额宝和 Paypal 提供的均是一种余额增值服务。即用户划拨到余额宝或 Paypal 中的资金可以随时用来进行消费支付、转账等活动，而余额宝或 Paypal 中的剩余资金即可享受增值服务。其本质是一种 T+0 的货币市场基金。即将资金转入余额宝或 Paypal 中就相当于默认购买了与其相对接的货币市场基金，这种货币市场基金支持随时申购赎回并且不收取手续费。余额宝和 Paypal 在其中充当了销售平台，并从中收取销售管理费用，所对接的货币市场基金从中收取基金管理费用，托管银行对其收取托管费。

（2）都需要一定的金融环境尤其是利率机制。余额宝和 Paypal 都是“T+0”的货币市场基金，而中国的货币市场基金的主要投资标的是债券、银行存款和结算备付金等风险较小并且受利率波动影响很大的证券。余额宝和 Paypal 货币市场基金相当于套利者，利用利差进行套利。而余额宝和 Paypal 就是在利差相对较大的环境下产生的。目前中国市场处于存款利率无法抵抗高通胀、房价高耸的环境中，投资者迫切需要对自有资产进行保值，并且对利差变化十分敏感，可以说余额宝顺应了这种市场环境。而在 1999 年，美联储三次上调短期利率，增加了利差，为货币市场基金的发展创造了条件，Paypal 在这种环境下应运而生。当利差缩小时，余额宝和 Paypal 的盈利能力减弱，再加上托管费、管理费、销售服务费等费用，收益会降低甚至产生亏损。

（3）均利用长尾效应。相较于其他投资理财产品而言，余额宝的认购门槛为 1 元，Paypal 货币市场基金的认购门槛为 1 美元，而其他投资理财产品货币型、债券型基金的认购门槛为 1 000 元，这对于资产较少、投资其他金融产品受限制的投资者来说是个不错的选择。又由于余额宝和 Paypal 均为“T+0”货币市场基金，投资者可以随用随取，便捷程度几乎与活期存款相提并论，而要赎回其他收益相对较高的投资理财产品一般需要 2~3 个工作日。相比较而言，余额宝和 Paypal 在流动性和收益性上来说具有很大的优势，因此可以在短时间内聚集大量闲散资金，甚至对银行业产生冲击。

2. 中美“余额宝”的不同点

（1）市场环境存在差异。Paypal 货币市场基金在 2007 年收益率达到峰值，2008 年金融危机爆发，发生严重的挤兑现象，迫使 Paypal 变卖流动性最好的资产，但这又引发了新一轮的赎回，Paypal 损失巨大。对于余额宝来说，目前虽然全球经济的发展仍然存在诸多不确定因素，对中国经济发展是一个巨大的挑战，但经济运行缓中趋稳，总体平稳。加之证监会对金融创新的支持，表明了中国金融体制改革的决心。同时，余额宝也在不断扩张之中，从线上使用到现在的线上线下均可使用，例如：在中国坐出租车，可以不用现金支付车费，直接通过余额宝付费，即使打车软件不返现消费者仍然会觉得这样的消费方式更加方便快捷，这在某种程度上增加了客户黏性。余额宝自身的努力加之较为良好的经济环境可以帮助其走得更远。

（2）政策法令存在差异。面对 Paypal 对银行业可能产生的冲击，美国采取了零利率政策，降低了货币市场基金的收益率，并将其维持在了一个较低水平。2010 年美国证监会对货币市场基金加强了监管，规定为了应对每天的赎回需求，必须把 10% 的基金资产投资于国债，20% 的资产投资于 1 周内到期的证券；同时，为了降低长期债券投资比例，禁止对剩余存续期超过120日的资产和超过45日的次级债券进行投资。降低了货币市场基金风险的同时也降低了收益，货币市场基金回归了初始的回避市场风险的功能。

相比而言，目前中国规定货币市场基金的投资资产为平均剩余存续期不超过180日，债券为不超过397日。从监管标准来看，中国的监管力度较弱，金融市场较宽松，同时也从中看出中国鼓励发展货币市场基金业，希望货币市场能够不断规范完善，健康良性的成长，同时为投资者创造良好的投资环境。除此之外，由于目前中国为半开放的利率制度，利率的调整需要通过国家宏观调控来实现，在要对利率进行调整到调整后的利率对市场产生影响的过程中存在着很大的时滞性，因此在利率完全市场化之前，利差仍然存在，套利机会也会暂时存在。

(3) 投资范围存在差异。虽然余额宝和Paypal货币市场基金的投资标的对利率反应敏感，但投资范围不同。Paypal并不仅投资于银行存款，也投资于以美元计价的外国证券，因此当所投资的证券归属国经济形势或政策制度发生变化时均会影响Paypal的收益情况。当金融危机爆发时，国内外形势严峻，使得Paypal产生巨大亏损。而支付宝则主要投资于国内的银行存款、结算备付金和债券，因此收益率主要受到国内金融市场环境及政策的影响。

9.4.3　案例启示

1. 不断寻求新的出路

根据天弘基金管理公司官网公布数据可知，在基金管理过程中存在管理费、托管费以及销售服务费等费用总共占基金规模的0.63%，随着中国利率市场化进程的加快，利差缩小，套利机会将逐渐消失，余额宝甚至可能会出现亏损，因此如果余额宝不寻求新的出路很有可能重蹈Paypal的覆辙，这对余额宝来说是个巨大的挑战。

2. 关注大面积赎回现象

余额宝所产生的效应引人深思，它加速了中国金融体制改革，正如马云所说“如果银行不寻求改变，那我们就来改变银行”，但在我国金融市场日趋完善的过程中，随着利率市场化进程的推进，余额宝的收益率将会持续下滑，最终用户将放弃投资余额宝，而形成与Paypal类似的大面积赎回现象，单从这一方面来看，余额宝似乎生来就为了推进中国金融体制改革，注定了要消失。但在金融创新高速发展的今天，创新产品层出不穷，只要敢想敢做，就没有什么不可能。根据上面的分析，余额宝也在努力寻求新的路径，比如逐步增强用户黏性，将余额宝的使用融入日常生活当中。利率市场化虽说对余额宝的生存有很大的威胁，但同时也是一个机遇。

3. 监管部门应及时调整监管措施

对于监管部门来说，应该具有敏锐的嗅觉，及时发现金融创新产品，并对金融产品创新可能存在的问题进行研究分析，及时调整监管措施，完善监管体制，以促进中国金融业稳步发展，与金融创新共同成长。

第10章　资本市场案例

案例10.1　神雾环保债券违约案例

10.1.1　案例介绍

1. 神雾环保公司简介

神雾环保技术股份有限公司（以下简称“神雾环保”）于2004年成立于北京，注册资本10.1亿元，是神雾科技集团股份有限公司（以下简称“神雾集团”）控股子公司，董事长为吴道洪先生。母公司神雾集团旗下共有11家控股子公司，其中神雾环保与神雾节能为上市公司（神雾集团持有神雾环保股份41.25%）。根据神雾环保2018年中报，神雾环保共参控子公司有12家。神雾环保于2011年在深交所上市，股票代码300156.SZ。截止到2018年年底，公司总市值40.61亿元，总股本10.1亿元，其中流通股7.21亿元，限售股2.88亿元。神雾环保主要致力于煤化工、石油化工领域的EPC总包项目。神雾环保是环保行业的领军企业，是北京市首批重新认定的国家高新技术企业，也是北京科博会认定的“自主创新企业”“中国节能减排技术创新专家”。目前我国环保行业主要分为大气治理、水处理、固废处理、节能环保四大子领域。神雾环保作为环保行业的龙头企业，主要从事节能环保及水处理领域，其拥有五大业务板块：“乙炔化工”“煤炭温和热解提质”“水环境综合治理”“炼油与化工”和“特色装置”。神雾环保也拥有众多环保新工艺，如乙炔化工新工艺、蓄热式电石生产新工艺、废水零排放处理技术、载体流动床生物膜技术、活性炭预氧化处理技术、煤系针状焦技术等。神雾环保的业务模式主要有工程总承包（EPC）与合同能源管理（EMC）等多种商业模式，其主要业务为煤窑工程总承包业务，占其总业务量的94.89%。其中乙炔生产项目占其总业务量的一半以上。

2. 神雾环保公司债券违约过程

截至2018年年底，神雾环保共有两只债券发生违约，分为“16环保债”及“16

神雾债 E1”，本节以“16 环保债”为例进行分析。

2016 年 3 月 14 日，神雾环保通过私募方式发行“16 环保债”为期 3 年，利率 8%，起息日为 2016 年 3 月 14 日。2018 年 1 月 16 日，神雾集团鉴于重组过程的复杂性、涉及利益相关方众多，决定暂停神雾环保与神雾节能长达 6 个月的重组事项。受此事件的影响，神雾环保与神雾节能股价于次日复牌后双双暴跌。2018 年 2 月 2 日，由于股价跌幅较大导致神雾集团的质押股票部分触及平仓线，使之存在平仓风险。

2018 年 2 月 9 日神雾集团发布公告称，其于 2016 年 10 月 13 日与华融证券达成的股票质押回购交易应于 2017 年 10 月 12 日对其质押的 1116 万神雾环保流通股进行回购，由于神雾环保资金紧张遂将回购时间延迟到 2018 年 1 月 2 日，但到期后仍未履约，故构成质押式股票回购交易逾期违约。截至 2018 年年底，神雾集团持有神雾环保股份 4.31 亿股，占神雾环保总股本的 42.67%，其中已质押股票 4.30 亿股，占神雾集团总持股数的 99.78%，由于 2018 年我国股市行情一直在底部震荡，神雾环保股票跌幅超 80%，其中已质押股票中有 2.35 亿股触及预警线，占神雾集团持有神雾环保股票的 54.67%，有 1.87 亿股触及平仓线，占神雾集团持有神雾环保股票的 43.4%。

2018 年 2 月 11 日，联合评级公司宣布公告称将神雾环保的评级由 AA－下调至 A 并将其列入观察者名单，将担保人神雾集团的评级由 AA－下调至 A 并列入观察者名单。2018 年 2 月 13 日，“16 环保债”投资者选择全部执行回售条款，回售本息共计 4.86 亿元。

2018 年 3 月 1 日，神雾集团向山西证券质押的神雾节能 2 210 万股股票质押业务履约保证比例已低于合同约定，山西人民最高法院对神雾集团持有的神雾环保 92.94 万股股份和神雾节能 3 182 万股股份采取财产保全措施予以冻结。这对神雾环保股票价格同样带来消极影响。与此同时，由于神雾环保未能按时支付与北京国资融资租赁有限公司的融资租赁业务（以下称“国资租赁”）的融资租赁租金与手续费，国资租赁因此向法院申请对神雾集团持有的神雾环保 31 569.5 万股股票与神雾节能 31 759 万股首发后限售股股票采取诉前财产保全措施予以冻结，并对神雾集团持有的神雾环保 92.94 万股股票和神雾节能 3 182 万股股份实施司法轮候冻结。因此，联合评级据以上违约事件对债券担保人神雾集团长期主体信用评级由“A－”下调至“BBB”级，同时将神雾环保主体评级下调至 BBB＋并将其列入观察者名单。

2018 年 3 月 14 日，神雾环保发布公告称，由于公司资金紧张不能在 2018 年 3 月 14 日按照约定兑付“16 环保债”回售本息共 4.86 亿元，自此宣告“16 环保债”发生实质性违约。

——资料来源：李昊．神雾环保债券的违约原因及风险预警分析［D］．上海：上海师范大学，2019。

10.1.2 案例分析

1. 公司财务欠佳

自 2017 年开始，神雾环保盈利能力开始出现断崖式下降，在 2017 年净资产收益率、总资产报酬率和销售净利率三个指标均表现为非常明显的下跌，并于 2018 年呈现亏损状态。

从短期偿债能力角度来看，神雾环保近四年的流动比率、速动比率在 2016 年达到相对高点，2017—2018 年出现明显下降，说明近两年神雾环保短期偿债能力不断下降。从长期偿债角度看，资产负债率与产权比率自 2017 年来有显著的上升，且产权比率大于 1，说明负债相对于资产和所有者权益有所上升，反映企业偿债能力不足。最后从已获利息倍数来看，该指标自 2017 年后明显下降，到 2018 年由正转负，表明目前神雾环保息税前利润已经难以完全偿付企业的到期债务，存在较大的违约风险。

从经营活动现金流量来看，2016—2017 年经营活动产生的现金流量净额一直为负值，虽然 2017 年比 2016 年在经营活动产生的现金流量净额上有所收窄，但是依然达到 -22.15 亿元，因此神雾环保的经营状况依旧没有转好迹象。

2. 业务模式的局限性

神雾环保所承接的项目中，重大在建项目共 8 项且全部使用 EPC 模式进行，但是 EPC 模式具有一定的局限性。首先，如果项目采用 EPC 模式，神雾环保必须参加设计、采购、施工整个环节，这必将拉长项目周期，使项目回款周期变长，增加公司的流动性风险。较长的建设周期会增加诸多不确定性，如宏观政策环境的变化、项目设计变更等。其次，在 EPC 模式下，虽然在项目施工前期业主会支付一定比例的预付款以及随着项目的推进会有部分资金的回笼，但是当多个项目同时施工会使得项目资金需求明显增加，如果神雾环保对资金安排不善，资金的短缺可能导致项目停工。

3. 公司融资风险过高

股权质押是上市公司常用的融资方式之一，其本质就是将上市公司的股权作为质押品向金融机构借款。但股权质押的风险不容忽视，如果上市公司将大比例的股份进行质押融资，一旦股价跌破补仓线，而公司没有足够的股票补仓，那么可能会导致公司控制权转移。随着股市消极情绪蔓延至债券市场，神雾环保债被投资者全部执行回售协议，神雾环保债因此宣告违约。神雾环保股价下跌是其债券违约的导火索，但神雾环保对融资风险的估计不足及管理失当也是债券违约的重要原因。

4. 公司战略过于激进

神雾环保的公司战略失误也是导致发生违约的重要原因。神雾环保自 2016 年开始，公司的多项财务指标就已经反映出公司不断加大的流动性风险，在已经签约的项目还未完工且未完全回款的情况下，公司仍在 2017 年后又陆续签订多项重点项目，合同金额共计超过 160 多亿元，这无疑使神雾环保资金紧张形势进一步加剧。除此之外，2016 年，神雾集团开始对神雾环保和神雾节能进行重组，由于涉及利益相关方众多且短时间内无法达成协议，故在 2017 年 1 月 22 日，神雾集团发布公告称停止对两家上市公司的重组事项。由此，神雾环保和神雾节能股票在次日大跌，致使股票质押与债券接连违约。

5. 关联方交易项目多

企业间的关联方交易是普遍存在的经营活动方式，一方面关联方交易可以降低企业间的交易成本和提高经营效率，但另一方面，不公平的关联方交易可能导致利益输送、影响公司独立性及损害股东利益等。截至2018年年底，神雾环保的在建项目中合同金额排名前15且合同金额在亿元以上的项目工程的甲方中，有9个项目为神雾集团或神雾环保直接或间接控股、参股或有重大影响的公司。在关联方交易如此重要的情况下神雾环保并未完全、及时、准确地公开披露与关联方企业之间的交易是否公允、是否不存在操纵利润的情形，这使得广大中小股东的正当权益存在被侵害的风险。在这种情况下，不但神雾环保的信誉会造成损失，公司的股东及潜在投资者对其投资会有较大的疑虑，进而可能导致神雾环保继续融资渠道变窄。

10.1.3 案例启示

1. 加强公司融资风险管理

从公司风险管理方面来讲是由于公司风险意识不强以及风险管理能力欠缺所致。神雾环保应当从以下几方面加强公司风险管理：首先，应成立金融风险管理部门或在财务部门拥有专项负责人对公司整个风险情况全面统筹，提高公司风险防范意识。其次，建立风险预警机制。公司可以通过运用宏观经济数据、行业数据及公司多项财务指标建立风险识别模型，通过风险预警机制的建立提高公司风险管理的精细化水平。最后，增加在新项目评估时风险评价的权重。环保行业是资金密集型行业，尤其要强调资金的管理水平。因此，公司在作任何决策时，应当充分考虑风险的承受能力，有效掌控各个环节的风险状况。

2. 优化公司业务模式

神雾环保的项目运营模式主要是EPC模式，当公司项目增多时会使公司为项目垫付更多的资金，而项目周期较长使回款时间拉长，这都会导致公司资金周转困难。为了有效应对流动性困难局面，神雾环保可以从以下两方面来考虑：首先，公司不应只考虑大项目忽视小项目，虽然大项目具有规模优势，但是垫资额较大、回款期长等问题会加重公司的财务压力。由于中小规模的项目更具灵活性，建设期和资金回收周期较短，如果公司投资适当中小型项目可以有效地缓解公司资金流困难。其次，神雾环保项目运营模式应当更加多元化。由于长期以来神雾环保主要以EPC模式为主，使其过度依赖外部融资，由于外部融资环境趋紧致使公司资金紧张。为扭转此局面，公司应当根据具体项目尝试其他经营模式，减少项目建设期间的土建、设备采购等非核心领域的垫资，进而减小公司的资产负债率。为此公司可以较多地参与项目的后期运营，在占用资金量不大的同时可以保证定期有稳定的现金流入，避免公司陷入流动性紧张的境地。

3. 公司应避免盲目扩张

神雾环保在未能够对公司运营能力作准确评估情况下就进行盲目地投资导致企业的资产负债率持续升高，公司的流动性不断下降，使得公司不得不大量对外进行股权质押等较高风险融资，最后股价大幅下跌导致的股权质押违约成为导致其债券发生违约的“最后一根稻草”。针对以上问题，首先，公司应对目前我国的经济形势、行业发展态势以及金融监管政策有充分的了解，在此基础上根据具体项目详细准确评估公司的融资能力及项目回款率，以此估计公司所能经营的项目规模。其次，从公司战略角度企业应该根据行业的特征以及所处的周期不断调整自己的战略，应组织业内专家对未来的发展战略进行评估，在行业不断恶化的过程中应及时调整战略。最后，对于较大的项目进行投资时应聘请专业的可行性研究机构，充分对市场进行调研，根据市场行情及公司具体情况制定实施方案，避免由于市场行情不佳对项目进度带来不利影响。

4. 依法依规及时准确披露信息

神雾环保在与关联方进行交易时没有及时准确完整地披露相关信息，一方面使公司的信誉受到损失，影响公司在投资者心目中的形象。更进一步来讲，会导致企业融资困难，潜在投资者由于信息的不对称会对公司的投资产生疑虑，影响公司的长远发展。因此，为了提高公司的公信力，保护投资者权益，公司应从内部公司治理方面入手完善公司相关信息的披露管理。

案例10.2　中国农业银行优先股的成功发行

10.2.1　案例介绍

1. 农业银行优先股的基本内容

2014年9月15日，农业银行（601288）公告称，农行非公开发行优先股申请已于9月15日得中国证监会发审委审核通过。根据公告，农业银行申请发行不超过8亿股的优先股，募集金额不超过800亿元。农业银行总共将发行800亿元优先股，首次发行400亿元，其余部分将在未来24个月内完成发行。据了解，农行优先股发行得到了市场的认可和追捧，数十家机构投资者参与报价，最终价格确定在6%，位于6%～6.5%报价区间的底端，包括保险、银行资管、企业、年金、券商、QFII等各类投资者入围。其中，2014年发行不超过4亿股，募集金额不超过400亿元。随着2014年11月28日上海证交所交易大厅早市开盘前的一声锣响，“农行优1（360001）”在上海证券交易所挂牌转让。中国境内资本市场的第一支优先股由此诞生，这也标志着中国农业银行优先股发行工作取得圆满成功。2015 年 3 月 18 日，农业银行完成优先股二期发行，发行 4 亿股，募集资金 400 亿元。

（1）发行证券的种类和数量。农业银行此次优先股的发行规模为 800 亿元，其中首期发行 400 亿元，二期发行 400 亿元。

（2）发行方式、票面金额、发行价格和发行对象。此次农行发行优先股的方式为非公开、按票面金额发行。由于农行为第一家正式发行优先股的商业银行，考虑到投资者对优先股产品还很陌生，首单的规模不宜过大，农行采用了分次发行的方式。考虑到首次发行数量不少于总发行数量的加 50% 的监管规定和市场需求，首期发行 400 亿元，二期发行 400 亿元。农行两次优先股的认购对象均为证监会规定的合格投资者。

（3）股息分配条款。农行优先股发行按照票面金额发行，并通过市场询价的方式确定股息率。采用相对定价和浮动股息率作为票面股息率，以 5 年的国债收益率为基准利率，5 年调整一次基准利率，固定溢价等于发行时的股息率减去基准利率，一旦确定不再调整。

（4）强制转股条款。农行优先股的转换价格为审议通过本次优先股发行方案的董事会决议日前 20 个交易日农行 A 股普通股股票交易均价。

（5）清偿顺序及清算方法。优先股股东在剩余财产分配上先于普通股股东。如果农业银行进入破产清算，应当先向优先股股东支付。若剩余财产不足以完全支付，则按照优先股股东的持股比例分配。

（6）募集资金用途。农业银行此次发行优先股募集到的资金将全部用于补充其他一级资本。

2. 农业银行优先股发行的艰难过程

“事非经过不知难”。回顾农业银行优先股历时两年的发行历程，成功的确来之不易。尽管对困难做了充足的思想准备，但是期间遇到的问题和挑战还是远远超出了最初的预料。从研究借鉴国外案例，到讨论制定发行方案；从与监管部门沟通，到向投资者推介；从参与完善管理法规，到打通登记转让“最后一公里”；从发行条款的设计，到挂牌之后流动性问题的解决，面对一个国内无先例可循的崭新资本市场工具，农业银行从未想过放弃，也从未停止探索。

农业银行优先股的发行首先是在国务院发布《关于开展优先股试点的指导意见》之后开始内部启动的。可以说，没有国家的政策支持，农业银行优先股发行将无从谈起。更值得一提的是，在簿记发行前适逢货币政策定向宽松，市场流动性充足，作为定价基准的五年期国债收益率持续下行，簿记当日更是创下年内新低。结果，农业银行优先股在簿记时不但获得了多倍的超额认购，而且实现了询价区间下限 6.0% 的最终定价。

——资料来源：许多，黄佳．商业银行发行优先股的历程和基本问题［J］．农村金融研究，2014（12）：7－12。

10.2.2 案例分析

1. 农行优先股成功发行成为行业标杆

对于农业银行优先股的成功发行，无论是金融同业还是境内外资本市场都给予较高评价和赞誉。作为境内资本市场发行的首支优先股产品，农业银行优先股在发行方案、流程和定价等方面也实现了重大创新和突破，成为后续优先股发行的行业标杆。农业银行又一次在资本市场创新方面拔得头筹，展示了作为国有控股大型上市银行的实力和形象。

2. 优先股的发行提升了农行的资本充足率

农业银行优先股发行后资本充足率的改善幅度较大，一级资本充足率和资本充足率都有明显的提升，一级资本充足率由 2014 年 9 月的 8.89% 提升到 2015 年的 10.09%；资本充足率由 2014 年的 12.39% 提升到 2015 年的 13.25%（见表 10 - 1）。资本充足率的大幅度提升，增强了农业银行抵抗风险的能力。

表 10 - 1　　农业银行资本充足率变化

项目	时间		
	2014. 9. 30	2014. 12. 31	2015. 3. 31
核心一级资本净额/百万元	944 476	976 752	1 028 039
一级资本净额/百万元	944 476	1 016 696	1 117 937
资本净额/百万元	1 315 819	1 381 374	1 454 630
风险加权资产/百万元	10 618 419	10 782 764	10 980 051
核心一级资本充足率/(%)	8. 89	9. 06	9. 36
一级资本充足率/(%)	8. 89	9. 43	10. 09
资本充足率/(%)	12. 39	12. 81	13. 25

数据来源：农业银行 2015 年第一季度报告。

银行杠杆率等于商业银行的一级资本与调整后表内外资产余额的比值。杠杆率指标简单明了，且不具有风险敏感性。通过对商业银行杠杆率实施监管，有利于防止银行的资产负债表过度扩张，从而控制整个金融系统的杠杆化程度，同时也有利于防止商业银行运用内部模型进行监管套利的行为，确保银行体系的充足合格资本。根据《商业银行杠杆率管理办法（修订）》（2015），商业银行并表和未并表的杠杆率均不得低于 4%，从 10 - 2 表可以看出，农业银行发行二期优先股后，杠杆率有明显的提升。农业银行的杠杆率水平的提高，说明其资本更充足，抵御风险的能力也更强。

表 10-2　　　　农业银行杠杆率

指标	时间		
	2014.9.30	2014.12.31	2015.3.31
银行杠杆率/(%)	未披露	5.73	6.16

数据来源：农业银行 2015 年第一季度报告。

3. 优先股融资增强了农业银行的盈利性

优先股发行迅速有效地补充了商业银行的资本充足率，弥补了利率市场化、互联网金融蓬勃发展和经济新常态背景下整个银行业盈利水平放缓及不良贷款率升高给资本充足率带来的影响。我国优先股股息来自可供分配的利润，可供分配利润是公司的税后利润，与债务融资相比，资本成本相对较高。但农业银行对优先股的股息确认标准两次均采用“发行的优先股票面股息率不超过农行最近两个会计年度年均加权平均净资产收益率”，这可保证农业银行即使盈利只能保持现有水平，普通股股东的收益水平也不会大幅下降。

农业银行首期发行优先股股息率为 6%，二期股息率为 5.5%，远远低于农业银行近三年来平均 20% 左右的净资产收益率。从理论上来说，融资资本成本低于净资产收益率，则应选择融资扩大规模，在不考虑其他政策因素的条件下，优先股融资可以增强农业银行的盈利性。

农业银行优先股的股息率调整期为 5 年，在最近 5 年内，农业银行每年应每股发放现金股息人民币 6 元（含税）或 5.5 元（含税），合计 46 亿元（含税）。如果农业银行可以有效地运用优先股募集到的资金，以现有增长率预测，未来几年，净利润增长能够大于每年支付的股息时，农行便可充分发挥优先股的杠杆效应，提高普通股每股收益。根据估计，农业银行 2015 年应发股息与 2014 年净利润比值为 2.56%，也就是说，只要农业银行 2015 年净利润增长率超过 2.56%，农行就可以充分发挥杠杆效应，提高每股收益。

4. 优先股的发行优化了农行的公司治理结构

与普通股相比，优先股股东不参与公司决策，所以优先股的发行不会影响原股东的管理权和控制权。农业银行此次发行的优先股为固定股利，在一定情况下可以恢复表决权和强制转股，且负有信息披露的责任，这些规定可以在某些方面降低商业银行经营者或控股股东的道德风险和逆向选择。农业银行的第一大股东为中央汇金（持股 40.41%）、第二大股东为财政部（持股 39.21%），前两大股东合计持股 80%，且两大股东均为国有资本，拥有完全的控制权。农行此次发行的优先股是为了有效补充其他一级资本，优先股在一定程度上起到了优化银行资本结构、降低银行风险、稳定银行经营的作用。

5. 优先股的发行拓宽了投资者的投资渠道

农业银行此次发行的优先股为非参与、非累积、可赎回、可转换型优先股。从以上内容可看出农业银行此次发行的优先股更加类似债券的特性，在预案中给投资者传达的信息为公司的优先股被赎回和转换的可能性都很强，有利于降低此次优先股持有人的风险。农业银行面向合格投资者非公开发行优先股，我国对合格投资者的规定较为严格，合格投资者基本具有丰富的金融知识、从事投资的经验及能力，其对商业银行的风险和优先股知识具有一定的认识。优先股股息率相对稳定，且农业银行盈利相对稳定，基本不存在到期无法支付股息的可能性。农业银行的优先股拓宽了风险厌恶和部分风险中性投资者投资渠道。

10.2.3　案例启示

1. 合理定价优先股

在企业优先股理论研究上，我国已经开展了不短的时间，但是优先股真正入市操作不过短短数年，故而国内市场中的企业优先股发行仍然还处在一种起步状态之中。显然，想要提升优先股发行的实务操作水平，必然要参考已经拥有较为丰富经验的国外市场。从目前国外市场中优先股发行的相关数据来看，商业银行普遍都将优先股股息率范围定位在 6.5% ~7.5%，但我国优先股股息率受国债利率变化的影响，对于银行来说，信用等级、赎回价格等发行条款都是融资时必须作为重要参考依据的成本规划影响因素，优先股偏高的定价必然导致这一成本的飙高，但是定价偏低又难以吸引投资。在这一问题上，我国部分学者的主张是应当充分结合资本缓冲、最低触发点等影响因子，确保国有商业银行的优先股发行率位于合理范围内。

此外，发行条款不是僵化的格式条款，应当支持普通股股东参与发行条款制定工作中。企业在优先股发行上可以实行浮动股息率，以 5 年为限，到期后再就自身的发展状况和大的市场背景进行针对性调整，从而保障投资方利益。市场的发展变化会如实体现在浮动股息率之中，对于产品的真正价值评估来说也是有具有相当的参考性，并且还能有效遏制优先股股息总是先于普通股每股收益支付而可能会给普通股股东导致资产损失的风险。从而最大程度上将参与融资的经济主体商业风险降低的定价手段。在进行股息率制定时可以参考近 5 年间的国债利率，并根据市场状况进行实时调整，毕竟投资目的在于取得收益。但是，在计息周期之内，股息率要保持在一个相对平稳的状态，促进投资者的认购，并且稳定性也是各类基金保险组织在进行投资合作对象选取时的一个重要因素。最后，商业银行若决定发行优先股，股息率的规划上需要预留充分的融资空间，浮动调整要较为灵活。

2. 提高资金管控能力和风控能力

如果将优先股股息率定价较高，商业银行按契约支付股东利息，需要盈利能力持续稳定并处于高水平，否则将难以负担高额的资本成本。发行优先股对企业财务指标（资产负债率、资产利润率、净资产收益率等）和资本监管指标（核心一级资本充足率、一级资本充足率、资本充足率）均会产生不同程度的影响，为了吸引更多的投资者，建议商业银行把募集的资金用于充足资本、使业务得到长足的发展等方面，进而促进资本管理水平及资本使用效率的提高，转变原有的信贷模式减轻高资本消耗，促进企业健康发展，进而获得稳定的收益，为优先股持有者提供相应的回报。建议商业银行多关注国内外优先股相关的法律法规，认真解读国家政策，把握资本市场的变化情况，进而有效提供辨别风险能力以及控制风险能力，尽量避免优先股的发行风险。加强自身风险约束能力建设，把优先股在存续期内下调评级的可能性降到最低，由于评级变化不仅会对已发行优先股的转让造成影响，同时也会对优先股发行价格造成影响。

3. 适度增加附属资本

一级资本的多少关系到了二级资本的数量，较之于商业银行的核心资本而言，二级资本在其中的占比有一定的比例限制，即最大限度为100%，而银行次级债权余额在其中的权重上限为20%；而其次级定期债务也必须要低于其50%的核心资本。对于发行二级资本，必须要满足相应的标准。本次尽管是对一级资本的增发，但是相应也增加了自己资本的发行量。在能保证资本充足率标准恒定的基础之上，ROE水平会因为二级资本债务工具比例的降低而得以降低。以财务杠杆系数来对公司财务杠杆大小进行衡量的时候，要想使公司获得尽可能多的利益，就必须要保证其在合理的区间内能够保持长期的稳定。在保证能够有效管控经营风险的基础之上，企业能够通过对资本结构进行优化调整，保持负债不触及红线，最大限度地降低企业风险，实现收益最大化。

4. 全面对接互联网金融

就现阶段而言，社会的很多行业当中都已经普遍地应用了互联网，其特征主要为三方面：一是第三方支付模式日益兴起，出现了更多的新兴金融技术，网络小贷业务等持续上升。二是互联网巨头的出现从某种程度上来说还具有非常积极的意义。三是商业银行也拥有数量非常庞大的客户交易数据信息，并且较之于互联网巨头而言，其具有更强的风险防范能力。所以，商业银行在互联网发展的趋势之下，要想获得更好的发展就必须要主动出击，对经营模式和盈利模式作出相应的调整。

（1）构筑互联网金融平台。互联现如今已经普及生活的方方面面，深刻地影响我们的生产和生活，商业银行也是其中的受益者，然而必须要重视其中所存在的负面影响，趋利避害，顺应时代发展的形势，在金融业务当中充分地利用互联网，不断地进行创新发展。所以，商业银行在对发展模式进行调整的时候要充分利用互联网技术，使最终所创建的互联网金融平台更加满足时代的需要。在此基础上，不仅要积极进行自有渠道的建设，同时还要对小客户群体给予高度的重视，并充分利用微信、微博等平台，不断进行宣传，以为自有渠道的建设提供帮助。

（2）借助于大数据技术对新业务进行拓展。中小企业只有基于较强的数据库以及大数据服务能力，才能够更好地发展自身的新业务形态。比如互联网供应链服务、中小企业在线融资等，可以说这些信贷审核模式都是建立在数据之上的，并且随着不断拓展的业务会产生更多的数据量，所以必须要不断地促进处理数据能力的提升，保证数据访问的高效性等。大数据技术可以使信息不对称问题得到很好的解决，这对于信贷业务在银行中的健康开展是非常有益的借鉴。商业银行要充分地利用较强的风险防范能力，并借助于数据云服务对经营平台进行创新发展，促进经营效率的有效提升，不断地增加新客户，实现在互联网支持下多元化的盈利模式。

案例 10.3　美国安然事件

10.3.1　案例介绍

安然事件（the Enron Incident），是指 2001 年发生在美国的安然（Enron）公司破产案以及相关丑闻。安然公司曾经是世界上最大的能源、商品和服务公司之一，名列《财富》杂志“美国 500 强”的第七名，自称全球领先企业。然而，2001 年 12 月 2 日，安然公司突然向纽约破产法院申请破产保护，该案成为美国历史上企业第二大破产案。严重挫伤了美国经济恢复的元气，重创了投资者和社会公众的信心，引起美国政府和国会的高度重视。

1. 安然公司是“美国最具创新精神公司”

安然公司拥有约 21 000 名雇员，是世界上最大的电力、天然气以及电讯公司之一，2000 年披露的营业额达 1 010 亿美元之巨。公司连续六年被《财富》杂志评选为“美国最具创新精神公司”，然而真正使安然公司在全世界声名大噪的，却是使这个拥有上千亿资产的公司 2002 年在几周内破产的持续多年精心策划，乃至制度化、系统化的财务造假丑闻。安然欧洲分公司于 2001 年 11 月 30 日申请破产，安然美国本部于 2 日后同样申请破产保护。公司的留守人员主要进行资产清理、执行破产程序以及应对法律诉讼，从那时起，“安然”已经成为公司欺诈以及堕落的象征。

2. 事件起因

2001 年年初，一家有着良好声誉的短期投资机构老板吉姆·切欧斯公开对安然的盈利模式表示了怀疑。他指出，虽然安然的业务看起来很辉煌，但实际上赚不到什么钱，也没有人能够说清安然是怎么赚钱的。据他分析，安然的盈利率在 2000 年为 5%，到了2001年年初就降到2%以下，对于投资者来说，投资回报率仅有7%左右。

切欧斯还注意到有些文件涉及了安然背后的合伙公司，这些公司和安然有着说不清的幕后交易，作为安然的首席执行官，斯基林一直在抛售手中的安然股票——而他不断宣称安然的股票会从当时的70美元左右升至126美元。而且按照美国法律规定，公司董事会成员如果没有离开董事会，就不能抛售手中持有的公司股票。

3. 破产过程

也许正是这一点引发了人们对安然的怀疑，并开始真正追究安然的盈利情况和现金流向。到了2001年8月中旬，人们对于安然的疑问越来越多，并最终导致了股价下跌。2001年8月9日，安然股价已经从年初的80美元左右跌到了42美元。

2001年10月16日，安然发表2001年第二季度财报（是第三季财务报表），宣布公司亏损总计达到6.18亿美元，即每股亏损1.11美元。同时首次透露因首席财务官安德鲁·法斯托与合伙公司经营不当，公司股东资产缩水12亿美元。

2001年10月22日，美国证券交易委员会注意到安然，要求公司自动提交某些交易的细节内容。并最终于10月31日开始对安然及其合伙公司进行正式调查。

2001年11月1日，安然抵押了公司部分资产，获得摩根和所罗门史密斯巴尼的10亿美元信贷额度担保，但美林和标普公司仍然再次调低了对安然的评级。

2001年11月8日，安然被迫承认做了假账，虚报数字让人瞠目结舌：自1997年以来，安然虚报盈利共计近6亿美元。

2001年11月9日，迪诺基公司宣布准备用80亿美元收购安然，并承担130亿美元的债务。当天午盘安然股价下挫0.16美元。

2001年11月28日，标准普尔将安然债务评级调低至“垃圾债券”级。

2001年11月30日，安然股价跌至0.26美元，市值由峰值时的800亿美元跌至2亿美元。

2001年12月2日，安然正式向破产法院申请破产保护，破产清单中所列资产高达498亿美元，成为美国历史上最大的破产企业。当天，安然还向法院提出诉讼，声称迪诺基中止对其合并不合规定，要求赔偿。

4. 安然事件发展

首先遭到质疑的是安然公司的管理层，包括董事会、监事会和公司高级管理人员。他们面临的指控包括疏于职守、虚报账目、误导投资人以及牟取私利等。

在2001年10月16日安然公布第二季度财报以前，安然公司的财务报告是所有投资者都乐于见到的。看看安然过去的财务报告：2000年第四季度，“公司天然气业务成长翻升3倍，公司能源服务公司零售业务翻升5倍”；2001年第一季度，“季营收成长4倍，是连续21个盈余成长的财季”……在安然，衡量业务成长的单位不是百分比，而是倍数，这让所有投资者都笑逐颜开。到了2001年第二季度，公司突然亏损了，而且亏损额还高达6.18亿美元！

然后，一直隐藏在安然背后的合伙公司开始露出水面。经过调查，这些合伙公司大多被安然高层所控制，安然对外的巨额贷款经常被列入这些公司，而不出现在安然的资产负债表上。这样，安然高达130亿美元的巨额债务就不会为投资人所知，而安然的一些高层也从这些合伙公司中牟取私利。

更让投资者气愤的是，显然安然的高层对于公司运营中出现的问题非常了解，但长期以来熟视无睹甚至有意隐瞒。包括首席执行官斯基林在内的许多董事会成员一方面鼓吹股价还将继续上升，另一方面却在秘密抛售公司股票。而公司的14名监事会成员中有7名与安然关系特殊，要么正在与安然进行交易，要么供职于安然支持的非营利机构，对安然的种种劣迹睁一只眼闭一只眼。

5. 安然事件假账问题

安然假账问题也让其审计公司安达信面临着被诉讼的危险。位列世界第一的会计师事务所安达信作为安然公司财务报告的审计者，既没审计出安然虚报利润，也没发现其巨额债务。2001年6月，安达信曾因审计工作中出现欺诈行为被美国证券交易委员会罚了700万美元。

安然的核心业务就是能源及其相关产品的买卖。但在安然，这种买卖被称作“能源交易”。据介绍，该种生意是构建在信用的基础上，也就是能源供应者及消费者以安然为媒介建立合约，承诺在几个月或几年之后履行合约义务。在这种交易中，安然作为“中间人”可以很短时间内提升业绩。由于这种生意以中间人的信用为基础，一旦安然出现任何丑闻，其信用必将大打折扣，生意马上就有中止的危险。

此外，这种业务模式对于安然的现金流向也有重大影响。大多数安然的业务是基于“未来市场”的合同，虽然签订的合同收入将计入公司财务报表，但在合同履行之前并不能给安然带来任何现金。合同签订得越多，账面数字和实际现金收入之间的差距就越大。

安然不愿意承认自己是贸易公司，一个重要的理由就是为了抬升股价。作为贸易公司，由于天生面临着交易收入不稳定的风险，很难在股市上得到过高评价。安然鼎盛时期的市值曾达到其盈利的70倍甚至更多。

为了保住其自封的“世界领先公司”地位，安然的业务不断扩张，不仅包括传统的天然气和电力业务，还包括风力、水力、投资、木材、广告等。2000年，宽带业务盛极一时，安然又投资了宽带业务。

如此一来，安然终于在2001年10月在资产负债平衡表上拉出了高达6.18亿美元的大口子。

——资料来源：张针针．安然事件后美国GAAP的变革及对我国的启示［J］．统计与咨询，2008（03）：45－47。

10.3.2 案例分析

1. 对金融衍生产品交易的过度依赖

安然最初将业务拓展进入衍生物的交易市场是无可厚非的，而且，安然利用金融发展自己的模式和风险管理技巧，曾被业界所景仰。但太执着于自己的投资理念的安然，对于在1999年刚涉足金融衍生物交易时就已经出现的危险信号不但没有在意，反而采取了瞒天过海的欺诈手段。这就反映出安然的缺陷，它基本上放弃了能源供应商的基础业务，几乎成为华尔街上的一个纯粹的金融交易商。这一点加大了安然的风险，它没有实体经济作为依托，就好比人双脚离地，悬浮于半空中。那种感觉，相信谁都不愿尝试，而安然却这样做了，终于导致惨重的失败。

2. “金字塔”结构和关联交易

以2000年为例，美国加州出现了能源危机，这样就把能源价格提高了很多，也把安然的股票抬高了许多。然而，2001年年初能源价格大跌，安然公司损失惨重，利润大幅下降，远离了市场对它的预期。于是他们就开始通过关联交易做手脚，最为有名的关联交易就是在2001年第二季度，他们把北美的三个发电厂卖给了另外一家公司，价值1.05亿美元。根据同行的分析，该笔交易多计入了3亿~5亿美元。由于是关联交易，在安然公司的压力下，这笔交易还是完成了。利用类似手法，安然一方面“实现”了巨额利润，另一方面掩盖了巨额债务，欺骗了投资者。从1997—2000年，通过关联交易共虚报了5.2亿美元的利润。

3. 安达信的“作用”

在安然事件中，安达信起了很坏的作用。从1980年起，安达信就担任了安然公司的外部审计工作。20世纪90年代中期，双方又签署了一项补充协议，安达信包揽了安然公司的内部审计工作。再后来，由安达信的前合伙人主持安然公司的财务部门，安然的许多高级执行官也都来自安达信。安达信从1998—2001年，从安然公司获得审计费用和咨询费用共计1亿多美元。为了高额收入，安达信抛开职业操守，对安然的非法手段不闻不问，甚至帮忙出谋划策。正如美国《经济学家》所评论的那样，会计公司放弃了传统的外部怀疑者角色而成为一个内部商业合伙人，他们放弃了披露信息的职责，而成为掩盖财务缺陷的魔术师。这种抛开审计师的独立、客观、公正，帮助造假的“审计”，在安然破产事件中起着重要的作用。

4. 市场的力量

2001年3月5日，《财富》杂志发表了一篇题为《安然股价是否高估?》的文章，首次指出安然财务有“黑箱”，质疑安然的钱是怎样赚的和它的财务报表繁琐混乱而有意让人看不懂。5 月 6 日，波士顿的某证券分析公司发表了一份安然的分析报告，建议投资者卖掉安然的股票，因为不仅安然营运的利润率越来越低，而且安然的关联交易与会计手法使得其公布的财务利润不可信。事后，某著名投资网站、《华尔街日报》纷纷发表文章，对安然的收入、股价表示怀疑，指出安然通过关联企业间的高价交易，人为制造利润，并且连续披露安然许多关联企业的细节。正是在媒体与市场各方压力下，安然不得不决定对过去数年的财务进行重审。

10.3.3　案例启示

1. 构筑反欺诈制衡机制

从目前中国的现状来看，政府通过制定法律、法规，逐步完善了相关法规体系，但实际执行中还存在较多的问题。制度安排如果没有切实地执行，将会成为一纸空文。法庭诉讼目前仅仅处于认识阶段，证券市场完善的诉讼赔偿机制的建立还将是一个漫长的过程；媒体监管目前尚无法起到对金融市场有效监督的作用；以注册会计师为代表的社会中介机构的监管，由于独立性受到了影响而没有充分发挥作用；而其他市场参与者更是与市场监管无关。因此，必须构筑有效的反欺诈制衡机制，该制衡机制包括政府的制衡力量、司法执法的制衡力量、以新闻媒体为代表的公开舆论制衡力量、以集团诉讼为标志的投资者的制衡力量等。

2. 加强对外国注册会计师的规范管理

中国证券市场爆发的一连串欺骗投资者的事件，严重挫伤了投资者的信心，中国部分注册会计师的行为让投资者深感失望。为挽回投资者的信心，2001 年，中国证监会引进“五大行”对国内 A 股公司进行补充审计，作出了《公开发行证券的公司信息披露编报规则第 16 号——A 股公司实行补充审计的暂行规定》。然而，安然事件的发生促使我们必须思考这样一个问题：外国注册会计师是否能解决中国的问题呢？首先，鉴于西方会计业发展历史长，在处理较为复杂的证券金融业务方面起步较早，经验相对丰富，引进“五大行”进行补充审计，对于提高国内会计业的专业能力可能会有一定的示范作用。但我们必须看到，当前世界有名的大公司，其审计质量也不容乐观，况且在中国这样一个职业环境中，外国注册会计师面临的是与国内注册会计师同样的问题，我们没有足够的理由相信外国注册会计师有超然的力量。其次，我国的会计制度与国际的会计制度仍有一定的区别，其与国际会计的制度接轨，也不是短时间能完成的。当我国的注册会计师和外国注册会计师分别对同一个上市公司审计时，很可能得出不同的结果，这无疑会给投资者的决策造成混乱。

3. 确保审计的独立性和可信性

在证券市场中，独立审计制度在提高会计信息的可信性、增强投资者对证券市场的信心、维护证券市场秩序方面起着重要作用，是现代资本市场和公司治理制度的重要环节之一。该制度有效发挥作用的前提就在于其独立审计职业的独立性。据统计，在美国的五大会计公司中，咨询服务的总收入1999年达到了150亿美元，占其全年收入的50%，而在1981年，其份额只有13%。目前，在审计收费的标准上，相对于咨询服务，审计收费标准要低得多。如毕马威2001年向摩托罗拉收取了6 320万美元的咨询服务费，而审计费用仅为390万美元。在收取巨额咨询费用的情况下，审计独立地发表审计意见难以真正实现。从我国的情况看，由于上市公司“内部人控制”情况严重，会计师事务所的聘任、续聘、解聘一般由公司管理当局决定。一方面，注册会计师属于专业人才，应该保持独立性；另一方面，其生存状态及获取的利益大小又决定于客户。从而使得这两方面有可能发生冲突，这就需要通过职业操守、行业规范乃至法律规范来进行平衡。如实行上市公司独立审计的定期轮换制，避免注册会计师与上市公司过于亲密而丧失其独立性等。只有真正建立维护会计师独立性和职业操守的有效法律机制，才能重建市场信心，帮助中国证券市场渡过信用危机。

4. 构建全方位的诚信教育体系

诚信即诚实、守信。诚实即应坦诚、真实而不虚假；守信即应可靠、守信用、不违约。市场经济是信用经济，证券市场的发展更是以信用为基础的，注册会计师作为证券市场的参与主体，只有做到诚实信用，才能维护市场秩序，保障市场的健康发展。当前，我国会计市场的无序和不正当竞争为上市公司购买审计意见提供了条件，使得某些注册会计师在巨大的利益面前丧失了独立性和诚信，抛弃了市场赋予的对社会公众的责任。因此，开展对注册会计师的诚信教育应是当前注册会计师行业面临的首要问题，对注册会计师诚信教育的重要性一点也不亚于对注册会计师专业胜任能力的培育。然而，独立审计在证券市场监管中的作用是有限的，注册会计师只是证券市场监管体系中的一个力量有限的主体，律师、证券分析师、投资银行、信用评级机构和中小投资者等证券市场的参与者以及政府官员和新闻媒体等证券市场的监督者，也需要诚信教育。因此，必须构建全方位的诚信教育体系。

案例10.4　中国德隆事件

10.4.1　案例介绍

德隆事件是指2004年4月曾经是中国最大的民营企业的德隆股票崩盘，导致德隆轰然倒下的事件。德隆集团是当初被人们称作“股市第一强庄”，是旗下拥有177家子公司和19家金融机构的巨型企业集团。

1. 德隆系简介

1986 年，德隆创建于新疆乌鲁木齐。2000 年年初，德隆在上海注册了德隆国际战略投资有限公司，注册资本 5 亿元。经过十多年的发展，德隆逐渐形成了以传统产业的区域市场、全球市场为目标的重组和整合能力。德隆在十年间涉足的领域涵盖制造业、流通业、服务业、金融业和旅游业等十几个行业。公司拥有新疆屯河集团有限责任公司、湘火炬投资股份有限公司、沈阳合金投资股份有限公司三个全资子公司，并参股 20 余家公司。2002 年，这些公司实现了销售收入 40 亿元，上缴利润 4.5 亿元的辉煌战绩，德隆国际的总资产超过 200 亿元。然而，德隆在实施并购过程中，由于规模过于扩张，最终导致了资金链断裂，并陷入了财务危机。德隆在鼎盛时期，股价居高不下，股权盘根错节，资产状况隐秘。德隆的不断参股和扩张，导致在危机前参股达 200 余家公司。这些公司的资产状况并不良好，有的可以勉强维持，有的资不抵债。德隆的目标是实现产业整合，创造德隆模式，但这种模式却是建立在不断扩张和资金充裕的基础上的，其并没有实现产业整合的目标。

2. 德隆系危机过程

（1）危机爆发。德隆危机源于 2000 年 12 月“中科事件”和 2001 年 4 月“郎咸平炮轰德隆”后发生的金信信托挤兑风波，随后这种风波又发生了 3 起，最终导致 2004 年 4 月 13 日德隆系股票崩盘，巨人倒下。

“金信信托挤兑，要不要救？”德隆内部曾经引发过激烈的争论。按照当时的实际情况，德隆系企业——屯河投资、重庆实业持有的金信信托股权不足 20%，金信信托挤兑风波蔓延与否，对德隆几乎没有太大的影响。但在德隆国际 15 人的董事会上，唐万新却提议挽救金信信托。唐万新认为，通过金信信托委托理财受损的客户主要是新疆企业，而这些企业对新疆的开发和建设举足轻重，从情感上讲，对不起家乡父老；另一方面，德隆的产业布局和财务结构及盈利状况足以拯救金信信托；还有以此为契机，扩大融资渠道，全面进入金融企业，打造中国本土第一金融品牌，改变德隆在中国股市上“庄家”的形象。董事会最终通过了唐万新的议案。此后，德隆全面挺进金融业。从某种意义上说，拯救金信信托是德隆历史上最大的战略决策失误之一。

金信信托的第一个挤兑风波成为德隆发展的分水岭。之前德隆系企业经营规范、运转良好，之后就开始扭曲和不正常了。之前除重庆实业、ST 中燕主业未完全确定外，其他 4 家上市公司主业突出、负债率低、利润丰厚，非上市的实业企业现金流充足，经营稳健；之后德隆大举进入金融领域，并购金融机构，由两家发展到 14 家，把其实业 44 亿元资本（其中包括股权投资 7.8 亿元，上市公司 20 亿元和其他实业投资 16.2 亿元）通过国债回购的方式委托理财进入金融产业，致使德隆实业实力大伤，不堪重负。到 2001 年年底，通过长期的运作，德隆系老三股的股价上涨幅度全部超过 1 000%，其中沈阳合金涨幅更是超过了 1 500%。绳索在德隆的脖子上越套越紧。股票一旦崩盘，德隆将遭遇灭顶之灾。这种接近于自残的非常规之举，使德隆赢得了“中国第一庄”的名声。

(2) 危机继续。2002 年 1 月—2003 年 3 月是德隆历史上最为繁忙的阶段：友联管理的组建和运营——揭开德隆金融混业经营战略序幕、金融领域的全面进入、畜牧产业的大举投入、农资超市大规模布网、旅游产业整合计划，这 5 件大事同时进行，消耗了大量的人力、财力和物力，使德隆出现的危机进一步恶化，处于悬崖边上。

2003 年 6 月，德隆自称为历史上经营最好的时刻，没有逾期欠账款，银行账户可支配现金约 11 亿元。危机的到来常常开始于无理性，德隆一直以来偏好高风险的筹资模式。德隆的思想是借助中国资本市场的力量，对没有形成垄断的，尤其是在全球市场没有形成高度垄断的产业，进行市场重组。从 2003 年 7 月起，德隆的核心企业——德隆国际、中企东方、友谊管理开始裁员，并发生工资拖欠现象，这是德隆危机的先兆。2004 年春节之后，越来越多的德隆精英雇员开始被迫离职，在 5 月底达到高潮。2003 年 10 月之前，德隆中层管理人士还可以从德隆获得 45 万元的无息贷款，其中 30 万元用于个人买房，10 万元用于购车。但是 10 月之后，这项政策突然被取消。2003 年 10 月 27 日，啤酒花董事长外逃，导致啤酒花股票崩盘。与之有担保关系的公司，包括友好集团、天山股份、汇通水利、屯河投资、新疆众和、天利高新、广汇股份等也均出现了大幅的下跌，甚至整个新疆板块都惨遭跌停的厄运。11 月 18 日至 19 日，德隆董事局和 3 个执委在上海召开扩大会议，紧急磋商即将爆发的危机。

2003 年 10 月 5 日—2004 年 1 月 15 日，德隆各金融机构均发生挤兑现象，资金头寸全面告急。虽然，QFII 之一的花旗环球金融有限公司在 2003 年 12 月 16 日买入了新疆屯河 30 万股，并表示将继续买入。但是 12 月 31 日，德隆老三股中的湘火炬、新疆屯河拉出最后一根无力的阳线后，便与大盘反向而行，开始了漫漫阴跌的走势。2004 年 1 月 4 日，德隆董事局在海口召开扩大会议，一是研究德隆引入海外战略投资机构的有关事宜，美国最大的机电基金拟入股 10 亿美元，占德隆在金融和实业领域持有企业股权的 44%；二是作出纵有损失也要将“老三股”股票抛出二级市场的秘密决定。1 月 15 日，德隆与美国机电基金草签合作协议书。2 月上旬，美国机电基金开始尽职调查。

2004 年 4 月 13 日，前身为陕西信托投资公司的健桥证券，首先抛售合金投资股票，当日合金投资股票跌停。第二天，“老三股”全线下挫跌停，德隆危机全面爆发。

(3) 全力自救。2004 年 5 月 16 日至 28 日，德隆开始积极自救：所有下属金融、实业机构的负责人，查实德隆的资产负债状况资产重组，寻找战略投资人；收缩战线，调整机构。5 月 28 日，新德隆成立，搭建了以唐万里为董事局主席的新领导班子。

2004 年 7 月 26 日，德隆建议稿《市场化解决德隆问题的整体方案》连同厚达一尺左右的相关附件，被递交到了中国人民银行和银监会。希望“通过国家支持，按照市场化原则，在监管机构和债权人委员会的严格监督下，集中管理、统一调用德隆资源，通过引进战略投资人恢复市场信用，盘活资产，在运营中清偿债务。”

德隆将重组策略切分为实业和金融：其中，实业中剔除了上市公司的生产性贷款后，德隆“生产型企业的银行负债总额约为 35.7 亿元，资产净值 49.2 亿元”，其控股的上市公司的资产质量完全可以支持自身生产性贷款的偿还。德隆金融债务高达 300 亿元，可通过关联交易和债转股等方式处理，当时已经完成了 238 亿元债务的意向性处置。

2004 年 9 月 17 日，唐万新主笔拟就了又一份方案，题为《用创新的市场化手段彻底解决德隆危机的整体方案》，方案中抛出了 8 条偿还德隆 300 亿元债务的解决途径。

——资料来源：赵刚．资金的运营与企业战略——德隆集团崩塌的案例分析［J］．财务会计学习，2007，(08)：56－59。

10.4.2 案例分析

1. 高速发展缺乏业绩支撑

德隆没有依托主业，也没有培育主业的核心竞争优势，盲目进行扩张。在资本市场筹集资金方面，德隆是谋求通过坐庄在资本市场赚取价差。德隆的产业政策模糊，公司在进行产业的整合过程中，德隆在多数领域并不具有优势，分散的产业领域加大了整体经营的难度。

2. 德隆的资金链条隐蔽性强，牵涉面广

德隆旋风般控制湘火炬等三家上市公司，反映了民营企业对于资本市场的灵敏。德隆的手法看似技高一筹，其实蕴含着巨大风险。它的典型手法是：通过二级市场收集“老三股”，拉高股价，然后利用高股价进行抵押贷款，贷款后再进行实业收购。但是风险已经在这个过程中积累起来，因为抵押贷款及坐庄的成本已远远高于实业的盈利。

3. 缺乏有效的金融支持

我国民营企业的融资渠道一直不畅，在间接融资上，民营企业得到银行信贷的支持相对来说难度较大。在直接融资方面，主板市场主要向国有大中型企业倾斜，中小企业板在 2004 年才设立。融资渠道的短缺也是造成德隆失败的重要原因。

4. 产业整合模式的风险被德隆发挥到了极致

德隆的产业整合是以资本运作为基础的，少量的初始资本几经变化控制了巨量的产业资本，而新整合的产业大多数不能实现现金流的正常运转，尽管德隆高举产业整合大旗，但产业整合并没有给德隆带来现金流。德隆通过两种方法来弥补：一是银行贷款。德隆通过将持有的法人股抵押贷款，或者通过所属公司互相担保贷款来解决资金问题。二是理财资金。德隆产业整合的巨额资金（大多属于长期投资）有相当一部分是来自长投短融的“理财”资金。也就是说，德隆以一年还本付息 20% 以上的高回报，向银行以及其他企业机构短期融资，用于自身的长期项目，而每年年底客户大笔抽走资金，德隆的资金都十分紧张，但第二年年初，客户的钱一般又会投回来。德隆正是依靠着这种“危险的游戏”发展着自己。而当围绕着德隆的质疑和央行银根收紧终于动摇客户的信心时，流走的钱再也没有回来，德隆的“长投短融”游戏就此破局了。在资本运作过程中，德隆一直宣称自己是一家“战略投资公司”。但市场则一直把它视作为“庄

家”的代表。为打破这一形象，2003 年下半年，一向深居简出的唐万里开始频频在公众面前亮相，透露其关于产业战略、企业管理等方面的信息。然而，种种行动似乎难以改变投资者心中根深蒂固的印象。德隆系股票早已成为大家心目中的“观赏性植物”。同时，随着证券市场的进一步规范，德隆控制的上市公司已经不再能很方便地融资，增发和配股等手段不再是任意而为的游戏。而对于德隆这样的资本运作高手来说，如果失去强大的资金支持，其一切运作都会失去根本。

5. 华融托管德隆是现实和可行的选择

及时有效地控制和降低德隆系加诸商业银行系统的金融风险显得十分必要和紧迫。在分崩离析、群龙无首的德隆回天无力之时，由政府出面，委托华融公司整体托管德隆，解开德隆系复杂的连环债务链，整合德隆旗下的优质资产，无疑是比较合理的制度安排。而对以降低金融系统风险、防范新增金融风险为主要工作目标的金融监管机构来说，华融托管德隆也是现实和可行的选择。

10.4.3 案例启示

1. 产业整合模式是一个值得探索的模式

德隆模式的最核心思想是“产业整合”，德隆董事局主席唐万里曾经将这一思路概括为：首先对行业进行研究，确定目标企业；然后通过兼并收购或结成战略联盟的方式形成产业的经营平台，在这个平台上进行产业整合，拓宽业务规模和范围，取得行业领先地位；最后获取国际终端市场，提升企业整体价值。早期的德隆的确也是这样做的：先控股一家上市公司，通过这个窗口融资，投入产业发展，提高公司业绩，然后再融资进入下一个循环。可以说这是一种资金利用率非常高的运营手法，通过杠杆作用充分利用资本市场的融资功能来壮大自己。只是由于民营企业的天然局限性，使其对宏观政策面的把握存在天生的不足。同时，由于其在产业整合上步子迈得太快，战线拖得太长，一些做法太理想化，才导致了德隆的失败。如果企业在产业整合中能够较好地把握宏观政策面，且更理性一些，未必不能成功，所以，不能因德隆失败，我们就全盘否定产业整合这一模式。

2. 加强产业整合模式风险的管理

实业与金融毕竟性质不同，产业整合效益的速度，总体上说无法跟上金融扩张的速度。因此，这就产生了结构性的差异。为了达到平衡，不仅需要横向的、内容方面的互补性的投资，如金融和产业、产业链之间的互补，而且需要注意投资节奏方面的结构安排，即长、中、短期投资的比例结构合理。否则，如果长期投资的比重过大，就会影响资产的流动性；虽然抓住了富有诱惑力的投资机会和产业整合机遇，但可能忽视公司高速成长带来的潜在风险。

3. 应该重视民营企业的先天性缺陷

德隆问题特别是资金黑洞问题，暴露了民营企业集团的产业扩张和资本运作、金融系统的风险防范和化解、金融监管机构的监管制度等方面都还存在着不少弊端和缺陷。为此我们应当以德隆问题的处理作为难得的契机，对民营企业集团的多角化经营策略进行深刻的反思和总结，改革民营企业集团的资本运作机制和管理模式，进一步健全金融系统的风险管理和控制体系，完善金融监管制度（包括监管理念、监管法规政策、监管手段和监管模式等），加强金融市场监管，有效防范和化解金融风险。通过不断的、有益的探索和尝试，以促进金融资本与产、比资本的相互融合和渗透，进而为建立我国真正的金融控股集团打下坚实的基础。从这个意义上讲，华融托管并参与德隆重组为相关监管机构积累了必要的监管经验，将为今后处理类似的民营企业集团危机提供一种可资借鉴的参照模式。

第11章　衍生金融工具市场案例

案例11.1　“327”国债期货事件

11.1.1　案例介绍

1. “327”国债事件背景

1981年，为了弥补国家财政赤字，抑制通货膨胀，我国重新开始发行国债。当时国债发行十分困难，其中，很重要的原因是还没有建立国债流通市场。直到1989年，我国才开始逐步建立国债流通市场。1990年初步形成全国性的国债二级市场。从国际成熟市场的情况来看，建立国债期货市场可以大大促进现货市场的发展，从而带动国债的发行。1992年12月28日，上海证券交易所首次设计并试行推出了12个品种的国债期货合约。然而国债期货面世之初，交投十分清淡，市场很不活跃。1993年10月，上海证券交易所重新设计了国债期货合约的品种和交易机制，并向社会公众开放国债期货市场。从此我国的国债期货开始了飞速发展。

“327”国债期货，指的是在上海证券交易所上市交易的“310327”国债期货合约，其标的券种是1992年发行的三年期国库券，该券发行总量为246.79亿元，1995年6月到期兑付，利率为9.5%的票面利息加上保值补贴率。国债期货采用国际惯例，实行保证金制度，虽然大大高出了1%的国际标准，但2.5%的保证金制度仍然把可交易量扩大到了40倍，有效地提高了国债期货产品的流动性。由于期货价格主要取决于相应的现货价格预期。因此，影响现货价格的因素也就成了期货市场的炒作题材。影响1992年三年期国债现券价格的主要因素有：①基础价格，92（3）现券的票面利率为9.5%，如果不计保值和贴息，到期本息之和为128.50元。②保值贴补率，92（3）现券从1993年7月11日起实行保值，故其中1995年7月到期兑付时的保值贴补率的高低、影响着92（3）现券的实际价值。③贴息问题，1993年7月1日，人民币三年期储蓄存款利率上调至12.24%，这与92（3）现券的票面利率拉出了2.74个百分点的利差，而1994年7月10日财政部发布的公告仅仅规定了92（3）等国债品种将与居民储蓄存款一样享受保值贴补，并未说明 92（3）现券是否将随着储蓄利率的提高进行同步调整。因此，92（3）现券是否加息成为市场一大悬念，直接影响 92（3）现券的到期价值。④1995 年新券流通量的多寡也直接影响到 92（3）期券的炒作，由于上海证交所采用混合交易的制度，如果新券流通量大，且能成为混合交收的基础券种，那么，空方将有更多的选择余地，市场将有利于空方，如果相反，则对多方有利。这些价格的不确定因素为 92（3）国债期货的炒作提供了空间。

2. “327” 事件的过程

1995 年国家宏观调控提出三年内大幅降低通货膨胀率的措施，到 1994 年年底、1995 年年初的时段，通胀率已经下降了 2.5% 左右。众所周知，在 1991—1994 年中国通胀率一直居高不下的这三年里，保值贴息率一直在 7% ~8% 的水平上。根据这些数据，时任万国证券总经理，中国证券教父管金生预测，“327” 国债的保值贴息率不可能上调，即使不下降，也应维持在 8% 的水平。按照这一计算，“327” 国债将以 132 元的价格兑付。因此当市价在 147 ~ 148 元波动的时候，万国证券联合辽宁国发集团，成为市场空头主力。而另外一边，1995 年隶属于财政部的中国经济开发信托投资公司（简称“中经开”），认为财政部将上调保值贴息率。因此，中经开成为多头主力。1995 年 2 月 23 日，财政部发布公告称，“327” 国债将按 148.50 元兑付，空头判断彻底错误。当日，中经开率领多方借利好大肆买入，将价格推到了 151.98 元。随后辽国发的高岭、高原兄弟在形势对空头极其不利的情况下由空翻多，将其 50 万口做空单迅速平仓，反手买入 50 万口做多，“327” 国债在 1 分钟内涨了 2 元。这对万国证券来说是一个沉重的打击——60 亿人民币的巨额亏损。管金生为了维护自身利益，在收盘前八分钟时，做出避免巨额亏损的疯狂举措：大举透支卖出国债期货，做空国债。16 时 22 分，在手头并没有足够保证金的前提下，空方突然发难，先以 50 万口把价位从 151.30 元轰到 150 元，然后把价位打到 148 元，最后一个 730 万口的巨大卖单把价位打到 147.40 元，而这笔 730 万口卖单面值 1 460 亿元。当日开盘的多方全部爆仓，并且由于时间仓促，多方根本没有来得及有所反应，使得这次激烈的多空绞杀终于以万国证券盈利而告终。而另一方面，以中经开为代表的多头，则出现了约 40 亿元的巨额亏损。1995 年 2 月 23 日晚上十点，上交所在经过紧急会议后宣布：1995 年 2 月 23 日 16 时 22 分 13 秒之后的所有交易是异常的、无效的，经过此调整当日国债成交额为 5 400 亿元，当日“327”品种的收盘价为违规前最后签订的一笔交易价格 151.30 元。这也就是说当日收盘前 8 分钟内空头的所有卖单无效，“327” 产品兑付价由会员协议确定。上交所的这一决定，使万国证券的尾盘操作收获瞬间化为泡影。万国亏损 56 亿元，濒临破产。1995 年 2 月 24 日，上交所发出《关于加强国债期货交易监管工作的紧急通知》，就国债期货交易的监管问题作出六项规定，即：从 1995 年 2 月 24 日起，对国债期货交易实行涨跌停板制度；严格加强最高持仓合约限额的管理工作；切实建立客户持仓限额的规定；严禁会员公司之间相互借用仓位；对持仓限额使用结构实行控制；严格国债期货资金使用管理。同时，为了维持市场稳定，开办了协议平仓专场。

1995年3月全国“两会”召开之际，全国政协委员、著名经济学家戴园晨发言，要求对万国的违规行为予以严肃的查处。1995年5月17日，中国证监会鉴于中国当时不具备开展国债期货交易的基本条件，发出《关于暂停全国范围内国债期货交易试点的紧急通知》，开市仅两年零六个月的国债期货无奈地画上了句号。中国第一个金融期货品种宣告夭折。1995年9月20日，中华人民共和国监察部（以下简称《监察部》）、中国证监会等部门都公布了对“327事件”的调查结果和处理决定，决定认为“这次事件是一起在国债期货市场发展过快、交易所监管不严和风险控制滞后的情况下，由上海万国证券公司、辽宁国发（集团）公司引起的国债期货风波。”上海证交所对市场存在过度投机带来的风险估计严重不足，交易规则不完善，风险控制滞后，监督管理不严，致使在短短几个月内屡次发生严重违规交易引起的国债期货风波，在国内外造成极坏的影响。经过四个多月深入调查取证，监察部、中国证监会等部门根据有关法规，对有关责任人分别做出了开除公职、撤销行政领导等纪律处分以及调离、免职等组织处分，涉嫌触犯刑律的移送司法机关处理，对违反规定的证券机构进行经济处罚。1995年4月，管金生辞职。挂职两个月后，其经济犯罪问题开始败露。1995年5月19日，管金生在海南被捕，罪名为贪污、挪用公款40余万元，但并没有违反期货交易规则。

——资料来源：王郧.3.27国债期货逼仓事件的反思[J].当代经济，2006（09）：126－127。

11.1.2 案例分析

1. 缺少国债期货存在的必要条件

利率市场化和提高国债市场的流动性是国债期货存在的必要条件，但是，由于当时我国国债期货赖以存在的利率市场化机制并没有形成，国债现货市场发展亦不够完善。缺少必要条件的金融期货品种本身就蕴藏着巨大的风险。

2. 政策信息的不透明是期货市场政策风险的源泉

“327”国债风波中，保值贴补政策和国债贴息政策对债市气贯长虹的单边涨势起到了决定作用。“327”国债可享受保值贴补，在保值贴补率连续数十月攀高的情况下，其票面收益大幅提高。在多空对峙时，其又受财政部公告（1995年2月25日公布）的朦胧消息刺激而大幅飙升，使得“政策风险”最终成为空方失败的致命因素。于是，空方不惜蓄意违规，利用交易管理的漏洞演出了最后“疯狂的一幕”。

在高通胀的情况下，实施保值贴补政策有一定的必要性，但由于我国国债流动性差及品种结构的不合理，每月公布一次的保值贴补率成为国债期货市场上最为重要的价格变动指标，从而使我国的国债期货由利率期货演变成一种不完全的通货膨胀期货。于是，国债期货交易成为保值贴补率的“竞猜游戏”，交易者利用国家统计局的统计结果推算保贴率。凡此种种，对我国国债期货市场的风险控制产生了直接的冲击，并最终导致国债期货成为“政策市”“消息市”的牺牲品。

3. 健全和完善交易所管理制度才能防范期货市场各种风险

“327”国债期货风波的产生虽有其突发性“政策风险”的因素，但各证券、期货交易所资金保障系统和交易监督管理系统的不健全也是“违规操作”得逞的原因。

（1）资金保障系统方面。首先，国债期货过低的保证金比例放大了资金使用效应，成为国债期货投资者过度投机的诱因。“327”国债期货风波发生之时，上证所 20 000 元合约面值的国债收保证金 500 元，期货交易所国债期货的保证金普遍为合约市值的 1%。这样偏低的保证金水平与国际通行标准相距甚远，甚至不如国内当时商品期货的保证金水平，无疑使市场投机气氛更为浓重。其次，我国证券期货交易所均以计算机自动撮合为主要交易方式，此种交易方式仅按国际通行的逐日盯市方法来控制风险，尚不能杜绝透支交易情况的发生。而“327”国债风波发生时，上证所采用的正是“逐日盯市”而非“逐笔盯市”的清算制度，交易所无法用静态的保证金和前一日的结算价格控制当日动态的价格波动，使得空方主力违规抛出千万手合约的“疯狂”行为得以实现。第三，“327”国债在风波发生之时，已成为临近交割的合约品种。“交割月追加保证金制度”当时尚未得到重视，也未采取有效措施，这也是国债期货不断引起市场风波的重要原因之一。

（2）交易监督管理系统方面。首先，涨跌停板制度是国际期货界的通行制度，而“327”国债期货风波出现之时，上证所甚至没有采取这种控制价格波动的基本手段。第二，没有持仓限量制度。当时中国国债的现券流通量很小，国债期货某一品种的可持仓量应与现货市场流通量之间保持合理的比例关系，并可在计算机撮合系统中设置。第三，从“327”合约在 2 月 23 日尾市出现大笔抛单的情况看，交易所显然对每笔下单缺少实时监控，导致上千万手空单在几分钟之内通过计算机撮合系统成交，扰乱了市场秩序。第四，浮动盈利禁开新仓，这项制度虽具中国特色，但行之有效，它无疑对期货市场的过度投机起到了抑制作用。

4. 现代期货交易的风险控制要求计算机系统提供必要的技术保障

“327”国债期货风波出现之后，不少人对各交易所采取的计算机自动撮合交易方式提出质疑，认为这种交易方式对遏制过度投机、提高交易透明度不利。事实上，从这五年中国期货市场的实践和国际期货市场的发展趋势来看，通过计算机系统进行期货交易是我国期货市场的最佳选择，而且通过大型计算机系统来控制期货交易中的实时风险、更有人工控制和事后控制所不具备的优势。比如我国期货市场目前采用的“逐笔盯市”风险监控模式，是由计算机首先控制交易者下单的数量、价格和保证金比例，再由计算机从其结算账户中扣除其保证金。一旦有效保证金不足，计算机可自动禁止其开新仓，只允许平仓操作。在这方面，计算机实时监控远比人工控制效率更高，反应更敏捷。

11.1.3 案例启示

在“327”国债期货风波发生之前，中国期货市场的迅速发展，交易所的丰厚利润，使管理者、投资者的风险意识大大淡化，一味追求市场规模和交易量，放松了“风险控制”这个期货市场的生命线，最终导致了“327”风波的发生，并葬送了国债期货这个大品种，其教训是惨痛的。

1. 新金融品种的推出必须具备成熟的市场条件

一个新的金融品种的产生必须要有成熟的市场条件配合，缺少必要市场条件的金融期货品种本身就蕴藏着巨大的风险，如果没有相应的规则进行约束，市场必然出现混乱的情况。国债期货赖以存在的是利率机制市场化，而直到今日我们的利率市场化尚未完全实现。“327”事件对目前一些正在拟议中推出的金融衍生工具是一个警示，我们必须衡量市场条件是否成熟。

2. 市场信息公开化是保证市场交易公平的前提

在与有财政部背景的中经开的对峙中，万国证券明显在市场信息取得上处于劣势，机构尚且如此，那么众多的散户呢？因此，加强信息公开的监管力度是保证市场秩序的必然要求。

3. 立法必须带有一定的超前性

管金生在证券市场如此大规模的违法却没有相应的法律规定，他最后被判 17 年有期徒刑，判决理由并非是巨额透支炒作国债期货，而是受贿等行为。可以说实在是无奈之举，原因很简单，当时没有法律规定可以套用。证券市场是一个变幻莫测的市场，我们的立法行为必须带有一定的前瞻性，否则一旦事件发生，就无法应对。尤其是现在的新刑法实行“法无规定不为罪”的原则（也就是“罪行法定”原则），假如一些违法事件发生，我们没有相应的法律规定，只能又采取类似管金生的解决方法——从其他地方下手。

4. 监管当局应该对市场作出迅速反应

实际上，在“327”国债期货事件发生前，上海证券交易所已经出现“314”国债期货合约上数家机构联手操纵市场，日价格波幅达 3 元的异常行情。但当时的上海交易所对此没有作出迅速反应，导致惊天大案“327”国债期货事件的发生。如果当时的上海证券交易所对“314”国债期货合约的异动进行严厉查处，并出台相关规定防患于未然，那么管金生也就不可能有机会透支炒作。

案例 11.2　法国兴业银行巨亏事件

11.2.1　案例介绍

1. 法国兴业银行简介

法国兴业银行成立于 1864 年 5 月 4 日，由法国国王拿破仑三世亲自批准建立，并以当时新颖的有限公司形式展开营业。1870 年，法国兴业银行在巴黎有 15 间分行，在法国共有 47 间分行。1871 年，在英国伦敦成立永久办公室。到 1889 年，已经拥有 148 家服务点。1894 年经一系列革新，吸引一批企业和个人的存款以外，并向商人提供短期信贷，并在法国和俄罗斯公开发行股票和私人债券。通过收购扩大股本结构，股东人数由 1895 年的 14 000 位上升至 1913 年的 12.2 万位股东。在 20 世纪 20 年代，法国兴业的营业网络自 19 世纪 90 年代以来迅速增长，由 1910 年的 260 个季节性分理处，增至 1930 年的 864 个，销售网点的数量从 1913 年的 1 005 个增加到 1933 年的 1 457 个（包括 Sogenal 所属的网点）。1928 年建立了一个专门从事中期信贷的分支机构——CALIF 来满足投资银行的要求。

第二次世界大战后法国兴业被国有化，同时法国进入经济快速恢复期直到 1958 年，同时国际收支更加失衡、对推出持续控制外汇及信贷措施呼声日高。直至 1959 年经济才真正得到复苏，但因持续的通货膨胀压力而加强了对信贷的控制。1966 年由于开设分行不再需要获得预先批准，法国业务得到长足发展。1971 年自动柜员机、信用卡及 20 世纪 80 年代新的金融工具出现，银行通过网络和收购公司而更加专注于私人用户。1987 年 7 月 29 日，兴业银行私有化。在 1993 年，其资产总额达到 2 578.38 亿美元，为法国第 4 位，在世界 1 000 家大银行中排列第 27 位。1997 年，通过收购 Crédit du Nord 加强零售银行业务，兴业银行为提高顾客的忠诚度，推出“终生账号”，引入名叫“爵士乐”的服务。1998 年成立一个独立的部门在法国以外的地区建立了零售银行业务，私人银行方面也一如既往透过收购加速发展。在 2004 年第一季度成立 SG GSSI 向投资者提供证券和上市金融衍生品的全面服务。2007 年 3 月 29 日，美国杂志《福布斯》公布了“2007 年全球上市公司 2 000 强”排行榜，法国兴业银行以 12 593.2 亿美元的总资产排名第 24 位；2007 年麦肯锡企业和投资银行 50 强排行榜中法国兴业银行位居 19 名；2007 年《银行家》全球 1 000 家大银行排名中，法国兴业银行总资产排名第 13 位，市值排名第 21 名。法国兴业银行业绩如此辉煌，然而，2008 年 1 月 24 日，该行宣布由被媒体称为“魔鬼交易员”的交易员杰罗姆·科维尔（Jérôme Kerviel）在期货市场违规交易欧洲股价指数期货，给银行带来 48.2 亿欧元的损失。连同次贷的 20 亿欧元亏损，法国兴业银行需要向外界寻求注资约 55 亿欧元，其股份当日一度暂停交易。

2. 法国兴业银行交易舞弊案过程

2000 年交易员杰罗姆·科维尔进入法国兴业银行，他先在监管交易的安全控制部门工作，5 年后进入交易部门，在全球股权衍生品方案部从事套利交易。套利交易是利用银行自有资金进行套利操作的业务，科维尔负责进行最基本的股指期货交易来对冲欧洲股市，即在购买一种股指期货的同时，卖出一个设计相近的股指期货产品，此种套利交易的亏损与获利源于上述过程中所产生的价差。这种短线交易名义金额很大，但风险很小。然而，科维尔在成为交易员不久后就开始违规交易。他采用真买假卖的手法把这种短线交易做成了长线交易。

2005 年 7 月，伦敦大爆炸发生后，身为法国兴业银行交易员的科维尔在慕尼黑安联保险建立了超额头寸。由于他对爆炸事件分析充分，从中赚取了 20 万欧元。截至 2007 年 12 月 31 日，他进行的违规交易盈余已达到 14 亿欧元。科维尔担心巨额投机性交易会被如此大规模的盈利暴露，所以他只向集团报告了 5 500 万欧元的盈利。法国兴业银行交易员德莱克觉察到了科维尔的行为，他曾警告过科维尔，如果再这样做就会被解雇。同时，科维尔的行动也引起了法国兴业银行监管层的注意，他们警告科维尔：再这样做，就吊销他的资质证书，但这并没有让科维尔停止违规交易。

2007 年 11 月，欧洲期货交易所发现了法国兴业银行账户的异常变动，于是开展调查，并给科维尔的主管发了一封警告邮件，指出：2007 年 10 月 29 日，法国兴业银行的账户在两个小时之内购买了 6 000 份期货合约。后来，欧洲期货交易所对法国兴业银行提出警告，但是银行管理层并没有重视。因为当时法国兴业银行在金融衍生品交易中遭受损失，同时也受到了德国的警告。2007 年，科维尔以风险巨大的交易方式为法国兴业银行赚了 150 万欧元。银行内部也很清楚，科维尔这样的初级交易员只有通过违规的头寸交易，才能取得这样的成绩，而法国兴业银行对此事没有任何异议。

2008 年 1 月初，为了平抑先前的盈利，他将 500 亿欧元分别布置在不同的指数上，同时伪造了反向对冲交易来掩盖巨额风险敞口。同时，2007 年年底时，科维尔预计大幅下跌的全球股市将出现上涨，投入了超过个人授权许可的巨额交易资金，结果在欧洲期货市场上投资失误，造成了巨额损失。损失发生后，他利用曾在监控交易的安全控制部门工作时的经验来逃避监管，通过修改银行电脑系统数据，编造虚假交易来掩盖其投资失误。

2008 年 1 月 18 日，法国兴业银行发现了科维尔的一笔高达 300 亿欧元的法兰克福 DAX 指数期货交易，这笔交易大大突破了交易对手的信用额度，异常的交易对手风险引起了银行的关注并展开调查。当法国兴业银行高层就此交易询问他时，他称写错了交易对手的名称，并制造了一封电子邮件来证明交易对手是德意志银行。但法国兴业银行对他的解释表示怀疑，与德意志银行联系后得到了否定交易的回复，于是迅速对他操作的全部交易进行审核。最终，科维尔承认进行了未授权交易，他长达三年的舞弊操作行为终于浮出水面。由于欧洲股市暴跌，科维尔的巨额盈利也已经转变成了巨额亏损。

3. 虚假交易造成巨额亏损

（1）巨额亏损。2008年1月24日，法国兴业银行将相关头寸全部平仓之后，将消息正式向公众披露。而为了轧平这些仓位，直接导致法国兴业银行税前损失49亿欧元，约71.6亿美元，约560亿人民币。

（2）股票下跌。在欺诈事件曝光后，兴业银行在泛欧证交所挂牌的股票被紧急停牌。前一日，该股大跌4.1%，跌至79.08欧元，达到2005年5月以来最低点，总市值约为350亿欧元。由于投资人预期兴业银行可能计提更多与次级贷相关的损失，该行的股价继续下跌。

（3）资金短缺。法国金融家认为，遭到次贷危机和金融欺诈双重重击的兴业银行必须找到55亿欧元新资本注入，否则只能面临彻底破产。为了弥补资金缺口，法国兴业银行通过增发配股的方式，紧急融资55亿欧元。与此同时，公司还宣布出台一项旨在提高整个集团效率的全球计划，第一步就是关闭旗下的澳大利亚资产证券化子公司。

（4）科维尔受到指控。2008年1月24日，法国兴业银行向法院提交诉状，指控科维尔伪造银行记录、使用伪造账户以及涉嫌计算机系统欺诈。法国巴黎大区南代尔法院已立案侦查，而隶属于法国央行的银行管理委员会也已展开调查。

（5）受到处罚。法国银行业监察委员会对法国兴业银行在风险管理中的失职处以400万欧元罚款（注：法国银行业监察委员会对大型银行机构的最高处罚金额为500万欧元）。

4. 法国兴业银行交易舞弊案的处理与结果

法国兴业银行发现科维尔的违规交易后，1月19日连夜查账核对，并在20日震惊地发现，这起交易舞弊案件所涉及的资金总额竟如此惊人。20日早晨，所有的头寸都被最终确认，当天下午，总体盈亏程度也被确认。在18日（周五）交易日结束时，法国兴业银行损失了约20亿美元，但不幸的是，21日（周一）重新开盘时，由于全球股市遭遇“黑色星期一”，损失被进一步扩大。21日，法国兴业银行开始在十分不利的市场环境中，对“舞弊案”中的头寸进行紧急平仓，整整抛售了三天。平仓记录中显示，1月21日至23日，法国兴业银行的一系列市场对冲措施恰好和这几日欧洲股市暴跌相联系。1月24日，法国兴业银行在将相关头寸全部平仓之后，才在公告中首次向公众披露，为轧平这些仓位造成了其高达48.2亿欧元的损失。

2008年1月30日，法国兴业银行成立了一个由独立董事组成的排外性特别委员会。该特别委员会与内部审计委员会合作，拥有对所有外部专家和顾问的信息追索权。同时，特别委员会还委任普华永道作为这项绿色任务（Green Mission）的审计顾问，对内部调查结果进行再次审查。2月20日，法国兴业银行特别委员会向法国兴业董事会提交了一份名为《绿色任务》的中期调查报告，主要针对交易员科维尔的交易舞弊事件。这份长达12页的报告指出，兴业银行内部监控机制并没有完全运转，内部监控系统有多个环节可能存在漏洞，主要包括对交易员盘面资金使用的监督、对资金流动的跟踪、信息系统的密码保护及安全、前台与后台完全隔离规则的遵守等。报告披露，从2006年6月到2008年1月，法国兴业银行的许多风险控制系统自动针对科维尔的各种违规交易发出了75次报警，然而第75次警报拉响之后才使科维尔的行径败露。

2008年7月4日，法国银行监管机构——法国银行委员会向法国兴业银行开出400万欧元的罚单，原因是法国兴业银行内部监控机制“严重缺失”，导致巨额舞弊案的发生。法国银行委员会在一份公告中指出，法国兴业银行内部监控机制严重缺失，使得各个级别的金融交易在缺乏监控的情况下，在较长时期内难以被察觉并得到纠正，因而存在发生舞弊案的较大可能，还有可能造成严重后果。法国兴业银行也对科维尔提出了四项指控，其中包括欺诈未遂和滥用信用。在这四项指控中，量刑最严重的是滥用信用这一项，最高可判7年监禁，并处以75万欧元罚款。

——资料来源：孙刚．法国兴业银行亏损事件案例分析［D］．蚌埠：安徽财经大学，2013。

11.2.2 案例分析

1. 对市场判断有误与内控漏洞是法国兴业银行巨额亏损的主因

（1）交易员对市场判断有误。在法国兴业银行亏损事件中，可以看出交易员杰罗姆·科维尔在未经授权的情况下，运用股指期货对欧洲股市未来进行下注，对市场的判断有误是亏损事件发生的直接原因。作为一名前台交易员，科维尔的主要职责就是通过发现衍生品买卖之间的细微差价，实现套利或对冲的目的。就衍生工具而言，正常的对冲或套利操作本身的市场风险是较小的，即在买入一份合约的同时卖出相同的一份合约，然而交易员科维尔在买入合约的同时，并没有卖出相同的股指期货合约，而是虚设交易账户，做成对冲交易的假象，由此演化成了投机交易。在投机交易之前又没有按照科学的风险计量程序，对欧洲股指期货市场未来的走向进行合理的预测，仅凭自己的主观臆断，想当然进行豪赌，认为市场会出现上涨。

（2）内部风险控制的漏洞。从内部控制与风险管理的角度来看，这是一起典型的银行业操作风险失控事件。国内外众多银行的巨额亏损事件表明操作风险仍然是导致衍生金融工具损失的重要原因。法国兴业银行事件中，它在限额控制、职责分离等方面的漏洞，无疑成为违规行为滋生的“温床”。

第一，限额控制上的缺陷。法国兴业银行将风险控制重点置于交易员的净额头寸上，忽视全部交易的规模与单边交易数额。为此科维尔利用虚构的卖出交易数据，造成净头寸得以对冲的假象，逃过了这一监管措施。此外，欧洲交易所向法国兴业银行提供的是汇总后的数据，并未具体细分至每位交易员。由于法国兴业银行在衍生品交易上素来额度巨大，所以他的巨额交易数量并未引起过多怀疑。

第二，职责分离上的失策。西方国家的金融机构实行一种类似于暗箱操作的授权机制，表现为不同的金融衍生品交易行为，授予交易员不同的权利。科维尔在进入法国兴业银行工作后，曾供职于中后台监控部门，对于法国兴业银行的监控流程了如指掌。这为其日后作为交易员的违规行为提供了职责上的便利。因此，企业在面临内部职位调动时，应妥善考虑职责兼容问题。

第三，对内外部警示信息的忽视。调查资料表明，法国兴业银行对于来自内外部的警示信息并未仔细核查，如 2007 年 11 月欧洲期货交易所曾质疑科维尔的交易仓位，以及 2006 年 6 月到 2008 年 1 月间风险控制系统发出了 74 次警报，直到第 75 次警报拉响，才使科维尔的违规行为得以曝光。

第四，没有正确认识金融衍生产品交易的风险。金融衍生产品交易是一种保证金交易，它是通过预测金融市场未来的走向，付出少量保证金而从事的一种投机性活动。这种交易风险极大，一旦出现亏损就将引起较大的震动。如巴林银行因衍生工具投机导致 9.27 亿英镑的亏损，最终导致拥有 233 年历史、总投资 59 亿英镑的老牌银行破产。法国兴业银行事件中，损失达到 71 亿美元，成为历史上最大规模的金融案件，震惊了世界。

2. 法国兴业银行巨亏事件影响深远

（1）法国兴业银行信用等级下降。在意外曝出巨额损失后，惠誉下调了对法国兴业银行的信用评级。公司董事长布东则当即表示辞职。更有金融分析师对此事表示担忧，担心它会对次级贷影响下的全球经济雪上加霜。

（2）这次案件触发了法国乃至整个欧洲的金融震荡，并波及全球股市，引发暴跌。2008 年 1 月 21 日，法国兴业银行开始平仓，低价贱卖这些仓位；法国兴业银行在巴黎的股票下跌了 8%，每股降至 78.52 欧元（114.78 美元）。受其影响，法国市值最大的银行 BNP Paris 收市时股票价格下降了 9.6%，法国、德国和英国的股市全线下跌 5% 以上。而在上一个交易日（1 月 18 日，星期五），法国兴业银行股票价格已下跌 8.2%。法国兴业银行事后坚决否认其平仓行为导致全球股市 1 月 21 日大幅下跌，理由是法国兴业银行将平仓量控制在市场交易量的 10% 左右，而且在正式通知投资者前尽快平仓可以减少其损失，否则该行的损失将更大。

3. 法国兴业银行采取办法减少损失和影响

兴业银行对其交易员科维尔提出了法律诉讼，相关部门的直接负责人离职。法国兴业银行董事长丹尼尔·溥敦（Daniel Bouton）曾提出辞职，但董事会拒绝了他的请求，就此次事件向全体股东公开致歉。2008 年 1 月 21 日，法国兴业银行开始平仓，低价贱卖这些仓位。此外，2008 年 1 月 22 日，美联储从法国央行和法国金融市场管理局获悉法国兴业银行的问题后紧急降息 75 个基点，创下 23 年以来最大的单次降息幅度，目的是为了拯救暴跌的股市。由于衍生金融工具牵涉的金额巨大，一旦出现亏损就将引起较大震动。法国兴业银行事件中，损失达到 71 亿美元，成为历史上最大规模的金融案件，震惊了全世界。

11.2.3 案例启示

1. 建立健全内部控制机制

衍生金融工具的风险很大程度上表现为交易人员的道德风险，但归根结底，风险主要来源于金融企业内部控制制度的缺乏和失灵。在国家从宏观层面完善企业会计准则和增强金融企业实力的同时，企业内部也应完善财务控制制度，消除企业内部的个别风险。

在一定程度上，防范操作风险最有效的办法就是制定尽可能详尽的业务规章制度和操作流程，使内控制度建设与业务发展同步，并提高制度执行力。内部控制制度是控制风险的第一道屏障，要求每一个衍生金融交易人员均应满足风险管理和内部控制的基本要求，必须有来自董事会和高级管理层的充分监督，应成立由实际操作部门高级管理层和董事会组成的自律机构，保证相关的法规、原则和内部管理制度得到贯彻执行；要有严密的内控机制，按照相互制约的原则，对业务操作人员、交易管理人员和风险控制人员要进行明确分工，要为交易员或货币、商品种类设立金额限制、停损点及各种风险暴露限额等，针对特定交易项目与交易对手设定合理的“集中限额”以分散风险；交易操作不得以私人名义进行，每笔交易的确认与交割须有风险管理人员参与控制，并有完整准确的记录；要有严格的内部稽核制度，对风险管理程序和内部控制制度执行情况以及各有关部门工作的有效性要进行经常性的检查和评价，安排能胜任的人员专门对衍生金融交易业务的定期稽核，确保各项风险控制措施落到实处等等。

2. 完善金融企业的法人治理结构

金融交易人员的行为风险可以通过内部控制制度防范，但再严格的内控对于企业高层管理人员也可能无能为力，管理层凌驾于内控之上的现象是造成金融企业风险的深层次原因。我国国有商业银行所有者虚位现象严重，对管理层的监督和约束机制还相对较弱。对于金融企业主要领导者的监督应借助于完善的法人治理结构。首先是建立多元的投资结构，形成科学合理的决策机构；其次是强化董事会、监事会的职责，使董事会在风险管理方面扮演更加重要的角色；最后是完善内部审计人员的职责，建立内部审计人员直接向股东会负责的制度。

3. 重视金融体系系统性风险管理

法兴劫难看似为一个个案，但它实际上有着明显的时代背景，是新金融体系系统性风险的一个突出反映。过去几年，全球经济持续增长，股票、债券和石油等大宗商品市场均出现强劲的投机风潮。由于现代金融体系的复杂性和联动性，即便很小的风险也会产生“蝴蝶效应”。几乎没有人料想到美国次级债务危机会如此严重，金融机构损失惨重，新金融体系的系统性风险浮出水面。美国次贷危机引起全球股灾，也在一定程度上引发了法兴劫难。

案例 11.3　巴林银行倒闭事件

11.3.1　案例介绍

1. 巴林银行有别于普通的商业银行

巴林银行（Barings Bank）于 1763 年在伦敦开业，创办人为法兰西斯·巴林爵士（Sir Francis Baring）。该银行成立初期，名为“约翰和法兰西斯·巴林公司”，1806 年，法兰西斯·巴林爵士的儿子亚历山大·巴林加入该公司并与 Hope & Co 的伦敦办事处合并，改名为“巴林兄弟公司”（Baring Brothers & Co）。

巴林集团主要包括四个部分：一是巴林兄弟公司，主要从事企业融资、银行业务及资本市场活动；二是巴林证券公司，以从事证券经纪为经营目标；三是巴林资产管理有限公司，主要以资产管理及代管个人资产为目标；四是集团在美国一家投资银行拥有 40% 的股份。

巴林银行有别于普通的商业银行，它不开发普通客户存款业务，故其资金来源比较有限，只能靠自身的力量来谋求生存和发展。1803 年，美国从法国手中购买南部的路易斯安那州时，所用资金就是出自巴林银行。1886 年，巴林银行发行“吉尼士”证券，购买者手持申请表如潮水一样涌进银行，后来不得不动用警力来维持，很多人排上几个小时队后，买下少量股票，然后伺机抛出。等到第二天抛出时，股票价格已涨了一倍。20 世纪初，巴林银行荣幸地获得了一个特殊客户：英国王室。由于巴林银行的卓越贡献，巴林家族先后获得了五个世袭的爵位。这可算得上一个世界纪录，从而奠定了巴林银行显赫地位的基础。

2. 巴林银行倒闭的过程

里森于 1989 年 7 月 10 日正式到巴林银行工作。在这之前，他是摩根·士丹利银行清算部的一名职员，进入巴林银行后，他很快争取到了到印度尼西亚分部工作的机会。由于他富有耐心和毅力，善于逻辑推理，能很快地解决以前未能解决的许多问题，使工作逐渐有了起色。因此，他被视为期货与期权结算方面的专家，伦敦总部对里森在印度尼西亚的工作相当满意，并允许在海外给他安排一个合适的职务。1992 年，巴林总部决定派他到新加坡分行成立期货与期权交易部门，并出任总经理。

里森于 1992 年在新加坡任期货交易员时，巴林银行原本有一个账号为“99905”的“错误账户”，专门处理交易过程中因疏忽所造成的错误，这原本是一个金融体系运作过程中正常的错误账户。1992 年夏天，伦敦总部全面负责清算工作的哥顿·鲍塞给里森打了一个电话，要求里森另外设立一个“错误账户”，记录较小的错误，并自行在新加坡处理，以免麻烦伦敦的工作，于是里森马上找来了负责办公室清算的利塞尔，向她咨询是否可以另立一个档案，很快，利塞尔就在电脑里输入了一些命令，问他需要什么账号，在中国文化里“8”是一个非常吉利的数字，因此里森将它作为他的吉祥数字，由于账号必须是五位数，这样账号为“88888”的“错误账户”便诞生了。

几周之后，伦敦总部又打来电话，总部配置了新的电脑，要求新加坡分行还是按老规矩行事，所有的错误记录仍由“99905”账户直接向伦敦报告。“88888”错误账户刚刚建立就被搁置不用了，但它却成为一个真正的“错误账户”被存在电脑之中。而且总部这时已经注意到新加坡分行出现的错误很多，但里森都巧妙地搪塞而过。“88888”这个被人忽略的账户，提供了里森日后制造假账的机会，如果当时取消该账户，那么巴林的历史可能会被重写了。

1992 年 7 月 17 日，里森手下一名加入巴林仅一星期的交易员金（King）犯了一项错误：当客户（富士银行）要求买进 20 手日经指数期货合约时，此交易员错误操作卖出 20 手，这项错误在里森当天晚上进行清算工作时被发现。欲纠正该项错误，须买回 40 手合约，表示至当日的收盘价计算，其损失为 2 万英镑，并应报告伦敦总公司。但在种种考虑下，里森决定利用错误账户“88888”，承接 40 手日经指数期货空头合约，以掩盖失误。然而，如此一来，里森所进行的交易便成了“自主交易”，使巴林银行的这个账户暴露为风险头寸。数天之后，由于日经指数上升 200 点，此空头部位的损失便由 2 万英镑增为 6 万英镑（注：里森当时年薪还不到 5 万英镑），此时里森更不敢将此失误向上呈报。

另一个与此同出一辙的错误是里森的好友及委托执行人乔治犯的。里森示意他卖出的 100 份 9 月的期货全被他买进，价值高达 800 万英镑，而且好几份交易的凭证根本没有填写。如果乔治的错误泄露出去，里森不得不告别他已很如意的生活，将乔治出现的几次错误记入“88888”账户对里森来说是举手之劳。但至少有三个问题困扰着他：一是如何弥补这些错误；二是将错误记入“88888”账户后如何躲过伦敦总部月底的内部审计；三是 SIMEX 每天都要他们追加保证金，他们会计算出新加坡分行每天赔进多少。“88888”账户也可以被显示在 SIMEX 的大屏幕上。为了弥补手下员工的失误，里森将自己赚的佣金转入账户，但其前提当然是这些失误不能太大，所引起的损失金额也不是太大，但乔治造成的损失金额确实太大了。

为了赚回足够的钱来补偿所有损失，里森开始承担越来越大的风险，他当时从事大量跨式头寸交易，因为当时日经指数稳定，里森从此交易中赚取期权权利金。若运气不好，日经指数变动剧烈，此交易将使巴林招至极大损失。里森在一段时日内做得还极顺手。到 1993 年 7 月，他已将“88888”账户亏损的 600 万英镑转为略有盈余，当时他的年薪为 5 万英镑，年终奖金则将近 10 万英镑。如果里森就此打住，那么，巴林的历史也会改变。

除了为交易员遮掩错误，另一个严重的失误是为了争取日经市场上最大的客户波尼弗伊。在 1993 年下旬，接连几天，每天市场价格破纪录地飞涨 1 000 多点，用于清算记录的电脑屏幕故障频繁，无数笔的交易入账工作都积压起来。因为系统无法正常工作，交易记录都要靠人力，等到发现各种错误时，里森在一天之内的损失便已高达将近 170 万美元。在无路可走的情况下，里森决定继续隐藏这些失误。

1994 年，里森对损失的金额已经麻木了，“88888” 账户的损失，由 2 000 万英镑、3 000 万英镑，到7 月已达5 000 万英镑。事实上，里森当时所作的许多交易，是在被市场走势牵着鼻子走，并非出于他对市场的预期如何。他已成为被其风险头寸操作的傀儡。他当时能想的是哪一种方向的市场变动会使他反败为胜，能补足 “88888” 账户的亏损，便试着影响市场往哪个方向变动。

1995 年 1 月 18 日，日本神户大地震，其后数日东京日经指数大幅度下跌，里森一方面遭受了更大的损失，另一方面购买更庞大数量的日经指数期货合约，希望日经指数会上涨到理想的价格范围。1 月 30 日，里森以每天 1 000 万英镑的速度从伦敦获得资金，已买进了 3 万手日经指数期货，并卖空日本政府债券。2 月 10 日，里森以新加坡期货交易所交易史上创纪录的数量，已握有 55 000 手日经期货及 2 万手日本政府债券合约。交易数量越大，损失越大。

所有这些交易，均进入 “88888” 账户。账户上的交易，以其兼任清查之职权予以隐瞒，但追加保证金所需的资金却是无法隐藏的。里森以各种借口继续转账。这种松散的程度，实在令人难以置信。2 月中旬，巴林银行全部的股份资金只有 47 000 万英镑。

3. 百年基业毁于一旦

1995 年 2 月 23 日，在巴林期货的最后一日，里森对影响市场走向的努力彻底失败。日经股价收盘降到 17 885 点，而里森的日经期货多头风险头寸已达6 万余手合约；其日本政府债券在价格一路上扬之际，其空头风险头寸亦已达 26 000 手合约。里森为巴林所带来的损失，在巴林的高级主管仍做着次日分红的美梦时，终于达到了 8. 6 亿英镑的高点，造成了世界上最老牌的巴林银行终结的命运。

1995 年 2 月 26 日晚 9 点 30 分，英国中央银行英格兰银行在没有拿出其他拯救方案的情况下只好宣布对巴林银行进行倒闭清算，寻找买主，承担债务。同时，伦敦清算所表示，经与有关方面协商，将巴林银行作为无力偿还欠款处理，并根据有关法律赋予的权力，将巴林自营未平仓合约平仓，将其代理客户的未平仓合约转移给其他会员处置。2 月 27 日（周一），东京股市日经平均指数再急挫 664 点，又使巴林银行的损失增加了 2. 8 亿美元，全部损失达 6 亿英镑，约 9 亿多美元。截至当日，里森持有的未平仓合约总值达 270 亿美元，包括购入 70 亿美元日经指数期货，沽出 200 亿美元日本政府债券与欧洲日元。

——资料来源：汪威刚．巴林银行倒闭事件的行为金融学解析 [J]．经营与管理，2018（11）：37 - 39。

11.3.2 案例分析

1. 巴林银行倒闭的原因错综复杂

（1）巴林集团管理层的失职。新加坡国际金融交易所发现新加坡巴林期货公司的交易中存在若干异常，并向巴林集团提出了一些关于新加坡巴林期货公司的征询。根据官委清盘人的观点，如果巴林集团的管理层适当检讨并理解新加坡国际金融交易所在致该集团的信中所表述的忧虑，那么倒闭是可能挽回的。官委清盘人认为巴林资产负债管理委员会回复新加坡国际金融交易所第二封信的态度尤其该受到严厉指责，该回信向新加坡国际金融交易所作出许多毫无基础的错误保证。同样，琼斯对新加坡国际金融交易所的两封信的态度，也反映了他对问题掉以轻心到了令人无法接受的程度。

（2）松散的内部控制。从巴林破产的整个过程看，无论是各国金融监管机构或国际金融市场都普遍认为，金融机构内部管理是风险控制的核心问题，而巴林的内部控制却是非常松散的。据报道，在2月26日悲剧发生之前，巴林银行的证券投资已暴露出极大的风险性，但竟未引起该行高级管理人员的警惕。1月第一周，里森持有合约3 024份，20天后，即持有合约16 852份（短短20天内，合约持有额增长4倍）。到2月中旬，里森持有的合约突破20 000份，比在同一市场操作的第二大交易商持有头寸多出8倍。该信号由于我们所不知道的原因而没有被巴林银行的最高管理当局注意到从而作出应有的反应。总之，巴林很行本身的内部控制制度失灵了，预警系统失效，最终导致了悲剧的发生。巴林破产后不久，该银行高级主管人员称对尼克·里森在新加坡的所作所为一无所知，因为直到尼克·里森离职的那天，即2月23日星期四，公司的风险报告仍出现交易平衡。

（3）业务交易部门与行政财务管理部门职责不明。在巴林新加坡分部，尼克·里森本人就是制度。他分管交易和结算，这与让一个小学生给自己改作业、打分并没有什么区别。这种做法给了里森许多自己做决定的机会。作为总经理，他除了负责交易外，还集以下四种权力于一身：监督行政财务管理人员；签发支票；负责把关与新加坡国际货币交易所交易活动的对账调节；负责把关与银行的对账调节。行政财务管理部门保留各种交易记录并负责付款。虽然公司总部对他的职责非常清楚，尚未采取任何行动，他们生怕因得罪他而失去了这个“星级交易员”。他既负责前台交易又从事行政财务管理，就像一个人既看管仓库又负责收款。由于工作便利，尼克·里森的代号为“88888”的误差账号用了1年多，直到1995年2月23日他辞职时才被发现。

（4）代客交易部门与自营交易部门划分不清。以一个公司的资本作交易叫作公司自营交易，除此之外，公司还可以代客户交易。当然，第二种情况公司会向客户收取一定的佣金或交易费。比如说我们大家熟悉的股票交易，公司一般根据客户的要求做交易，当然有时也会提供一些建议。由于公司仅仅按照客户的要求代其行使权利，如有损失客户自己负责。由于所得利润归客户，出现维持金不够的情况也应由客户自己垫付。尼克·里森所做的交易也曾受到巴林新加坡期货部同行们的质询，但是他总是说自己是代客户交易。也有人提出尼克·里森在对巴林撒谎，因为代客户垫付期货合同的维持金是非常少有的事。在许多公司里代客户交易与自营交易的混淆也带来了管理上的困难，只有把两者划分清楚，才能进行有效的风险管理。

（5）奖金结构与风险参数比例失当。每个银行都会有一定比例的奖金分配，并且相比其他行业而言，该比例还比较高，但是巴林银行的奖金比例高达 50%，即公司毛利的 50% 作为奖金发给相关业务员及人员，该比例确实高得离谱。想一想在动辄上亿，少则上万的金融投资行业中，这种高额奖金无疑是刺激业务员高风险操作的动因。据说巴林公司在倒闭前不久，分配了 1 亿英镑奖金给雇员，里森也直接收益于这种高额奖金带来的巨大财富。正常的 10% ~30% 奖励制度无可厚非，但超额的奖惩制度就会刺激业务员的投机行为，从而忽略投机行为背后的高风险，而置公司集体的利益于不顾。里森最后只判了 6 年多的刑事监禁，而且提前 3 年就释放出狱。究其原因，还是因为个人虽然为始作俑者，但是真正受害的是公司或集团。所以防微杜渐，适当的奖金分配比例无论对公司，还是对个人都是有益的。

（6）各个国家或地区的信息和沟通不到位。现在金融市场已经全球化了，但是各个国家自己制定相关的法规实施范围也仅限于本国国界。巴林破产案中，英国、新加坡和日本这三个国家的管理者没有沟通管理信息，缺乏全球性的协调及信息沟通也是巴林破产的又一外在原因。随着全球集团和业务的发展，有必要将金融银行等方面的制度法规统一规范起来，这样，不仅操作方便，更加能减少因为外部环境而产生的操作风险。对此，作为金融衍生品的执行机构和相关人员，我们必须清醒地认识到巴林银行给我们带来的经验教训和重要启示。

（7）央行对金融机构监管薄弱。1995 年 1 月 11 日，新加坡期货交易所的审计与税务部发函巴林，提出他们对维持“88888”账户所需资金问题的一些疑虑。事实上，从 1993 年到 1994 年，巴林银行在 SIMEX 及日本市场投入的资金已超过 1.1 亿英镑，超出了英格兰银行规定英国银行的海外总资金不应超过 25% 的限制。为此，巴林银行曾与英格兰银行进行多次会谈。1994 年 5 月，巴林银行得到了英格兰银行主管商业银行监察的高级官员的“默许”，但此默许并未留下任何证明文件，因为没有请示英格兰银行有关部门的最高负责人，违反了英格兰银行的内部规定。

2. 国际金融市场遭受严重冲击

巴林银行的破产，对国际金融市场造成严重的冲击，影响的范围，直接涉及新加坡、东京、大阪、伦敦、香港和其他有关的金融市场。1995 年 2 月 27 日，巴林事件公开披露之后的第一个交易日，新加坡股市出现大幅度下跌，海峡时报指数跌去 20.42 点。日本股市作为重灾区，所受的打击更为沉重。据日本《经济新闻》报道：日本有 15 家银行拥有日本巴林证券公司总计 7.18 亿美元的资产，其中有 5.3 亿美元可能要做坏账处理。2 月 27 日的东京日经指数狂泻 954 点，跌幅达 5.4%，创出 15 个月以来的新低。在英国，英镑汇率受到冲击，英镑兑马克汇率跌穿 2.3 的重要支撑位，成为两年多来的新低。伦敦金融时报 100 指数 3 月 8 日收报 52 986.9 点。

巴林事件使马来西亚、韩国及印度等国家的金融管理当局深感震惊，因为这些国家正计划推出期货交易。印度证券交易局主席迈赫塔表示，在推出期权和期货交易之前，他们肯定会把巴林事件考虑在内。巴林事件在香港金融市场引起了很大反响。香港股市在开市的第一天，即2月27日，立即作出向下的反应，恒生指数一度深跌200多点。2月28日起，大批的客户涌入巴林（香港）公司，提出储存在该公司的股票，转移到百富勤等其他证券公司。3月10日，恒生指数跌穿8 000点整数关。此外，台北股市也下跌了3.1%，菲律宾联合交易所成分指数下跌4.2%，韩国的股市下跌2.25%。

3. ING收购巴林银行

在英国央行及有关方面协助下，3月2日（周四），在日经指数期货反弹300多点的情况下，巴林央行所有未平仓期货合约分别在新加坡国际金融期货交易所、东京及大阪交易所几近全部平掉。至此，巴林银行由于金融衍生工具投资失败引致的亏损高达9.16亿英镑，约合14亿多美元。3月6日，荷兰国际集团与巴林达成协议，愿出资7.65亿英镑现金，接管其全部资产与负债，使其恢复运作，将其更名为“巴林银行有限公司”，3月9日，此方案获得英格兰银行及法院批准，ING收购巴林银行的法律程序完成，巴林全部银行业务及部分证券、基金业务恢复运作。至此，巴林倒闭风波暂告一段落，令英国人骄傲两个世纪的银行已易新主，可谓百年基业毁于一旦。

11.3.3 案例启示

巴林银行的倒闭看起来像是因为个人的越权行为所致，实则不然，巴林银行事件反映出现代跨国银行管理和内部控制体制的缺陷。

1. 管理层必须对其所经营管理的业务有充分的认识

现今跨国银行的业务日益复杂和多元化：①以前在同一国家内以同一实体经营的业务现在可以在多个金融中心以不同法律实体的形式经营，这意味着以前仅受一国监管机构管辖的业务现在必须由多个监管当局联合管辖。②银行交易的不断拓展使银行的利润来源日益多元化，同时也改变了银行业务的性质，使银行的风险来源日益多元化。③金融产品创新和信息技术的飞速发展使银行内舞弊和欺诈行为变得更加隐蔽和快捷，造成的损失也更大。

在巴林银行中，最高管理层和日常管理层都没有充分理解新加坡分行所从事的衍生业务的性质，他们只注意到新加坡分行每年账面上的盈利，却没有发现这些巨额盈利背后的风险。因此，管理层对业务风险的清醒认识是内控机制建立和完善的前提。这种认识必须是对银行内每种业务的盈利和风险有客观的分析，必须分清各种业务之间的关系，以及每种业务所要求的内控程序有何不同，以减少发生业务错误或舞弊的可能性。对于风险较大的业务，不能因为其收入和盈利较高就回避其面临的风险，而应该对其适用更严格的避险和内控措施，因为金融业的多次危机证明，盈利收入越高，尤其是收入增长最快的业务，往往也是风险最为集中的领域。巴林银行的高级管理层与业务操作人员的信息沟通渠道严重脱节，高级管理层对巴林银行所从事的业务缺乏足够的了解，即使是在一些危险信号出现时，管理层也对此缺乏足够的重视。建议银行管理人员定期巡视从事相关交易的海外分支机构，向交易员、风险管理人员、后勤人员了解情况，进入交易所进行实地调查，对分支机构和交易员的具体业务情况有所了解。

2. 银行内各项业务的职责必须确立并明示

无论银行的分支机构采取何种组织形式，都必须建立起明确的责任机制。所有的管理人员和雇员必须明确自己的职责，在各项职责之间必须做到不疏不漏。英国监管当局的研究报告《巴林银行倒闭的教训》特别指出，对于“矩阵”（matrix）组织结构的银行，即由一名业务人员负责多项业务的部分或全部的情况下，必须特别注意管理职责的明晰。巴林银行无疑就是采取“矩阵”模式的典型，它的主要教训有三个：①在跨国银行组织系统内，当地分支机构的管理层必须承担一线监管责任。尽管业务人员可能不直接对当地分支机构的管理层负责并报告，但当地分支机构的管理人员必须对其所从事的业务情况及其后果有清醒的认识。②对于银行的非主流业务（activities out of mainstream），即所谓的创新或表外业务，银行管理层必须有足够的并表和监控措施。③在“矩阵”模式下，可能存在着多头汇报的信息沟通体系，即业务人员可能既向当地管理层汇报，又向总部业务管理部门汇报，因此在接纳信息的管理层之间要有充分的信息沟通渠道。

3. 利益冲突业务的隔离是内部控制有效性必不可少的一个环节

巴林银行最惨痛的教训在于没有实现“前台职务”和“后台职务”的有效分离。所谓前台职务，主要指交易业务；所谓后台职务，包括清算、稽核和业务准入。尽管后台业务与前台业务往往是并行发生的，一一对应，如一笔交易必然伴随着相应的清算交割和业务稽核，但并不等于说，后台业务是从属于前台业务的。巴林银行显然就混淆了前台业务和后台业务之间的关系，将后台业务作为前台业务的附属品，这种以交易盈利作为重心的做法必然导致对风险因素和稽查工作的忽视，造成严重的危机隐患。就业务性质和地位而言，前台与后台业务没有主次之分，只有业务分工的区别，前台主要服务于银行的营利性，后台主要服务于银行的安全稳健性，当清算或稽核部门发现前台业务的不正常征兆时，应及时报告银行的高级管理层，以便及时采取处置措施。

案例 11.4　英国西敏寺银行巨额亏损

11.4.1　案例介绍

1. 英国国民西敏寺银行受衍生产品操作不当之苦

继英国巴林银行从事衍生金融产品失误而遭致倒闭两年之后，1997 年 2 月 28 日，英国国民西敏寺银行宣布其受衍生产品操作不当之苦，损失 5 000 万英镑。这是英国银行业经营史上第二大损失案。

英国国民西敏寺银行是 1968 年由国民地方银行和西敏寺银行两家银行合并而成的。国民地方银行成立于 1833 年，原名英格兰地方银行，1918 年改名为英格兰国民地方和联合银行；西敏寺银行成立于 1836 年，原名伦敦西敏寺银行，1909 年与伦敦郡银行合并，后又兼并了马尔斯特、诺丁汉、史迪威尔等银行。

国民西敏寺银行直接拥有或控制的子公司达 50 多家，遍及北美、东亚、中东、欧洲、大洋洲的 40 多个国家和地区。这是一家股份上市的私营银行，主营业务分为国内部、国际部和负责证券投资融资的综合业务部三大块。根据英国银行家协会 1997 年年初公布的资料，国民西敏寺银行共有 1 920 个支行、分行和营业部，吸收存款 1 138 亿英镑，客户 750 万个。《银行家》杂志公布了国民西敏寺银行 1996 年的营业数据：资产 1 853. 36亿英镑，利息收入 37. 14 亿英镑，非利息收入 34. 97 亿英镑，成本 49. 36 亿英镑，提取坏账准备金 6. 13 亿英镑，税前利润 17. 22 亿英镑，雇员 6. 9 万人，其中英国本土 4. 7 万人。与 1986 年相比，国民西敏寺银行的资产、利润均翻了一番多，这主要得益于英国金融改革和多元化、跨国化的发展战略。

2. 英国国民西敏寺银行巨额亏损的爆发

1997 年 2 月 28 日，国民西敏寺银行在伦敦股市收市后发表声明：由于该行市场部一位高级经理监管不力，致使该部在从事利率期货交易中错误定价，造成高达 5 000 万英镑（折合 8 140 万美金）的巨额亏损，而这笔亏损实际却发生在 1996 年的某一段时间内。作为股份上市企业，国民西敏寺银行的经营业绩受到 10 多万大大小小股东的直接关注。巨额亏损的直接责任者帕普伊斯已于 1996 年 12 月离职。两个月后，会计师事务所对国民西敏寺银行的子公司金融市场集团（简称“NWM”）进行审计。审计报告公布后，NWM 的总裁、51 岁的欧文被迫辞职。国民西敏寺银行又追究了一批管理者的责任。随后，NWM 欧洲期权交易部经理、亚洲债券交易主任、NWM 财务经理、办公室主管等先后辞职。

在 1997 年中期报告公布之前，国民西敏寺银行向伦敦证券交易所和证券投资委员会提交了以下改组整顿方案。

（1）出售法国、荷兰、奥地利零售机构，停止大洋洲的债券交易业务，精简东亚证券人员。

（2）确定核心业务。根据重组方案，NWM 将以全球股票、债券、咨询代理为主，原来的国库券业务已于 1997 年 8 月单列，由新成立的国民西敏寺银行公债贸易集团承担。亚历山大爵士指出，国民西敏寺银行还将关闭 170 个分行，削减雇员 1 万人左右，整个重组调整的成本将达到 10 亿英镑，包括辞退补偿金等。

（3）启用一批跨国经营人才。1996 年 10 月，国民西敏寺银行聘原汇丰控股公司的迪尔奇担任财务总监。他随即对 NWM 和欧文提出批评，建议重新审视国民西敏寺银行发展规划。在他的提议下，NWM 启用了一批外围专家（即被 NWM 兼并购买的企业员工），如格林尼治的克鲁格担任 NWM 的总裁，哈利斯担任公债贸易集团总裁。根据克鲁格的计划，NWM 将改变资金结构，重视资产的回报率和期权合约的安全性、盈利性。

（4）加强内部控制。国民西敏寺银行过去对低级职员要求较高，但对高级职员和高级管理人员管理不严。根据审计报告的建议，国民西敏寺银行将修改员工守则，详细规定经理、总监、总裁的连带责任和处罚办法，并对他们定期进行道德与行为准则的内部纪律审查。

（5）停发本年度的奖金、花红。NWM 雇员尚未颁发的 800 万英镑年终花红，停止发放，以冲销期权交易中的亏损黑洞。同时，国民西敏寺银行将从欧文等离职补偿金中扣除按年功业绩计算的一部分金额。

3. 国民西敏寺银行巨亏被收购

1997 年上半年利润下降。8 月 4 日，国民西敏寺银行公布了中期报告，税前利润 6.71 亿英镑，比 1996 年同期下降 13%；营业收入仅增长 6%，而成本上升 8%；资本收益率仅 13%，比同行的 16% ~20% 低。《星期日泰晤士报》的评论称：中期报告令人失望，市场在发展，而国民西敏寺银行却没取得应有的发展。国民西敏寺银行把利润减少归咎于租金上涨和税费调整，但证券分析家却持有不同的看法。他们主张，要从经营结构、项目和效益上找原因，从管理上找原因。股价虽有反弹，但呈下跌走向。股评家积棋蒂·汉密尔顿比较了国民西敏寺银行和巴克莱银行股票价格近两年来的走势，揭示了股民心态和市场走向，见表 11 -1。

表 11 -1　　国民西敏寺银行和巴克莱银行的股票价格　　单位：便士

日期	国民西敏寺银行	巴克莱银行
1994 年 7 月	497	501
1995 年 7 月	671	689
1996 年 7 月	815	867
1997 年 7 月	780.5	1 170

资料来源：《星期日泰晤士报》，1997 -06 -08。

必须说明的是，因巨额亏损，国民西敏寺银行高层人士透露了整体出售的意向，拉开了为期两个月的产权交易拉锯战。10 天之后，巴克莱银行表示了通盘兼并的意图，开价 128 亿英镑，以上一周的每股均价 745 便士为基数。巴克莱的发言人称，已初拟合并调整方案，可减少国民西敏寺银行的 30% 人力开支，降低 10% 的综合成本，组成英国实力最强的银行集团。由于价格和国民西敏寺银行上层意见不一，合并计划夭折。6 月末，国民西敏寺银行聘请拉扎德兄弟公司为代理人，与有购买意向的谨慎公司（英国保险业巨头，与美国的一家同名）和阿比国民银行（Abbey National Bank）洽谈合并事宜。阿比国民银行提交了收购方案，而谨慎公司便进入了实质性阶段。7 月上旬，国民西敏寺银行与谨慎公司董事会直接谈判，初步接受了145亿英镑的价格。而在随后的谈判中，谨慎公司提出彻底放弃证券融资代理和期权合同交易的方案，为国民西敏寺银行所拒绝。双方不欢而散，有关国民西敏寺银行整体出售的谈判暂告一个段落，国民西敏寺银行股价随即下落。

2000年2月，苏格兰皇家银行一举成功收购了比自己资本规模大3倍的国民西敏寺银行。由于该项收购涉及金额达210亿英镑，创下了英国历史上银行业收购的最高金额纪录。

——资料来源：英西敏寺银行巨额亏损衍生工具风险警钟长鸣［J］．国际金融，1997（04）：57。

11.4.2 案例分析

1. 期权交易高风险与内部管理失控是国民西敏寺银行巨亏的主因

（1）从非法持股到长达3年的司法审查。早在1987年末，国民西敏寺银行就成为银行业、舆论界关注的焦点，起因是科蒂证券公司非法持有蓝箭股票案。国民西敏寺银行除原有的科蒂证券公司外，还收购了苏格兰爱丁堡的沃德·麦肯齐证券公司（原归信托储蓄银行所有）。上述两家证券公司各占有英国机构证券投资市场的5%，但科蒂证券公司面向中小企业，沃德·麦肯齐证券公司则为蓝筹股大公司服务。通过兼并，国民西敏寺银行具备了与华宝、贝克莱的BZW、斯克罗德、弗莱明、克兰沃特本森、摩根·格伦费尔等在投资银行业务领域相抗衡的实力，进而从商业银行转向综合性金融集团。但1987年10月黑色星期一前后，蓝箭股票却让国民西敏寺银行大伤元气。

1987年9月下旬，从事人力资源开发的蓝箭公司，为筹资购并美国人力公司，委托科蒂证券公司发行价值8.37亿英镑的股票。虽然科蒂证券公司和另外一位共同发行者菲利浦斯与德卢证券公司极力宣传蓝箭股票投资价值高，但实际认购率仅为49%。在股权寄存期间，发行商科蒂证券公司认购了4.9%蓝箭股票。同时，同属一个集团的国民西敏寺银行证券公司（交易商）也认购了4.6%。

1987年10月19日全球股市崩溃，国民西敏寺银行终于认识到购买蓝箭股份是一大失策，于是赶快把4.6%的股份转移到科蒂证券公司。此时，科蒂证券公司共持有9.5%蓝箭股票，明显违反证券交易法规和同业规范。按规定，超过5%的持股者必须公开声明，发行商、交易商也不例外，必须公开表明持股的目的。到12月中旬，伦敦证券交易所和证券投资委员会提出质询，并过问此事时，国民西敏寺银行已铸成大错：第一，违反英国证券交易法规，引发一起长达3年之久的违规诉讼，并引起蓝箭投资者的不满，结果国民西敏寺银行支付巨额罚款，董事长、科蒂证券公司总裁等被迫于1992年初辞职；第二，科蒂证券公司股价从发行时的166便士下跌到1月17日的93便士。此时，科蒂证券公司不得不忍痛割肉平仓，损失惨重。

1988年2月，针对国民西敏寺银行证券公司的答辩，英国贸易与工业部十分不满，指责国民西敏寺银行隐瞒 5% 以上持股情况长达两个多月，已违反证券交易规则。双方争论的焦点是如何理解《英国公司法》第 2 款。该条款允许证券商在某些情况下（如寄销、寄存、托管）持股超过 5% 不必公开声明。

事后的调查表明，国民西敏寺银行作为交易商，多次购买囤积大量股票，伺机抛出，从中牟取暴利。它购买科蒂证券公司股票，准备满足美国股民的需求，估计能在美国畅销。事实上，在“大冲击”之前，证券管理机构也默许了这种方式，但随着管理的法制化，贸易与工业部对证券交易的控制更加严格，司法界对 209 款的解释更加精确，明确规定超过 5% 的购买囤积是违规行为，国民西敏寺银行成为举国声讨的对象。英国经济界把这一事件列为 20 世纪 80 年代证券交易丑闻之一，并非信口开河、言过其实之举。

（2）NWM 的内部管理失控。1987 年以来，NWM 扩大了期权交易种类，从股票发展到货币（包括本币和外汇）、债券、贵金属，地理范围从欧洲扩大到东亚、北美和大洋洲。同时，NWM 还向融资兼并、产权交易代表、证券研究、顾问咨询等领域发展，力图跻身于与美林、所罗门等齐名的全球十大投资银行之列，但国民西敏寺银行久治未愈的管理失控顽症却依然存在，影响了其健康有序的发展，以致酿成了 1997 年年初震动英伦三岛的期权交易巨额亏损。整个案情并不复杂。NWM 的伦敦交易员帕普伊斯自 1994 年下半年以来，多次以低于市场标准的保证金和期权费与客户签订期权交易合同，造成亏损后，他一次次做假账，掩盖实际交割情况，编造盈大于亏的假象，不惜动用 NWM 的数亿英镑资金，以自营方式继续进行以即期汇率为基价的货币期权交易。他的欺骗手法居然无人识破，日积月累，造成巨额损失。他所签订的日元兑美元、德国马克兑英镑期权交易合同，虽然多次被集团驻东京、法兰克福的分支机构所怀疑，但 NWM 总裁马丁・欧文等高级管理人员对他极为信任，要求下属全力配合支持。会计师们指出，帕普伊斯所造成的直接交易损失达 7 700 万英镑，另因客户信用关系造成坏账 500 万英镑和虚假利润所颁发的花红、奖金 800 英镑。他们一致认为，NWM 兼并扩张后的管理松懈是导致亏损的主因。

（3）NWM 的 10 年扩展与内部纷争。国民西敏寺银行主要以缩减零售业务和兼并发展投资业务的方式实现既定的战略转移目标。欧文于 1988 年担任科蒂证券公司总裁。他原是宗教准军事武装——救世军的军官、牧师，后进入国民西敏寺银行任职，因工作积极、进取心强而不断升迁。1988 年年初，他接管摇摇欲坠的科蒂证券公司，但业绩并不显著。蓝箭非法持股案审理后，原国民西敏寺银行董事长、总裁引咎辞职，分别由亚历山大爵士和温勒斯接任。在要么生存发展、要么关门倒闭的口号下，他们进行了国民西敏寺银行的结构重组，并许诺全力支持欧文的转轨和发展计划。至 1996 年，国民西敏寺银行进行了以下重大举措。

①以 20 亿美元出售美国新泽西州分行（拥有支行、分理处 360 个），后又陆续出售芝加哥、旧金山、波士顿等地的分行，共筹资 35 亿美元。在此前后，国民西敏寺银行还出售了西班牙、德国、意大利的分支机构。

②1992 年，将科蒂证券公司及国民西敏寺银行的其他证券、贵金属期货交易机构

合并为NWM，由欧文担任总裁。为了弥补在基金售理、企业兼并和融资顾问等领域的不足，国民西敏寺银行动用巨额资金进行购买兼并，仅1995—1996年，就以12亿英镑购买了4家企业产权：1995年，以1.35亿英镑购入美国格里彻尔公司（Gleacher Co.）、专营企业兼并收购的代理顾问公司；接着以4.7亿英镑收购戈特莫尔基金管理公司（Gartmour Fund Co.）；其后，又兼并美国债券交易商格林尼治资本公司（Greennwhich Capital Co.）；1996年12月，NWM又以1亿多英镑吞并了英国的小型投资商汉布罗·马根公司（Hambro Magan House）。

为了拓展东亚证券交易市场，NWM于1994年年初与香港惠乐克集团（Wheelock）共同出资，成立惠乐克国民西敏寺银行证券公司，以资金、技术、人才优势，力图成为亚洲证券巨臂。1996年11月5日宣布，以巨款和股票交换方式购入惠乐克的股权，使之成为独资企业。英国证券评论家坎恩估计，1992年以来，NWM投入20亿英镑进行兼并扩张，加上自有资金，共占母公司40多亿英镑的资金。NWM则在26个国家或地区设立分支机构，共有雇员8 000多人。但其成本居高不下，与母公司的零售、保险、信用卡、公私信贷相比，经营业绩不甚理想，引起高层人员的指责。

③实施减人增效计划。20世纪80年代末，国民西敏寺银行一度拥有9.3万名员工，机构庞杂，成本较高。1997年以来，除出售部分境外产业外，主要方式是关停并转零售机构，提高硬件水平。为此，国民西敏寺银行每年投入近10亿英镑用于更新改造和购置先进设备。位于洛思伯里大街41号的国民西敏寺大厦，是伦敦最高的建筑物，是一幢5A级大楼，空调、通风、防火、通信、办公自动化和安全监控设施一应俱全，在英伦三岛银行业处于最先进的地位。国民西敏寺银行成功地开发了信用卡、电子货币、远程图文交易业务，实现了内部控制电脑化、信息交换网络化、客户沟通信息化（即利用因特网络推销、订购银行产品），理应降低交易成本、管理成本、人力成本，使银行、客户、股东三方受益，然而，事与愿违，多次发生的亏损使人们怀疑国民西敏寺银行的经营管理能力，也使《金融时报》发出“英国能否建立世界水准的投资银行”的质疑。可见，NWM的亏损不但使母公司，也使同行、证券管理者、股东产生极大的震动，人们担心，它将是一个“宇宙黑洞”，吞噬着更多的银行资本和钱财。

2. 国民西敏寺银行的巨亏挫伤了英国银行开展投资业务的积极性

1997年上半年，除汇丰在北美、中东收购了两家中型银行外，其他英国银行并无惊人的举动。《经济学家》1997年6月21日刊载了证券学家罗伊·史密斯的看法，英国银行在投资业务方面难与美国同行抗衡，已在竞争中失败。双方不仅在资本、经营规模、项目品种上差异显著，在经济效益上更是相差悬殊。如1996年美林的资本收益率达28%，而华宝、贝克莱的BZW分别为16.4%、8%，NWM则更低了。因此，一些专家认为，英国难以建立全球性的投资银行，巴林的崩溃、华宝的出售、NWM的亏损似乎成为这一论点的依据。

3. 英格兰银行早先预见其经营亏损

NWM 期权交易的损失本身就是令英伦三岛同行震惊的教训。对此，英格兰银行很有先见之明。1997 年 2 月，NWM 宣布经营亏损，它马上察觉到 NWM 的风险管理不善，管理者责任重大。会计师事务所的审计又证明，尽管有人造假账，虚报利润，但没有发现其中有谋私敛财行为，表明亏损的原因是期权交易的高风险和管理控制中的失衡。

11.4.3 案例启示

1. 加强对专职交易员资格审查和监督管理

欧文以宗教教义为宗旨，立志在 NWM 创造“家庭式文化氛围”，大家都是兄弟姐妹，相互信任，友好共处，结果害人害己。他充分信任手下的经理和专职交易员，要求他们忠诚、自信、大胆地开拓业务，反对银行内部的交叉多重内审制度和对低级雇员的定期品德审核。正因为管理松懈，才使长达两年之久的亏损由小到大，日积月累，成为 NWM 不堪承担的包袱。

2. 加强风险性产品的会计控制

期权合同交易是衍生金融系列产品之一。由于最终交割、兑现上的延时性（本身有一段时间差），只有时间才是判断指数起伏、交易输赢的唯一准则，客观上造成难于检验、风险较大、易受交易员个人的判断力影响等特征。对此，英国证券界主张从以下三个方面进行控制：①严格会计纪律；②开发风险投资软件系统和期权合同交易管理软件；③与客户共同承担风险责任。

3. 转轨的目标应切合实际

国民西敏寺银行的目标是“名列全球十大投资银行之一”。欧文只不过是这一目标的忠实执行者。但与英国一些投资银行一样，NWM 在英伦三岛业绩不凡，而在国外则难有起色。以兼并融资为例，NWM 每年承接 50 多项业务，兼并金额为 50 亿 ~ 80 亿英镑，超过北美、亚太、欧洲大陆之和。同时，NWM 占用了母公司 60% 的自有资本金，但却没能创造出同比例的效益。1992 年以前，NWM 长年亏损，人们认为是投资银行的经营特点：起步成本高，只有达到一定的规模效益才有可能获利。此后虽年年获利，但仅是零售业务部门的 1/3 ~ 1/2。1997 年上半年，冲销期权交易亏损后，NWM 的营业利润仅为 3 800 万英镑（1996 年同期达 2.19 亿英镑），仅及零售业务的一个零头。坎恩多次批评国民西敏寺银行的发展目标华而不实，带有理想主义色彩。他认为国民西敏寺银行整体出售的价格应为 10 英镑一股，因为它下属的库茨信贷公司、岛人银行、伦巴德融资公司、戈特莫尔公司信用良好、业绩稳定、利润逐年上升，被标准普尔评为 AA 级信用，是国民西敏寺银行子公司中的佼佼者。根据重组计划，国民西敏寺银行将以零售、批发业务为主，有选择地开展衍生金融产品交易。

4. **政府监管具有不可替代的作用**

英国证券市场监管法规已经多次修改、增补，相比之下，管理成本比美国低，市场开放度和效率不比美国差。但 1991 — 1996 年，伦敦证交所向贸易与工业部移交立案的违规事件 75 起，而重罪调查处向法院起诉的证券犯罪多达 341 起。可见，尽管法制完善，主管机构发达，但证券犯罪依然居高不下。对此，英格兰银行、证券投资委员会已修改交易规则，严格追究高级管理人员，包括总裁、董事长的连带责任和内部审计监督责任。随着监管法规的进一步完善，金融机构的管理水平也有望得到提高，这对防范金融风潮应该会有很大的益处。

第 12 章　货币供求及均衡案例

案例 12.1　2007 年中国货币需要量测算

12.1.1　案例介绍

货币需要量是指社会商品劳务流通对货币的客观需要量。对货币需要量的理解，历来有众多的党派和观点。其中，最具现实指导意义的是马克思和凯恩斯的货币需求理论。

1. **马克思的货币需求理论**

货币需求依赖于人们持有货币的动机，凡是影响或决定人们货币持有动机的因素，就是影响和决定货币需求的因素。这些因素包括人们的收入状况、市场利率、信用的发达程度、消费倾向等。因此，从众多的因素变化中准确测算货币需要量是十分困难的。

2. **M0 的测算**

以我国 2007 年的货币需要量为例，流通中的现金需要量（M0）取决于零售商品劳务价格总额和货币流通速度。我们计算和考察货币需要量是否适当，需要提供以下几个数据：一是商品劳务价格总额；二是货币流通速度；三是现实的货币流通量。由前面两个数据计算出货币需要量，然后与实际存在的货币量对比，就可以看出流通中的货币量是否过多。

第一，商品劳务价格总额。改革开放以来，随着生产的发展和综合市场体系的形成，商品量大大增加，旅游、餐饮、交通、娱乐等服务事业如雨后春笋般涌现，导致商品劳务价格计算和统计的范围大大扩展了。有许多人用当年的 GDP 来代替商品劳务交易总额，这之间的差距实际很大，它应该以当年以现金实现的商品劳务价格流转总额来表示。

第二，货币流通速度。它表明了平均每年货币媒介商品劳务的次数。这一数据的求得比较困难，最好是用直接统计法，选取若干个人和企业、单位，统计其年内的平均购买次数。由于该方法工作量大且难以精确，故尚无有效的数据。经验数据法用历史上货币流通较为正常的年度下的流通速度加以套用。在计划经济下，曾以8次为较好的经验数据，但在当前市场经济体制下，这一方法需要重新加以研究。因为：首先是物价放开，其上涨会吸纳一定的货币量而表现出流通速度的降低；其次，随着经济主体的增加、铺底资金的增多、手持货币的增多等因素的出现，货币流通速度在逐年下降。现在用这一方法，要以某一个货币供应和物价平稳运行下的货币流通速度（比如通货膨胀率为0）为准。还有人利用当年的GDP与货币供应量之比（GDP/M0，GDP/M1，GDP/M2）来表示不同层次货币量的流通速度，这样计算虽然简单，但其准确性却大打折扣。因为GDP难以代替商品劳务周转总额，并且货币流通量（即供应量）计算出的货币需要量，不是客观的需要量，它会导致循环论证。用这种方法计算，从1987年起，现金流通速度每年减慢0.088次，1987年的货币流通速度为6.43589次，1998年为7.1次，到2007年，按这一方法计算的货币流通速度（GDP/M2）为116 694亿元/19 746亿元=5.9。但是，这一数据并不能作为正常的、客观需要量下的流通速度。如前所述，数据中有许多不可替代的因素，而且，当年尚有1.2%的物价上涨。如果根据当年零售商品价格总额45 842亿元（其中餐饮业销售额6 066亿元，其他服务业2 982亿元）同这一流通速度加以计算，可知

2007年当年货币需要量=45 842/5.9=7 769.8（亿元）

3. M1与M2的测算

如果扩大到计算非现金流通的货币需要量，则考虑的总是更加复杂。实现大范围的商品流通，媒介手段除了现金外，还有活期存款（结算户存款）等。所以，计算M1、M2的需要量具有重要的意义。

计算公式为

$$\text{流通中 M1 的需要量}=\frac{\text{流通中现金和转账实现的商品劳务价格总额}}{\text{M1 流通速度}}$$

若以GDP代替分子项目，以M1代替需要量，得出的1998年的M1流通速度为78 345亿元/38 954亿元=2.01次。M2的流通速度为78 345/104 498.5=0.75次；同理，2007年的M2的流通速度为116 694亿元/84 118.6亿元=1.39次，M2的流通速度为116 694亿元/221 223亿元=0.53次。由于这一流通速度尚非正常的速度，再加上其他数据的短缺，计算M1和M2的需要量同样困难。

马克思的货币需求理论，是以劳动价值论为基础建立起来的货币需求理论。它不但研究了流通中对金属货币的需要量，也研究了纸币流通下对纸币的需要量。

流通中对金属货币的需求量的计算是以金币价值与商品价值的对比关系为前提的。其论据是：①商品进入交换前已有价格，是由货币发挥价值尺度职能加以衡量并以价格形式表现出来的；②商品进入流通后，根据价格的高低以一定量的货币量实现其流通；③商品与货币交换后，商品退出流通界，货币则始终在流通渠道界为新进入流通的商品价值的实现而不息奔走。

流通中究竟需要多少货币，受多种因素的影响，其中决定性的因素有三个：①商品数量；②商品价格；③货币流通速度。则执行流通手段职能所需要的货币量与商品价格总额成正比例变化，与货币流通速度成反比例变化，即

$$执行流通手段职能所需要的货币量=\frac{商品价格总额}{货币流通速度}$$

流通中所需货币量不仅由货币执行流通手段职能所引起，还包括执行支付手段职能的货币量。执行流通手段职能和执行支付手段职能的货币需要量，构成流通中的货币总量。至于执行储藏手段职能的货币量，是一个不确定因素，不能另加计算，只能通过影响流通速度的变化来体现。用公式表示全部货币需要量，则在上述公式的分子项增加经支付抵消后的交易额，在分母增加执行支付手段货币的流通速度。

4. 凯恩斯的货币需求理论

凯恩斯认为，货币需求就是特定时期公众能够而且愿意持有的货币量。人们的货币流动性偏好，取决于预防动机、交易动机和投机动机。交易动机和预防动机需要的货币量取决于收入的高低，因而是收入的增函数；投机动机需要的货币量是人们在风险决策中所需要保持的货币量，人们持有的货币如何使用，可有几种选择：一是保存货币，但保存货币就会失去得到利息的机会；二是购进债券取得利息，但债券收益与利率呈反向变化，即利率上升，债券价格下降，利率下降，债券价格就将上涨。因而，投机使货币需求同利率存在着负相关关系，或投机型货币需求是利率的递减函数。即

$$M=M1+M2=L_1(Y)+L_2(r)$$

——资料来源：https：//www. doc88. com/p－8989047831110. html。

12.1.2 案例分析

1. 导致实际流通量比测算需要量大的原因很多

由于数据的不足，以上计算是十分粗略的。事实上，从2007年M0的需要量来看，计算出来的需要量为7 769.8亿元，与2007年的实际流通量19 746亿元相差甚远。实际流通量比需要量要大得多，究其原因，除了使用数据上的误差外，尚有以下原因。

第一，从零售商品价格总额看，由于当前商品流通渠道多样化、市场繁多，有些交易额难以尽数统计，如证券交易、集贸市场的交易。

第二，从货币流通速度来看，由于在市场经济条件下，物价放开，已经不是像计划经济时期的固定物价和有效的经验数据，货币需求弹性加大，有大量的货币会因物价的上涨而被流通界吸收。2007年居民消费价格指数上升1.2%，说明存在小幅的通货膨胀，物价的上涨无疑会吸纳一定量的货币。货币量被吸收后，表现为实际货币需要量的扩大或是实际流通速度的降低。

第三，在实际货币需要量中，还有两个因素对需要量有重要影响，而这些因素未能

计入：一是企业单位由于对现金的喜好，用现金成交的批发商品数量不在少数；二是商业信用赊销后的现金支付额也未加计算，如果考虑到这两个因素，实际货币需要量可能会更大。

第四，从现实流通量M0看，它表示的是历年发行在流通中的货币结存量，也就是货币流通量，即货币流通量＝历年货币发行量－历年货币回笼量。实际流通中存在的货币量比这一数字要小。原因是：有一批流出国门的货币，如流到东南亚国家以及我国港澳台地区的货币；另外，一些被毁损的和长期窖藏的货币，实际已退出了流通；还有，随着人们生活水平的提高，手持货币多了，家中储藏的多了，单位金库存钱也多了，这些都会减少实际流通量并降低流通速度。

第五，从货币代用品看，近年来，信用卡、银行卡、购物卡等现金代用品多了，它们会减少货币需要量。第六，从货币形态来分析，现金货币与非现金货币的相互转化是十分频繁的，这一现象使现金的保有量常常变动不定，这也增加了计算和考察现金流通量与需要量以及二者的适应性的难度。

2. 实际流通量比测算需要量大对社会经济的影响

实际流通量比测算需要量大，是由于多方面的原因引起的，但是，无论什么原因，当实际流通量比测算需要量大时，就容易引起通货膨胀。所谓通货膨胀就是指经济运行中出现的全面、持续的物价上涨的现象，纸币发行量超过流通中实际需要的货币量。在有通货膨胀的情况下，这必将对社会经济生活产生影响。如果社会的通货膨胀率是稳定的，人们可以完全预期，那么通货膨胀率对社会经济生活的影响很小。因为在这种可预期的通货膨胀之下，各种名义变量（如名义工资、名义利息率等）都可以根据通货膨胀率进行调整，从而使实际变量（如实际工资、实际利息率等）不变。这时通货膨胀对社会经济生活的唯一影响，是人们将减少他们所持有的现金量。但是，在通货膨胀率不能完全预期的情况下，通货膨胀将会影响社会收入分配及经济活动。因为这时人们无法准确地根据通货膨胀率来调整各种名义变量，以及他们应采取的经济行为。

12.1.3 案例启示

1. 货币需要量预测需加入活期存款和定期存款的因素

要进一步研究M1和M2的需要量，需要加入活期存款和定期存款的因素，在M1所媒介的商品劳务价格总额中，范围更加扩大了，不仅有现金实现的金额，而且有转账实现的金额。显然，用GDP替代商品劳务价格总额也是难以准确的，因为GDP反映的只是社会最终产品和服务的确增加值，有许多中间流转环节的数额及其需要的货币量被忽略掉了。所以，要想更准确地计算，尚需进一步做深入的调查和研究。在流通速度方面，需要调查的范围也扩大到居民、单位和银行。对于M2，又加入了定期存款的因素。虽然，定期存款是不媒介商品流通的，但是，它可以通过对流形式随时影响到M0和

M1 的增减变化，而且，M2 的流通速度也显著降低了。所以，研究 M2 的需要量及其与存量之间的关系，也有着重大的现实意义。

2. 大量数据的收集和整理是货币需要量预测的关键

要做深入的研究，有几个数据需要收集和整理：首先是货币流通速度。历史经验数据肯定不能使用，因为各方面的经济环境和经济因素都发生了巨大的变化。那么，当前适当的流通速度应以多少为准呢？在市场经济之下，应当以不存在通货膨胀也不存在通货紧缩的年份的流通速度为最佳。比如 2000 年（CPI 为 0.7%）、2001 年（CPI 为 0.8%），这两年的经济运行较为平稳，当年的货币流通速度，可以作为近期年份的适当货币流通速度。但是，货币的发行和投入距它在经济中发挥作用，还有一个滞后的过程，当年供应的货币量也许要到下年才会影响到货币流通速度。因而，这一滞后因素应当考虑。其次是商品劳务价格总额。用现有的 GDP 或国民收入额、工农业总产值代替，都是不够精确的，而应取值国民经济中商品劳务流转额，这一数据需要研究与整理。同需要量相对照的 M0、M1、M2，它们代表的是货币流通量，但实际存在的流通量与之有所差距，要把流出流入、沉淀货币、代用货币等因素加以增减，才能取得较为准确的数据。

3. 准确计算货币需要量还需考虑物价指标的变化

因为市场变化莫测，一切都应以最终结果为准，一切以市场信号为准。观察市场货币流通量是否符合需要量，最直观而简易的指标就是看物价的变化。如果物价是稳定的或者只有些微的升降，就说明流通量是大体符合需要的；如果存在较大的物价起伏变化，有着明显的通货膨胀或通货紧缩，毫无疑问，货币供给量必然是过多或不足，流通量与需要量就是不相符合的。

案例 12.2　中国货币供应量 M2 大规模增长

12.2.1　案例介绍

1. 我国货币供应量指标层次的划分

我国从 1994 年第三季度起由中国人民银行按季向社会公布货币供应量统计监测指标。参照国际通用原则，根据我国实际情况，中国人民银行（2011 年）将我国货币供应量指标分为以下四个层次：M0 = 流通中的现金；M1 = M0 + 企业活期存款 + 机关团体部队存款 + 农村存款 + 个人持有的信用卡类存款；M2 = M1 + 城乡居民储蓄存款 + 企业存款中具有定期性质的存款 + 外币存款 + 信托类存款；M3 = M2 + 金融债券 + 商业票据 + 大额可转让存单等；M4 = M3 + 其他短期流动资产。

其中，M1 是通常所说的狭义货币量，流动性较强，是国家中央银行重点调控对象；M2 是广义货币量，M2 与 M1 的差额是准货币，流动性较弱；M3 是考虑到金融创新的现状而设立的，暂未测算。

从这个意义上讲，货币供应量亦是一个与普通百姓有关联的经济指数，它的多与少、量与度，影响国民经济的运行速度，决定手中货币的币值。

2. 我国货币供应量 M2 不断增长

1978 年改革开放以来，中国经济呈现几何式的增长，经济规模不断扩大，2010 年成为世界第二大经济体。伴随经济规模的不断扩大，市场货币流通量也逐渐加大。尤其是在金融危机影响下，中国推出 4 万亿的投资计划和十大产业振兴规划，这使得中国的货币供应量 M2 超额增长。1990 年，中国的广义货币供应量 M2 余额为 1.53 万亿元；2008 年 12 月末，中国广义货币供应量余额 M2 为 47.52 万亿元，同比增长 17.8%；2012 年 6 月末，中国广义货币供应量余额 M2 为 92.5 万亿元，同比增长 13.6%；2013 年 3 月末，中国广义货币供应量余额 M2 为 103.6 万亿元，同比增长 15.7%；2016 年 8 月末，中国广义货币供应量余额 M2 为 151.1 万亿元，同比增长 11.4%；2018 年 12 月末，中国广义货币供应量余额 M2 为 182.67 万亿元，同比增长 8.9%。具体情况见表 12－1。

表 12－1　　中国 2008—2018 年年末 M1、M2 统计表

年份	M2 余额/（万亿元）	M2 同比增长/（%）	M1 余额/（万亿元）	M1 同比增长/（%）
2008 年年末	47.52	17.8	16.62	9.1
2009 年年末	61.02	27.7	22.14	32.4
2010 年年末	72.58	18.9	26.66	20.4
2011 年年末	85.16	17.3	28.98	8.7
2012 年年末	97.42	14.4	30.87	6.5
2013 年年末	110.65	13.6	33.73	9.3
2014 年年末	122.84	11.0	34.81	3.2
2015 年年末	139.20	13.3	40.10	15.2
2016 年年末	155.01	11.3	48.66	21.3
2017 年年末	167.68	8.2	54.38	11.8
2018 年年末	182.67	8.9	55.20	1.5

资料来源：东方财富网。

从表 12－1 中的数据可以看出，我国广义货币的供给量一直呈较快速度上升，由 2008 年 12 月末的 47.52 万亿元到 2018 年 12 月末的 182.67 万亿元。由 M2 同比增长率的变化情况来看，2008 年后我国货币供应量不断上涨，同比增长率一度达到 30% 的高值；而后随着经济的复苏，货币政策由宽松转向稳健，其增长率也就下降到 2018 年年底的9%左右，可以看出货币供应量 M2 的增长速度在减慢。

3. 中国的货币供应远远大于实体经济的需要

从 1990 年的 1.53 万亿元到 2018 年 12 月末的 182.67 万亿元，短短 30 年间增长了 118 倍，折合约 26 万亿美元。30 年间，中国的货币供应增长比美国多出了近 50%，但经济总量仅相当于美国的一半，说明中国的货币供应远远大于实体经济的需要。从名义上讲，中国的人民币币值不是被低估了，而是被高估了。

——资料来源：秦乔旭．货币供应量与通货膨胀的关系分析［J］．海峡科技与产业，2019（02）：44－45。

12.2.2　案例分析

1. 我国货币供应量 M2 大规模增长的原因

货币理论告诉我们，货币是银行创造出来的：首先是中央银行创造基础货币。基础货币可以来自商业银行上缴的准备金，流通中的现金，也可以来自央行购买的政府债券、外汇等。央行通过再贷款、再贴现和调整法定准备金率等货币工具，对基础货币进行调控；其次是商业银行创造存款货币，比如，当央行的存款准备金率为 20%（R）时，企业 A 把 10 万元（D）钱存入银行，银行必须把 2 万元存入央行，8 万元可以贷款给企业 B，企业 B 向企业 C 支付货款 8 万元，企业 C 又把这 8 万元存入银行，银行到央行存入 1.6 万元，又可以将 6.4 万元放贷……如此循环往复，理论上，银行共创造 D/R 即 50 万元货币。因此，在不考虑其他影响因素的情况下，货币创造乘数就是存款准备金率的倒数，存款准备金率越高，货币创造乘数就越小。用这套模式来解释中国如此之大的货币供应量，显然很难令人信服。中国 M2 大规模的增长，是分阶段完成的，在每个阶段都有具体的形成原因。

（1）对外贸易顺差。中国加入世界贸易组织（WTO）后出口导向的产业政策，对外贸易顺差导致了大量的外汇存底，并且外汇管理还是最初的强制结售汇制度，导致基础货币的大量投放并通过银行的创造功能使 M2 余额急剧增加。虽然央行采用提高准备金率和发行央票进行对冲操作，但是由于对冲的时效性，还有 5.5 万亿的货币没有对冲掉，（这 5.5 万亿的基础货币通过）银行的货币创造功能，是中国 M2 扩张的本质原因之一。我国外汇储备规模总额起初在 1992 年的时候只有 217 亿美元，然而到 2014 年 6 月就达到了 3.99 万亿美元，也是历史上的最高值。而 2017 年 9 月，我国外汇占款余额提高了 8.5 亿元，达到了 21.5 万亿元人民币，此次是两年以来第一次出现的上升。

（2）4 万亿的投资计划。2008 年全球经历了美国的次贷危机，中国推出了 4 万亿的投资计划和十大产业振兴规划，导致地方政府纷纷通过地方融资平台，以土地等资产做抵押，向银行大肆借贷，从而使 2009 年中国 M2 增长率从 2008 年的 17.8% 跳升至 27.7%，加速推升了广义货币余额 M2 的大幅增长。

（3）宽松的货币政策。国家实现宏观调控的最关键方式之一就是货币政策，主要通过中央银行控制货币供应量来达到目的。金融危机冲击了全球，中国也不例外，此时中国就是通过增加货币供应量来刺激经济复苏。近年来，由于对国内外形势的正确判断，我国相应地调整了货币政策，即由之前的“适度宽松”改为现在的“稳健”。

2008 年经济危机使全世界经济损失惨重，中国也不能幸免。2008 年央行多次降低利率，到年底我国的活期存款利率已从 0.72% 降至 0.36%。2008 年 11 月、12 月货币供应量增长率较前几个月份的数值明显增长，分别为 3.6%、4.4%，国家的政策正在慢慢地得以实施。在此之后，2009 年实施积极的财政政策和适度宽松的货币政策依旧是我国调节经济运行的重要手段。我国全年的货币供应量上升的速度峰值为 4.7%，12 月货币供应量 M2 达到 61.02 万亿元。2010 年以来，中国经济发展逐渐向好，国内居民的需求开始加强，经济发展总体上呈现良好形势。

（4）土地资本化率越来越高。中国的城镇化和土地的招拍挂，使土地资本化率越来越高。2009 年全国土地出让收入达到 1.4 万亿元，2010 年则达到 2.9 万亿元，而 2011 年更是达到了惊人的 3.3 万亿元，占地方政府财政收入的 70% 以上。

2. 我国货币供应量 M2 大规模增长的影响

M2 反映现实和潜在购买力，若 M2 增速较快，则投资和中间市场活跃。中央银行和各商业银行可以据此判定货币政策。M2 过高而 M1 过低，表明投资过热、需求不旺，有危机风险；M2 变化，对整个国民经济状况的分析、预测都有特别重要的意义。M2 指标高表明或有通货膨胀的风险，利率或调高，该指标低表明或有通货紧缩的风险，利率或调低。M2 增长能够引起中国经济 GDP 的增长。

12.2.3 案例启示

1. 政府应积极地使用货币政策工具对 CPI 进行调节

货币供应方面，政府应积极地使用货币政策工具对经济形势尤其是 CPI 进行调节，以防止出现大的通货膨胀或通货紧缩现象。

2. 把握好货币供给的时滞效应

货币供给的变动对物价变动的影响是滞后的。若滞后期太长，货币政策的实施可能会颠覆后期原本恢复稳定的物价，所以，把握好货币供给的时滞效应，对于运用货币供给量来稳定物价是具有正面影响的。

3. 加强货币供给量的可控性

随着近些年互联网金融的快速发展，传统形式的现金交易形式受到严重冲击，货币供给量的核算难度增大，降低了货币政策执行效果。因此，货币当局必须紧跟时代发展的步伐，不停歇地进行货币研究，更新对货币的认识，不断创新货币量的统计方法。

案例 12.3　关于中美货币供应量的比较分析

12.3.1　案例介绍

1. 中国货币供应量多了吗

通过对中美金融市场一系列数据比较可见，中国未来在金融市场建设方面将有巨大的空间。人民币国际化、排媒现象和混业经营三大趋势，将会是提高中国金融市场广度和深度的重要因素，同时也将提高货币的流通效率。

2015 年中国的 GDP 为 10.40 万亿美元，相当于美国同期约 18 万亿美元的 58%。然而，对比用于衡量广义货币供应数量的 M2 指标，截至 2016 年 8 月底中国为 22.7 万亿美元（人民币 151 万亿元，按 6.65 元/美元汇率折算，下同），相当于美国同期 13 万亿美元的 1.75 倍！这几个数据最近经常被一些人用于指责货币管理当局滥发钞票，过大扩张货币供应量的证据。事实果真是这样吗？对这个问题的看法直接影响到我们对现状的看法，进而影响到对未来货币市场方向的判断。本节拟以费雪的交易理论为依据，比较分析中美货币供应量与货币流通速度的状况，并展望中国未来金融改革和发展的方向。

2. 中美货币供应量的比较分析

费雪（Fisher）的交易等式（Equation of Exchange）是经典的货币理论，也是几乎所有其他相关理论的研究基础。根据该等式，货币的实际供应规模等于名义经济总额：$MV=PQ$，其中 M 表示货币的数量，V 表示货币流通速度，P 代表价格水平，而 Q 则代表总交易数量。显然，货币的实际供应规模不仅取决于货币供应量（M），还取决于货币的流通速度（V）。

货币的实际供应数量超过实体经济的实际需要，会引起通货膨胀。按照凯恩斯经济学观点，适度的通货膨胀是经济发展的润滑剂，因为它可以刺激消费和投资，扩大总量需求。所谓适度，西方国家的中央银行控制目标一般把 CPI 的控制目标设定为 2% ~ 3%。中国是否也应该按照这个标准呢？国内存在意见分歧。几年前厉以宁教授在一次演讲时提出，中国的经济增长率远高于西方国家，应该容忍 CPI 在高一点的水平运行，在达到 4.5% 以前政府都不必太担心。笔者赞同这个观点。经济增长速度较快的国家，通常伴随较高的通胀率，如果增长条件具备，不必对通胀太过敏感。

2015 年，中国的 CPI 为 1.44%，美国为 0.12%。2016 年 1 月至 8 月，中国的 CPI 每月的波动区间为 1.34% ~2.33%，而美国为 -0.1% ~0.4%。显然，尽管中国的物价指数稍高于美国，但都处于偏低的水平。这说明两国的货币实际供应规模总体不算高，美国尽管在2016年年初加过一次息，但从通胀率的水平看，美国当年继续加息的可能性很小。而对于中国来说，人民币利率目前在主要经济体中仍然处于较高水平。在经济增速放缓、通胀保持低位的情况下，仍必须要通过降息等方式适当增加市场的货币供应量，以刺激经济发展。

不少人认为国内的实际通胀情况比上述数据更高。有些人可能过多关注了某些商品价格上涨过快的情况，如蔬菜、牛肉，还有家政服务收费等，但忽略了另外一些商品价格持续下跌的事实，如电器和汽车等。另外一些人可能强调了房价上涨的因素。其实房价不属于消费者物价指数（CPI）统计的范畴，这是全世界的惯例，因为房屋被当作资本品，而不是消费品。当然，除了实体经济的价格水平以外，虚拟经济的价格波动情况也是货币政策制定者需要关注的。

凯恩斯认为，人们持有货币通常出于三种动机：交易动机、预防性动机和投机动机。其中，投机动机导致了人们使用货币对虚拟经济中的各种投资性资产进行买进和卖出，以达到保值和增值的目的。金融性资产在被交易的过程中也需要使用货币作为交易对价，如果市场的货币过多，人们会更积极地去追逐资产，从而把资产价格推高。资产价格的波动通常会反作用于物价，资产价格上涨导致的财富效应必然会提高消费意愿，推动价格上涨，反之亦然。尽管虚拟经济的重要性不如实体经济，但由于其对实体经济的反作用力，从管理当局的角度来说，保持资产价格的相对稳定也是经济政策的重要目标之一。

美国道琼斯工业平均指数从2008年金融危机的低点（约7 000点）见底上升并屡创新高，至2016年9月底的18 200点，已经比当时的低点涨了约1.6倍，比金融危机前的13 930点也高出约30%，最近一年的涨幅超过10%。上海综合指数在2016年9月底仍然在3 000点附近，尽管比2008年最低的1 664点高出约80%，还只相当于2007年最高点（6 124点）的50%，最近一年则属于盘整格局。从估值来说，根据银河证券基金网的数据，美国道琼斯工业平均指数（包括30个蓝筹股）在2016年9月23日，平均市盈率为17.58倍；上海综合指数为15.2倍，而上海50指数只有9.96倍。笔者认为，上海综指包含的样本包括1 100多家上市公司，与仅仅包含30家蓝筹股公司的道指可比性不高。上海50指数，包含50个蓝筹股，统计口径与道指较接近，可比性更高些。同一天，以高新技术产业企业为主的纳斯达克综合指数平均市盈率为42倍，以中小板和创业板为主体的深圳A股平均市盈率为40倍。这说明美国股票市场的资产价格总体上比中国更高。

房地产是另一个重要的虚拟经济领域。美国的房地产价格经过金融危机后短期的下跌后，重拾升势，新房均价已经超过危机前水平。而根据美国 *National Association of Realtors* 的数据，2016年年初以来，全美房价平均涨幅为5.1%。中国的房价自2014年9月底以来连续18个月上涨。一线城市尤其是北上广深的涨幅较大，全国总体房价上升的幅度并不是很显著，一线城市的房价上涨与经济发展以及人口流动因素的关联度更大一些。

综合来说，中美的物价水平都处于偏低的水平，美国的股票市场估值水平比中国高得多，房地产市场总体都在上升，中国房价地区结构性变化的特点比较明显。

3. 中美两国货币流通速度存在巨大差别

根据费雪的交易等式，判断一国货币供应量是否适当，不能只看该指标的大小，需要首先对物价和资产价格变动的情况有一个基本判断，然后再把货币的流通速度充分考虑进来。经过对中美物价和资产价格变动的数据比较，发现两国的物价水平目前都处于偏低的水平，而资产价格方面，美国股票市场近几年涨幅更大，估值更高，而两国的房地产价格近几年也都处于上升周期。因此，中美两国的货币实际供应总量总体来说都是正常的。中国用于衡量广义货币供应量的指标M2绝对值和相对值都比美国大得多，只能说是由中美两国货币流通速度的巨大差别导致。通过对中美金融市场一系列数据比较可见，中国未来在金融市场建设方面将有巨大的空间。人民币国际化、排媒现象和混业经营三大趋势，将会是提高中国金融市场广度和深度的重要因素，同时也将提高货币的流通效率。

——资料来源：蓝裕平，蓝皓贤．关于中美货币供应量的比较分析［J］. 国际融资，2016（11）：39－42。

12.3.2　案例分析

1. 中国货币供应量比美国高很多

从费雪的交易等式可见，经济中的货币实际供应规模取决于两个因素——货币供应数量M和货币流通速度V。

中国国内普遍使用中国人民银行公布的广义货币供应量M2来作为货币数量的衡量指标，计算公式为：广义货币(M2)＝M1(流通中的现钞＋企事业单位的活期存款)＋准货币(定期存款＋居民储蓄存款＋其他存款)。其统计的口径与美国等西方国家使用的口径差不多，有较高的可比性。2016年8月底，中国的M2为22.7万亿美元，而美国的M2同期只有13万亿美元。中国的M2是美国同期的175%。2015年，中国的名义GDP为10.4万亿美元，美国约为18万亿美元，中国的名义GDP只相当于美国的58%。显然，中国的货币供应量不管在绝对值还是相对值上，都比美国高很多。

2. 两国M2的巨大差异只能是两国货币流通速度差异导致的

既然在物价和资产价格的相对水平方面都没有太大差异，根据费雪交易等式的关系($V=PT/M$)，两国M2的巨大差异只能是两国货币流通速度差异导致的。以2015年GDP作为名义经济总额，中国的货币流通速度就是45.8%（10.40/22.7），而美国的货币流通速度为138.5%（18/13）。由此可见，人民币的流通速度远低于美元，这是人民币广义货币供应量较大的根本原因。凯恩斯说过，“货币的流通速度和产出规模并不稳定，可能变动很大，因此，货币供应数量在推动价格变动方面并不重要。”

在考虑货币流通速度时，人们主要从银行业创造货币的乘数来理解。实际上，金融市场的交易工具和机制对于货币的流通速度也有重要的作用。行为金融学研究的结果发现，牛市中交易量通常比熊市大，因此，资产价格上涨，通常会带来更加频繁的交易，从而提高货币的流通速度。很多金融交易工具创设的目的就是盘活存量资产，提高资产流动性，其效果就是提高了货币的流通速度。比如在传统的商业银行信贷运作中，一笔资金被银行发放做房屋按揭贷款，在传统的商业银行业务中，这笔债权资产缺乏流动性，其本金加利息会在20年甚至更长的时间里才能逐步回收。可是MBS（按揭抵押证券）这种交易工具使银行可以把很多这类按揭贷款合同资产打包卖给专业机构（如美国的房地美和房利美）用于发行MBS，提早回收资金做另一轮的按揭贷款业务。而持有MBS的投资者需要现金的时候，还可以选择将手上的资产做回购交易，获得短期的流动性。由此可见，金融市场广度和深度也会影响到货币的流通速度。

3. 美国拥有世界最庞大和最发达的金融市场

根据世界交易所联盟（World Federation of Exchanges）的统计，2016年8月16日，美国纽约交易所（NYSC）总市值为19万亿美元，而纳斯达克（NASDAQ）的总市值为7.55万亿美元，两个交易所总市值合计26.55万亿美元，证券化比率（股市总市值/GDP）为148%。而同一天上海交易所的总市值为4.05万亿美元，深圳交易所只有3.31万亿美元，沪深交易所总市值合计7.36万亿美元，证券化比率为70.7%。

美国还有世界最大和最活跃的债券市场，美国企业最重要的债务融资方式不是银行贷款，而是公司债券。据美国证券行业与金融市场协会（Securities Industry & Financial Markets Association）公布的数据，截至2016年6月底，美国的公司债券总额为8.43万亿美元，相当于上一年GDP总额的46.83%；中国同期的公司债券总额只有2.48万亿美元，相当于上一年GDP总额的23.82%。

美国还有世界最大的衍生工具市场，其资产证券化程度是全世界最高的。根据欧洲金融市场协会（Association for Financial Markets in Europe）最近在《证券化数据报告》中披露的数据，截至2016年6月底，美国未清偿的资产证券化债务（US Outstandings by Collateral，including ABS，agency MBS，Non－Agency RMBS，Non－Agency CMBS）总额为8.2万亿美元。而中国的资产证券化试点是在2005年开始的金融危机中被叫停。2015年重新启动，至2016年年中总规模只有约4 300亿元人民币，相当于0.06万亿美元。

以上关于中美金融市场的比较，能在一定程度上说明为什么美国不需要那么多M2也可以维持整个经济的正常运转。规模巨大且发达的金融市场很大程度上提高了美国的货币流通速度，改善金融市场的运转效率，同时降低融资成本。

12.3.3 案例启示

1. 加强中国金融市场建设

中美货币供应数量与流通速度比较的结果，也为我们提供了关于中国金融市场建设的启示。中国经济制度市场化始自邓小平在 1978 年推动的改革开放。进入 21 世纪后，随着中国加入 WTO，金融行业也逐步对外开放。从 2016 年 10 月开始，人民币被加入了 IMF 的特别提款权（Special Drawing Right，SDR），中国的金融体系有待进一步的改革，以适应人民币国际化的要求。显然中国金融市场的广度和深度都需要进一步的发展。作为最发达的经济体，美国拥有规模最大、效率最高的金融体系，自然成为学习的榜样。未来主导中国金融市场进一步改革的主要有三大因素——人民币国际化、排媒现象和混业经营。而这三个因素，与人民币未来的流通效率有很大的关系。

排媒现象（Disintermediation）指越来越多的金融交易绕开银行等中介机构直接在金融市场进行。具体体现在，投融资双方直接在股票市场或债券市场通过发行证券的方式进行交易。欧美国家在 20 世纪六七十年代就开始了这一现象，中国则是在 20 世纪 80 年代末 90 年代初成立上交所和深交所，开始了资本市场的建设。21 世纪开始，沪深股市进入加速发展的轨道，上交所和深交所进入了世界十大交易所行列。不过，相对于中国的经济规模来说，中国股票市场还有很大的扩张空间。近年来政府提出的供给侧改革政策的重要内容之一就是“降杠杆”，鼓励企业进行股本融资、降低负债率。一方面要积极发展风险投资和私募股权投资；另一方面要提高资本市场的流动性。除了扩大沪深两市的规模外，还要发展新三板等场外交易市场。事实上，目前上交所、深交所和新三板，已经很像美国以“纽交所、纳斯达克和 OTCBB”为主体的多层次资本市场结构。另外，2007 年 5 月中国证监会发布《公司债券发行试点办法》，公司债券市场开始发展。2015 年 1 月，证监会发布《公司年债券发行与交易管理办法》，公司债券市场将进入一个新的快速发展时期。

2. 推进人民币的国际化改革

人民币国际化最近几年进程迅速，可以说是时代发展所迫。中国从 2010 年开始成为第二大经济体，在国际贸易、投资和政治中的地位都迅速上升。逐步推进人民币的国际化改革，符合国家利益，尤其在国际结算中，如果人民币被接受程度高，中国企业可以更方便使用本币作为结算货币，从而降低外汇风险控制的难度。逐步提高人民币资本项目下的流动性，将是未来国际化的重要内容。根据克鲁格曼所提出的“三元悖论（Impossible Trinity）”，一国在三个政策目标中最多实现其中两个目标——货币政策、汇率稳定政策和资本的自由流动。也就是说，一旦资本项下的流动限制完全放开，政府势必失去对货币政策和汇率稳定政策的完全主导权。在政府对金融体系的管控能力以及金融体系的市场化程度还不够高的情况下，让资本在国际自由流动显然要承担很大风险。这注定了资本流动方面的改革必将是在“风险在可控的”前提下逐步推进的。最近几年，政府通过 QFII、QDII、沪港通和深港通等方面的改革，就是人民币国际化进程中的内容。

3. 引入混业经营的模式

混业经营（Mixed Operation）又指全能银行（Universal Banking）制度，指的是各金

融机构可以走出原来的专业领域，可以在银行、保险、证券等领域交叉运作。美国在20世纪八九十年代开始进入混业经营时代，逐步出现了如摩根大通等横跨众多金融领域的金融寡头。中国为迎接金融业开放以后的国际竞争，也逐步引入混业经营的模式。在混业经营模式下，金融系统的竞争将更加激烈，同时很多金融市场的功能也将被挖掘出来。资产证券化是金融机构盘活资产、解决债务问题的重要方式。尽管2008年美国的次级按揭债券危机引爆了全球性的金融危机，但资产证券化在提高金融体系的市场机制效率、盘活缺乏流动性的资产等方面，对经济发展有非常重要的积极作用。当前供给侧改革的重要内容之一，就是要清理过剩产能，资产证券化有助于让相关资产提高流动性，以清理相关的债权债务关系。

第 13 章　通货膨胀与通货紧缩案例

案例 13.1　中国 2009—2014 年通货膨胀情况

13.1.1　案例介绍

1. 通货膨胀的定义及衡量

通货膨胀（inflation），是指在货币流通条件下，因货币供给大于货币实际需求，即现实购买力大于产出供给，导致货币贬值，而引起的一段时间内物价持续而普遍地上涨现象。其实质是社会总需求大于社会总供给（求远大于供）。

与货币贬值不同，整体通货膨胀表现为特定经济体内货币价值的下降，而货币贬值表现为货币在经济体之间相对价值的降低。前者影响此货币在国内使用的价值，而后者影响此货币在国际市场上的价值。

当一个经济中的大多数商品和劳务的价格在一段时间内以不同形式（包括显性和隐性）连续普遍上涨时，宏观经济学就称之为“通货膨胀”。按照这一说明，如果仅有一种商品的价格上升，这不是通货膨胀。只有大多数商品的价格和劳务的价格持续上升才是通货膨胀。

经济学界对于通货膨胀的解释并不完全一致，通常经济学家认可的概念是：在信用货币制度下，流通中的货币数量超过经济实际需要而引起的货币贬值和物价水平全面而持续的上涨。通俗地讲就是纸币的发行量超过流通中所需要的数量，从而引起纸币贬值，物价上涨，把这种现象称之为通货膨胀。定义中的物价上涨不是指一种或几种商品的物价上升，也不是物价水平一时的上升，一般指物价水平在一定时期内持续普遍的上升过程，或者是说货币价值在一定时期内持续的下降过程。

可见，通货膨胀不是指这种或那种商品及劳务的价格上涨，而是物价总水平的上升。物价总水平或一般物价水平是指所有商品和劳务交易价格总额的加权平均数。这个加权平均数，就是价格指数。衡量通货膨胀率的价格指数一般有三种：消费价格指数、生产者价格指数、国民生产总值价格折算指数。

2. 我国2009—2014年通货膨胀的情况

自2009年12月以来，CPI和PPI一直持续增长，从这些衡量指标上看我国现在已经存在通货膨胀问题。据有关资料报道，在2010年2月我国通货膨胀率创下了16个月以来的最高纪录，达到了2.7%，甚至超出分析师的预期。从2014年CPI指数看，CPI翘尾因素高点出现在5月、6月，7月全国CPI指数与上年相比增长2.3%，与6月增幅持平，从8月开始翘尾因素逐渐显现回落态势，全年物价总体保持温和增长态势。在工业方面，煤炭、矿石、金属价格上涨，使通货膨胀问题更加严重；在农业方面，农民使用的种子、化肥、农药等价格也有所上升，增加了农民种地的成本。2010年有些国家受旱灾和洪灾的影响粮食减产，不可避免地对我国农产品的价格产生了影响；在房地产行业，房价持续走高，许多人盲目购房来作为一种投资，尽管国家政府相关部门制定了一些相关的政策，却没有起到预期的效果。燃料、原材料价格上升，直接结果就是与其相关的产品价格上涨，这是成本因素导致通货膨胀；在开放的市场经济中，由于国际商品价格增加、进口成本增高以及国际市场价格的变化，造成我国商品价格受进口商品价格的影响上涨，这是商品输入因素导致通货膨胀。

消费者价格指数CPI和工业生产者价格指数PPI是用来评价一个国家通货膨胀的必不可少的指标。商品价格总趋势是上升的，虽然居民收入也在增长，却与商品价格增长不成比例，难以跟上商品价格增长的速度，进一步促进了CPI的增长，严重威胁了我国经济的发展。根据相关的资料显示PPI环比继续增长，同比增加3%~6%，并且据相关专业分析，未来的经济仍然会继续增长，同比增长率可能会下降，这就意味着CPI和PPI会继续缓慢增长，我国的通货膨胀压力会进一步增大。并且官方公布CPI指数不计住房消费，实际的CPI指数比公布的要略大一些。普通居民除了要忍受衣食住行以及医疗教育各方面带来的负担，还要面临物价上涨的现实，使居民生活更加艰难。在工业上，有色金属、燃料以及化工原料增长速度达到了两位数。自2009年开始，CPI和PPI指数从原来的负数变为了正数，并开始一路上升，进一步推动了通货膨胀。

我国2009—2014年通货膨胀率情况见表13-1。

表13-1　　我国2009—2014年通货膨胀率情况

年份	通货膨胀率/(%)	属性
2009	-0.7	近10年最低
2010	3.3	年度值
2011	5.4	年度值
2012	2.6	年度值
2013	3.2	年度值
2014	1.5	年度值

资料来源：https：//www.haojingui.com/tonghuopengzhang/1395.html。

——资料来源：苏文倩．我国货币供应量与物价关系的实证分析［J］．传播力研究，2018（10）：200-201。

13.1.2　案例分析

导致通货膨胀的原因是多方面的，既有我国经济市场自身的原因，也有国际经济市场的影响因素。综合各方面影响主要有以下几个原因。

1. 货币发行量大

通货膨胀的直接原因是货币发行量过大。市场对货币的实际需求小于流通货币的发行量，解决通货膨胀问题的关键是减少货币的发行量。中央银行货币供应量较大就会产生通货膨胀的问题。如果保证稳定的货币供给，就能从一定程度上保证物价的稳定；相反，如果货币供给突然增大，破坏了原来的稳定，物价势必增长。长期如此就会产生通货膨胀的问题。为了使我国经济快速发展，货币的发行量大比例增加，如今又面临国际汇率的调整。这些都是货币贬值的原因，结果就导致我国形成了通货膨胀。

2. 需求增加

我国在 20 世纪发生过两轮以食品价格上涨为导火索而引发的通货膨胀，这一次的通货膨胀也不例外。由于能源紧张，许多国家都开始加紧对生物能源的开发利用，增加了对玉米、花生等粮食作物的需求量，产生的结果就是国际市场粮食价格大幅度增加，同时带动了我国粮食的价格上涨。在工业上，由于我国也采用生物能、生物燃料等新兴技术，对粮食的需求增大，自然就促进了粮食价格的增长。在国际贸易中，我国一直保持贸易顺差，即我国对外出口量大，增加了供给压力。此外，2009 年的世界经济危机对我国产生了严重的影响，目前经济活动在慢慢恢复，但各方面的需求量仍然大于供给，并且最近几年自然灾害频频发生，对我国各方面的供需平衡产生了一定的影响。需求的增加使物价上涨，导致通货膨胀。

3. 固定资产投资增长过快

由于我国经济发展重投资轻消费，导致投资在我国经济发展中占有重要的地位。这一轮固定资产投资高潮之所以持续了六年之久，是因为一些行业成本较低、利润较大，并且资金流动性较大，这些条件为投资提供了资金，产生了投资的动力。投资和 PPI 息息相关。投资的增加导致原材料、能源的需求大于供给，相关的产品价格进一步上涨，同时造成了产能过剩的局面。我国内需较弱，一直以来，大量的商品出口、增加了我国市场经济发展对国际经济市场的依赖性，还使原本就存在的贸易顺差加大，大大增加了我国的外汇储备，很大程度上增加了我国通货膨胀的压力。

4. 国际市场整体价格上升

我国经济市场是国际市场中的一部分，随着我国不断扩大对外开放，国际经济状况以及国际市场商品价格对我国经济市场的影响不断增加。现阶段我国农产品价格上涨水平基本与国际水平保持一致。对外商来我国投资的鼓励和进出口贸易都影响到了价格水平。我国外汇的管理制度非常严格，人民币汇率依旧固定，为了保证汇率的稳定，中央银行只能用本币购买外汇，进一步增加了外汇储备，国内货币供给增加，构成通货膨胀。

13.1.3 案例启示

目前我国已经出现了通货膨胀的问题。但相对于我国经济的快速发展，目前的通货膨胀仍是温和的，并不严重。只要采取相关举措来抑制通货膨胀，我国的经济仍可以快速健康地发展。

1. 中央银行货币发行要从紧

我国通货膨胀的本质是货币发行量大导致货币贬值的问题。很大一部分资金流入地产及其相关产业，而忽视了其他产业中小企业的资金问题，这些产业供不应求，物价上涨。中央银行应该减小货币供应，并采取手段来吸回资金，比如增加利息来吸引资金，减少银行贷款。此外还要减少地产行业的资金流入，以降低物价，平衡供求关系。需要引起注意的是汇率问题，应防止外来资金的影响。

2. 采取手段降低固定资产投资的增长速度

要想遏制固定资产投资增长过快，就要加强国家的宏观调控。运用金融市场来转变经济增长的方式，并且要改革资源环境的价格。此外还要减少资金的流动，使可以投资的资金不再像原来一样充裕；提高一些行业的门槛，提高投资的成本。综合运用法律、经济的手段大力调整那些高能耗的产业结构，规范市场准入标准。

3. 充分发挥税收的调节作用

税收作为财政收入的主要部分，可以作为治理通货膨胀的强力手段，不同的税收会起到不同的作用。减收间接税，特别是增值税。有学者对增值税和七大类产品指标的相关性进行分析，增值税下降可以带动七大类指标不同程度的下降，食品、居住、交通、娱乐类的下降指数是最明显的。因此，通过建立定期的减税制度，以宏观税负抑制通货膨胀。税收政策也有其局限性，需要和其他政策相结合，构建征收全面的所得税体系，用举债回收方式，对尚在流通的剩余可支配收入进行“回笼”，同时对短期资本增值适度征税来配合以上税收政策的实施。

4. 完善 CPI 体系

我国 CPI 指数不包括住房消费，官方实际统计出的数据与实际 CPI 指数有一定的出入，表明我国现阶段 CPI 体系并不完善，不能准确地表示出我国通货膨胀问题的实际情况，也就不能及时采取有效的措施。我国 CPI 体系的缺陷主要在于没有把商品房价格计入其中，政府难以掌握到实情，因此必须具备完善的 CPI 体系，使其能够真正地反映民生问题，将住房消费包括在内，并适当调整居住类与食品类所占 CPI 比重，这样才有利于问题的解决。

5. 政府发挥作用要具有整体性与全面性

要有相关政策来补救上述措施的不足。比如，实行整体性收入政策，以货币流量和实物流量为参照，在减缓通货膨胀的同时防止生产水平下降、就业滑坡等不良影响；提高存款准备金率，用不对称的加息政策控制投机；增强中央银行独立性，发挥财税激励作用；合理引导居民的通胀预期以避免因心理恐慌引起的经济震荡。

我国的通货膨胀在改革开放之后愈加明显，是由经济全球化的国际大环境、成本、综合需求等多种因素共同作用的结果，要解决这一问题就要在政府主导下实现多方努力，发挥通货膨胀的良性作用，抑制其消极影响，从而促进我国经济的良性发展。

案例 13.2　津巴布韦的通货膨胀

13.2.1　案例介绍

1. 津巴布韦发生通货膨胀的背景

20 世纪 80 年代，被称为非洲的“菜篮子”和“米袋子”的津巴布韦是非洲最富裕的国家之一。到了 2008 年 4 月 4 日，继 2008 年 1 月津巴布韦中央银行发行最大面值为 1 000 万津元后，又发行了当今世界上面额最大的 2.5 亿津元纸币，可仍旧有人提议要发行更高面值的纸币。在津巴布韦，人们对货币的使用早已不是论“张”，而是论“堆”或用“秤”来“称量”。被称之为“津巴布韦化”。津巴布韦是世界上百万富翁最多的国家，然而它又却是最贫困的国家之一。如果在津巴布韦乘坐出租车，即使全用五万面额的纸币付费，数钞票付给司机所要花费的时间也差不多与路途全程所用时间相当。每一个到津巴布韦旅行的游客，都会摇身一变成为百万富翁。

从 2000 年起，总统穆加贝开始推行土地改革，这一改革的目的是为了让黑人获得更加公平的土地分配。在津巴布韦宣布独立的 20 年后的 2000 年，占总人口 1% 的百人农场主仍然控制着 70% 最肥沃的土地，在百人农场主和黑人之间爆发了严重的暴力冲突，引发了以美英为首的西方国家的经济制裁，导致外国资本大量撤出，使得该国政治、经济和社会生活日趋混乱。

2. 津巴布韦通货膨胀的发展过程

20 世纪 80 年代津巴布韦独立之初，这个南部非洲国家一度被誉为“非洲面包篮”——来自这片土地的粮食养活了不少非洲饥民。作为南部非洲第二大经济体，GDP 增长曾连续两年达到21%，是撒哈拉以南非洲国家 GDP 增长率的3倍。良好的工农业基础和较高的受教育水平使津巴布韦曾经被认为是最有希望率先进入发达国家行列的非洲国家。变化从 2000 年开始。这一年，总统穆加贝开始大力推行“土地改革”政策——强行收回白人农场主的土地，将之分配给无地或少地的黑人。此举大大破坏了津巴布韦原有的经济体系，引发了粮食危机，该国的农业、旅游业和采矿业随之一落千丈。不仅如此，津巴布韦政府对国内白人的打压还使之与部分西方国家迅速交恶，后者对其实施了严厉的制裁，津巴布韦经济进一步濒临崩溃。

到2006年，津巴布韦的年通胀率为1 042.9%，2007年则冲到10 000%以上。到了2008年6月末，津巴布韦货币的汇率已跌至1美元兑1 000亿津巴布韦元，而厚厚一沓纸币凑够的1 000亿却只能买到一个面包。同年，津巴布韦政府多次推出大面值纸币，从年初的1 000万面额到5 000万、2.5亿；到了8月，政府开始发行第三代津元，新货币的1元相当于上一代的100亿津元。但这一举措并未见效，2008年12月4日，政府推出了新版面额为1 000万、5 000万和1亿津元三种新钞；12月12日，推出面额5亿的钞票；12月19日，面额100亿的钞票正式问世。2009年，在推出了“1”后面紧跟着14个“0”的100万亿面额钞票后，津巴布韦政府选择发行第四代新钞，划掉了前一代纸币上的12个“0”，即1万亿元第三代钞票=1元新钞。但由于恶性通货膨胀，这些“0”又迅速地涨了回来。最终，在该国通胀率达到1 000 000 000%后，政府宣布停止发行本国货币，开始使用稳定经济体的一篮子货币组合。此后，美元、欧元、英镑、南非兰特、博兹瓦纳普拉、人民币、日元、澳元、印度卢比这9种货币先后被允许在当地流通。其中，美元与南非兰特占据了主体。

为了促使已印发的津巴布韦币彻底退出历史舞台，2015年津巴布韦宣布采取“换币”行动，从当年6月15日起至9月30日止，175千万亿津巴布韦元可兑换5美元，每个津元账户最少可得5美元。此外，对于2009年以前发行的老版津元，250万亿津元可兑换1美元。然而，即便将津巴布韦元兑换成美元，对于许多民众而言，不过是其银行账户里换了一个数字。由于长期缺乏美元储备，津巴布韦中央银行实行管制，规定每天每个账户只能提取50美元，而银行自身的限制则更为严苛——只能提取20美元。每天，都有民众在银行门口排起长龙，等待着将账户中的“津美元”变为手中真实存在的现钞。

同时，为了防止潜在的通货膨胀，除了比特币，津巴布韦人还疯狂地囤积任何他们认为具有保值能力的东西。汽车、房产和股票的价格都在不断上涨。在2008年10月，津巴布韦工业指数曾出现过一天内涨幅最高达到257%的纪录。据“财富”网站报道，过去一年内，津巴布韦工业指数共上涨了322%，市值约为145亿美元。而在过去两个月内，这一指数再度翻了一番。

2000—2009年津巴布韦通货膨胀率见表13－2。

表 13－2　2000—2009 年津巴布韦通货膨胀率

年份	通货膨胀率/(%)
2000	55
2001	1 221
2002	19 893
2003	59 875
2004	13 275
2005	58 584
2006	128 111
2007	662 123
2008	2 200 000
2009	231 000 000

——资料来源：韩一烜．浅谈津巴布韦恶性通货膨胀［D］．哈尔滨：哈尔滨工业大学英才学院，2012。

13.2.2　案例分析

1. 津巴布韦通货膨胀的原因

（1）津巴布韦的社会变革降低了社会的运行效率。津巴布韦社会变革为什么会导致社会运行效率下降呢？首先，土地革命后，大量有管理能力的白人离开这里，同时带走资金（可能带走的是外汇）；带走资金是次要的危害，最主要的危害是，这些白人的离开导致管理效率下降。管理水平下降，导致土地生产能力与生产效率下降，导致农业生产能力降低，导致津巴布韦食物供应不足，出口农产品能力下降，换取外汇的能力降低，进口国外产品的能力下降，国民的生活质量也会跟着下降。其次，当地黑人掌握政权后一时不善于管理。把管理政府的白人赶走，导致政府工作人员平均素质下降，进而导致政府的运行效率降低、决策水平下降。决策水平下降，出错增多，政府系统导致的浪费增多，导致整个社会运行效率下降。最后，在经济受到制裁后，采取的应对措施未能有效缓解经济滑坡。经济制裁的危害，对于津巴布韦可能有以下几方面：一是外国捐款减少；二是津巴布韦政府在国外的部分资金、资产被扣留；三是减少了政府进口商品的能力，削弱了政府的开支能力，外汇储备会有所下降。

津巴布韦的社会变革，较大地降低了社会的运行效率，降低了社会的生产能力，津巴布韦商品的供应能力下降。而社会上流通的货币与原来一样多，购买商品的货币与原来一样多，而供应商品的能力下降了，必然导致物价上涨，这是津巴布韦第一轮物价上涨的原因。

（2）政府加印钞票。物价的上涨，导致政府系统开支增大，导致政府缺钱，政府又有歪点子，即印钞票。物价上涨，导致企业员工要求增加工资，这个要求很合理。企业当然要增加工资，其结果是，企业产品销售价格上涨，即物价上涨，这是物价上涨的重要推动力。

印钞票的结果是物价继续上涨，那就继续印钞票，物价就继续上涨，如此恶性循环。通货膨胀本身，也导致社会运行效率降低，增加社会运行成本，降低了社会的生产能力，会有利于通货膨胀继续加强。比如，物价的频繁改变增加了人们的精力浪费；商品交易变得不方便，增加交易成本；通货膨胀现象，导致国民储蓄行为极度减少，促进了国民及时消费；导致货币流通速度增加许多，货币流通速度的增加，加大了通货膨胀；通货膨胀会导致金融系统瘫痪，而金融系统是资本投资的资金来源，金融系统瘫痪，会导致投资萎缩，而投资决定经济发展速度，投资萎缩，经济就难以发展了，社会的运行效率就难以提高了。

2. 恶性通胀导致津巴布韦不正常的经济发展

高涨的物价给津巴布韦带来的无疑是一箩筐的困扰。在津巴布韦，最紧俏的日用商品是点钞机，津巴布韦国营报纸上每天充斥着日本和新加坡生产的高质量点钞机广告，而每台点钞机的价格为 3.45 亿 ~12 亿津元。津巴布韦低收入家庭平均最低生活消费已经飞升到 4 100 万津元/月。然而在这个国家，目前有超过 60% 的劳动力失业，其他部分劳动力每月则只能挣到 400 万津元。这样高昂的物价和低廉的劳动力导致了津巴布韦民众生活的不堪重负，却也使他们深陷尴尬的情境之中。去餐馆吃饭，一盘鱼香肉丝，居然要 1.2 亿津元。当用完餐准备结账时，一沓沓的钞票堆在餐桌中央，给用餐者的感觉像是坐在拉斯维加斯的赌桌旁一样。每次用完餐，还得再等半小时才能结账。

恶性通胀不仅严重影响了民众的生活，还导致津巴布韦不正常的经济发展。据统计，2002 年，津巴布韦国内生产总值（GDP）增长率为 -11.9%，2007 年则为 -4.4%。而 2001 年津巴布韦人均国内生产总值为 258 美元，2007 年则仅为 130 美元。同时，受居高不下的通货膨胀的影响，国民的生活水平迅速下降。2006 年，津巴布韦的失业率在 60% 以上，而 2007 年这一比率更是达到了 80% 以上。高额的失业率，使国民的收入水平迅速下降，而即使依然在工作的一部分劳动力，其收入水平也比较低。在津巴布韦，人们不敢持有过多货币，生怕货币贬值，货币在津巴布韦似乎成了烫手山芋，人们一有货币，就想方设法把它变成商品。然而，津巴布韦国内资源短缺问题严重，食用盐、味精、鸡蛋、牛奶、面粉等都会经常断货。由于这种情况的存在，人民的生活水平之低是可想而知的事情，导致津巴布韦国民的平均寿命迅速下降。据统计，津巴布韦国民的预期寿命仅为 39 岁，为了躲避这场灾难，无数津巴布韦国民搬离至邻国南非。

13.2.3 案例启示

1. 增加农产品供给，控制上游材料价格

农产品价格与人民生活息息相关，也是民众最容易感受到通货膨胀的地方，增加农

产品供给，稳定农产品价格，能够有效抑制通货膨胀的发生。

任何产品的生产都离不开能源及原材料，它们具有源头性，处于产业链的上游，其价格基本稳定，与之相关的产业链上的产品价格一般不会发生波动。如果其价格上涨，与之相关的产业链上的所有产品都会发生价格上涨。产业链有多长，其产品价格上涨的链条便有多长，从源头起一波接一波，一浪高一浪地涌向产业链末端的最终消费品，形成成本推进型通货膨胀，使市场物价水平呈螺旋式上升。控制这种类型的通货膨胀，唯一的选择便是控制源头产品的价格，出路在于增加石油、煤炭、电力等产品的供给，确保供给与需求总体及结构大体平衡并略有富余，使其价格保持稳定并略有下降，这样才能从源头上遏制通货膨胀螺旋上升。

2. **加快调整经济增长结构，加快产业升级**

既然通货膨胀与经济过热相伴，那么要抑制和遏制通货膨胀，必须给过热的经济降温，使之适度增长与发展。为此，必须转变经济发展方式，由追求粗放数量速度增长转为追求集约质量效益增长。结合当前的中国实际，就是从过度盲目追求 GDP 增长率转到全面提高质量效益的可持续发展的轨道上来。盲目追求 GDP 增长率已成为传统经济体制尤其是传统投资体制不可治愈的痼疾，所以转变发展方式的首要条件与基础就是改革与转变经济体制；结构扭曲的约束。中国经济的外向依存度比重比较高，不仅许多重要能源及原材料依赖进口，而且产品销售也过分依赖国际市场，这种内外结构失衡的经济，一旦遇上国际市场价格波动，国内市场便会发生震荡。并且，中国对外出口商品也往往偏重于数量增长，经济效益很差。这种数量型外贸增长结构模式，要真正转变为注重效益增长模式会有众多外向型企业因集约化而破产重组。

案例 13.3　日本的通货紧缩

13.3.1　案例介绍

1. **日本通货紧缩的背景**

日本经济凭借产业结构的不断优化升级推动经济高速扩张并使其成功跨越中等收入陷阱，然而《广场协议》的签订使日本经济情况发生了转变，日元在短时间内快速升值。为了缓和日元升值所带来的冲击，日本央行多次降低贴现率并向市场提供了大量的流动性，从而推动了泡沫经济的形成，此后，日本央行开始实行紧缩的货币政策以抑制过热的经济，泡沫经济开始崩溃，日本由此陷入了“失去的十年”，有学者甚至认为日本陷入了“失去的二十年”，日本经济这种低迷也被称为“平成不况（不景气）”，同时，日本也陷入了长时间的通货紧缩状态。为摆脱通货紧缩，日本先后采取了大规模的刺激政策，物价虽在一定时期内得到好转，但是总体而言依然处于低位。

2. 日本20世纪90年代以来实施的货币政策

日本央行的货币政策可大致分为以下几个阶段。

（1）1991—2000年的宽松货币政策。1991年7月，日本银行通过买卖政府债券等手段改变基础货币，以货币乘数为中介改变货币供应量；1991—1995年，日本央行9次下调贴现率，由6%降至0.5%。为应对亚洲金融危机，1998—2000年，日本银行通过购入商业银行持有的日本政府债券、商业票据，向同业拆借市场注入资金。1998年的月国债购买量由原先的4 000亿日元增至6 000亿日元；无担保隔夜拆借利率先是由1998年的0.25%降至1999年9月的0%，此后又升至2000年8月的0.25%。

此阶段内的物价状况整体而言呈下降的趋势。CPI先是由1990年11月的4.2%下降至1995年11月的-0.7%，此后开始反弹，由1995年11月的-0.7%升至1997年10月的2.5%，但是受亚洲金融危机以及消费税率上调的影响，物价又开始下跌，由1997年11月的2.1%下跌至2000年年底的-0.2%。

（2）2001—2006年量化宽松的货币政策。2001年3月，日本央行承诺向市场持续提供流动性供给直到CPI稳定在大于零的水平上，首次对中长期物价设定为0~2%的目标区间；在利率降到极低的情况下，为了进一步提供充足的流动性，日本央行将货币政策操作目标由无担保隔夜拆借利率转变为货币供应量，以商业银行在中央银行的经常账户余额作为操作目标；另外还通过购买政府长期国债等方式，向市场提供大量流动性，以压低长期国债的实际利率，从而提高公众的通胀预期。

此阶段内的物价大部分时间均处于负增长的状态。CPI先是由2001年1月的-0.3%降至2002年2月的-1.6%，此后物价开始回升，但仍处于负增长的状态。到2004年9月，CPI恢复到0%，然后短暂地停留在0以上，2005年1月以后又开始了负增长的状态，直到2006年5月CPI才恢复到0.1%并将正增长保持到2006年年底。

（3）2008—2012年重启量化宽松货币政策。2008年10月将无担保隔夜拆借利率由0.3%降至0.1%；实行中长期物价稳定的预期目标值，并将CPI具体量化为同比2%以下的正增长，当前以1%为预期目标；重启资产购买计划并不断扩大资产购买规模，2012年年底日本央行资产购买规模已达到101万亿日元。此阶段内的物价由2008年7月的2.3%下降至2009年10月的-2.5%，此后价格虽有回升，但依然没有摆脱通货紧缩的局面，CPI仅在极少月份出现正增长，但大部分时间仍处于负增长的状态。

（4）2013年至今的超量化宽松货币政策。实行通货膨胀目标制，并将中长期物价稳定的预期目标值调整为物价稳定的指标，同时将物价目标大幅提升至2%；增加资产购买基金规模，不设定政策退出期限；从利率转化为量化的基础货币指标，使基础货币每年增加60万亿~70万亿日元，其中日本银行每年增加50万亿日元的长期国债保有量；提高资产购买的总规模、取消国债购买期限和规模限制，如长期国债购买对象从以往最长3年期扩充至包括40年期在内的所有期限的长期国债，使所持国债平均残存期限为7年，每年增加1万亿日元的交易所上市交易基金和300亿日元的不动产投资信托基金，同时还暂时停止央行保有长期国债的规模不得超过日本银行发行纸币上限的“银行券规则”；于2016年2月实行负利率货币政策，将无担保隔夜拆借利率由0.1%下调至-0.1%。

在开始实行超量化宽松的货币政策后，日本国内物价开始迅速反弹，CPI由2013年3月的-0.9%迅速升至2014年5月的3.7%，达到近20年来的新高点，所实施的货币政策似乎已达到效果，但是好景不长，此后CPI出现了快速下跌的趋势，并且再一次跌至负增长，为2016年3月的-0.1%。从各个阶段的货币政策可以看出货币政策的实施力度愈发强烈，但是除个别年份CPI出现短暂的正增长外，日本依然没有摆脱通货紧缩的状态。那么究竟是什么原因造成日本陷入通货紧缩的状态？

——资料来源：赵硕刚．日本通货紧缩的成因分析及启示［J］．中国物价，2015（05）：12-15。

13.3.2　案例分析

1．有效需求相对不足

日本长期处于通货紧缩状态也与其经济长期低迷相对应，表现在有效需求相对不足导致经济增长乏力，从而导致物价处于相对较低的位置。

（1）居民消费支出疲软。虽然私人消费占GDP的比重逐年提升，由1990年的53%上升至2015年的60%左右，但是私人消费增长速度却呈现逐年下降的趋势，由1990年的同比增长7.7%下降至2015年的-1.1%。引起私人消费增速放缓的原因主要为居民收入增速的低速增长，甚至是负增长，据统计，自2000年以来，日本所有行业的总现金收入年平均增长-0.65%，较低的工资增长速度降低了居民消费欲望，导致居民更倾向于储蓄，从而减少消费支出；随着政府对雇用规制的放松，企业为了削减人事费而增加对非正式劳动力的雇用比例，自1990年以后，日本国内的非正式劳动力比例一直呈上升趋势，据日本厚生劳动省公布的劳动力调查结果显示，截至2014年10月，日本非正式劳动力占总劳动力总数的比例已突破40%，而非正式劳动力与正式雇员的工资又存在较大的差距，从而导致全社会工人的总体平均工资降低并减少了消费支出；日本人口结构问题突出，目前日本面临着严重的少子老龄化问题，根据世界银行公布的数据显示，截至2014年，日本65岁及以上的人口占总人口的比例为26%，为全球之首，这一方面导致现阶段的老年人消费支出要少于年轻人，另一方面又会使现阶段的年轻人增加储蓄以应对未来养老之需，从而造成居民消费持续低迷。

（2）企业国内投资意愿不足。自泡沫经济崩溃后，日本私人企业设备投资占GDP的比例由1991年的20%下滑至2015年的14%，虽然日本央行多次调低利率以期刺激国内投资增长，但是所实施的刺激政策并没有有效地增加国内投资需求。私人企业设备投资增速呈现较大的波动，但增长速度再也没有达到1990年时11.6%的高点。与之形成鲜明对比的是日本对外直接投资呈现出较快的增长，面对国内逐渐短缺的劳动力、较高的人事费用以及低迷的国内需求，众多企业逐渐将投资重点向国外倾斜，除在个别年份外，日本对外直接投资均保持着两位数的增速。

（3）净出口对内需影响较小。虽然日本出口占 GDP 比重总体呈上升的趋势，由 1990 年的 10% 上升至 2015 年的 18%，但是日本的进口额也在逐年攀升，其占 GDP 的比重与出口呈现相同的趋势，从而导致日本净出口占 GDP 的比重极小，因此净出口对国内需求的拉动作用有限。

（4）产业结构升级缓慢。20 世纪 80 年代以后，虽然日本在计算机、半导体等许多高科技领域取得了惊人的进步，但是没有培育出相应的消费需求市场，因此仅实现了技术升级而没有实现产业结构升级，大量的产业资本只能继续投资于传统的产业，如家电及汽车领域。但是面临着国际激烈的竞争形势，日本的产品竞争优势逐渐被削弱，使得企业不得不主动压低生产成本与国外产品竞争，而由于前期的投资主要集中在传统行业，并没有及时满足消费者不断变化的需求，因此日本产能出现结构性过剩的状态，为了应对过剩的产能，企业开始减少投资、减少雇员的薪金支出以及增加对非正式劳动力的雇佣，从而进一步降低了国内的有效需求。

2. 去杠杆过程导致的通货紧缩

在经历了股市和房地产泡沫破裂后，日本经历了漫长而痛苦的去杠杆过程，股市和房地产市场的崩溃造成了居民和企业资产价值的减少，面对财富的缩水，居民和企业部门又纷纷减少消费和投资需求，这就造成经济下滑、物价下跌的情况出现，而由于企业在经济繁荣时期过度负债，当泡沫破裂时企业面临债务偿还的情况，为了偿还债务，企业开始变卖资产，资产价格出现下跌并导致企业的资产面临缩水的情况，此时金融机构也积累了大量的不良资产，面对不良资产的恶化，银行开始出现惜贷现象并造成国内信贷的萎缩，从而降低了市场上的流动性。而物价水平的下跌一方面导致企业的实际债务增加，另一方面导致企业的净利润减少，从而进一步加剧了企业债务负担并引发企业破产增加以及失业率的上升，这又导致国内消费及投资的进一步下降，从而进入“债务—通缩”的恶性循环状态。

3. 货币因素对通货紧缩的影响

（1）汇率的影响。日元升值会造成进口价格相对降低，同时由于本国产品相对国外产品具有较高的价格，从而导致本国出口减少并带来通缩的压力，而日元的贬值则会在一定程度上抑制通货紧缩。如在 1990—1999 年，日本汇率的走势与 CPI 的走势出现相同的趋势性，日元从 1990 年 4 月开始升值，由 1 美元兑 159.08 日元下降到 1995 年 5 月的 83.19 日元，此时间内 CPI 也出现下降的趋势，由 1990 年 11 月的 4.2% 下降至 1995 年 3 月的 -0.4%，此后日元开始贬值，由 1 美元兑 83.19 日元升至 1998 年 7 月的 143.79 日元，此时的 CPI 由 1995 年 11 月的 -0.7% 上升至 1997 年 10 月的 2.5%。

（2）货币供应量的影响。虽然日本央行加大了对基础货币的供应量，使货币供应量保持近两位数的增长，但是广义货币供应量（CD_S）增速却始终保持着较低的增长速度，银行贷款增长缓慢，企业投资意愿不强。利用 V1 = GDP/M1 和 V2 = GDP/(M2 + CD_S) 分别计算日本货币流通速度可以发现，V1 的货币流通速度由 2013 年的 1.13 下降至 2015 年的 0.79，V2 的货币流通速度也由 0.71 下降至 0.51，从而表明 M1 和广义货币供给量虽然逐年增加，但是货币流通速度却逐年下降，也从某种程度上导致日本久久不能摆脱通货紧缩的状态。

（3）利率的影响。根据费雪方程式可知通货膨胀率等于名义利率与实际利率之差，在实际利率不变的条件下，由于日本央行连续降低利率水平，因此会造成通货膨胀率持续的降低，当名义利率降为零时会导致通货膨胀率出现负增长的情况。而且较低的通货膨胀率又会造成实际利率上升，从而增加企业投资成本并抑制企业投资需求。另外，日本利率长时间处于较低的状态还会引起利差交易，即国外投资者可借入成本较低的日元并投资收益较高的国外资产，当日元出现贬值时，投资者还可以获得汇率收益，然而当日元出现升值时，会增加投资者的风险并导致对日元需求的增加，从而进一步使日元升值，而日元升值又会导致输入型通缩的出现。

13.3.3　案例启示

1. 适度加大稳增长政策力度，稳定社会通胀预期

随着近期我国物价涨幅走低，社会通缩预期明显提升。为防止通缩预期的自我实现，应积极出台举措引导通缩预期转变，货币政策方面要维持中性偏松的政策取向，并通过舆论向市场传递货币政策会更加注重松紧适度的信号；在通胀持续下行的情况下，可研究设立通胀目标下限，制定相应的反通缩预案。财政政策方面应适度加大对中西部、农村地区基础设施建设的投资力度，稳定市场对经济前景的信心。此外，还可借助通胀走低的契机加快价格改革步伐，尤其是能源和环保领域的价格改革可适当前置。

2. 加快转变经济增长方式，推动潜在增长水平提升

当前我国工业企业产能利用率仍处于国际金融危机爆发后的较低水平，钢铁、有色金属、化工、建材等传统行业产能过剩问题尤为突出，产品价格下降、库存积压，企业经营压力加大。同时，大量“僵尸企业”的存在使市场难以有效发挥调节供需的作用，从而推动价格向正常水平回归。为此，应加大产能过剩行业结构调整力度，通过提高环保、能耗、安全、技术等标准，加速落后产能的淘汰，结合“一带一路”建设等推进过剩产能转移与对外投资对接，推动“僵尸企业”合理有序地退出市场。从长期看，还应通过加大教育、研发投入提高人力资本和全要素生产率对经济增长的贡献，推动经济增长由要素数量驱动向要素质量驱动转变，使我国潜在增长能力能够在较长时间内处于中高水平，避免陷入日本式的长期经济低迷。

3. 积极化解银行不良资产，保持货币政策传导机制畅通

受经济大环境的影响，我国部分行业、企业经营状况恶化导致银行信贷违约概率加大、信用风险加剧，据已披露的上市银行年报显示，大部分银行出现不同程度的不良贷款余额和不良贷款率双升的情况，不仅加大了银行经营风险，也令银行惜贷、限贷倾向增强，不利于货币政策传导机制的顺畅运行，进而影响到央行调控价格方面的实际效果。为此，除加大银行拨备计提、核销不良贷款的力度以增强资产质量防控能力外，还要加快推进资产证券化发展。在将资产证券化由审批制改为备案制后，应重点推进资产证券化二级市场建设，放宽投资者准入门槛，建立多元的投资者结构，从而改变当前二级市场银行互持、交易不活跃的现状。

4. 改善收入分配制度，保持居民收入适度增长

尽管近年来我国收入分配格局整体呈改善的势头，但居民收入水平偏低、收入分配差距较大的问题仍未得到根本性扭转，从而制约着消费能力和水平的提高。为此，在收入初次分配中，应继续提高城乡居民收入，特别是中低收入者的收入水平；完善工资形成制度和最低工资制度，健全工资随经济发展而提高的正常增长机制；鼓励农村土地承包经营权流转，扩大居民投资渠道，增加城乡居民财产性收入。在收入再分配中，要加大财政转移支付和税收的收入调节力度，重点推进个人所得税和财产税改革；进一步完善城乡居民养老、医疗等方面的社会保障制度，逐步提高城乡低保、养老金支付标准。

第 14 章　货币政策案例

案例 14.1　美国量化宽松货币政策及其影响

14.1.1　案例介绍

1. 美国陷入大萧条以来最为严重的金融危机

美国东部时间 2008 年 12 月 16 日下午 2 点 15 分，美国联邦储备委员会（以下简称“美联储”）发布决策声明，将联邦基金利率即商业银行间隔夜拆借利率从 1% 下调至 0 ~0.25%，创下历史最低纪录。美联储在当天的降息声明中表示，自 2008 年 10 月底以来，美国就业形势恶化，消费开支、企业投资和工业生产都在下降，金融市场形势依然严峻，信贷条件仍在收紧。同时，美联储也在声明中表示将采取所有可动用的手段，推动经济恢复可持续的增长、维护物价稳定。并且特别指出，由于预计未来经济活动仍将疲软，委员会认为在一段时间内联邦基金基准利率极有可能保持在非常低的水平。

自 2007 年 8 月次贷危机爆发以来，美国陷入了自 20 世纪 30 年代大萧条之后最为严重的金融危机。市场恐慌情绪弥漫，流动性出现严重不足，美国经济开始迅速恶化。为了应对这一局面，美联储从 2007 年 9 月 18 日开始，启动了有史以来最猛烈的一轮降息周期。经过十次连续下调，美国的基准利率已累计下降了至少 500 个基点。

由于利息已经低得难以再低，美联储运用利率进行宏观调控的传统手段已经枯竭。美联储主席伯南克却明确表示，在面对这场大萧条以来最严重的金融危机中，美联储尚未“用完弹药”。伯南克言外未用完的“弹药”，即量化宽松货币政策。

2. 美国量化宽松货币政策实践

从 2008 年 11 月到 2014 年 10 月的 6 年间，美联储相继推出了三轮量化宽松政策，这场史无前例的“货币盛宴”使得美联储的资产负债表增加了约 3.9 万亿美元。

（1）第一轮量化宽松。美国的次贷危机爆发后，美国联邦基金利率从 5.25% 一路下调。2008 年 12 月 16 日，美联储再次下调联邦基金利率，降息 0.75 个百分点至 0 ~

0.25%，并宣称将长期维持这一利率。2008 年 11 月 25 日，美联储宣布将购买由房地美、房利美和联邦住宅贷款银行发行的价值 1 000 亿美元的债券及其担保的 5 000 亿美元的资产支持证券。由此，美国量化宽松货币政策正式拉开帷幕。

从 2008 年 11 月 25 日至 2010 年 3 月底，美联储共收购了 1.25 万亿美元的 MBS、3 000亿美元国债和约 1 750 亿美元的机构债券。这就是第一轮的量化宽松（QE1）。第一轮量化宽松政策的目的是拯救华尔街的金融资产，向住房抵押贷款和房屋市场提供支持，改善私人信用市场的整体环境。在 QE1 的刺激下，美国的 GDP 从 -7.7% 增长至 2010 年 1 季度的 3.2%，主要股指平均上涨超过 20%，然而失业率却攀升至 9% 以上的历史高位，美国经济复苏乏力。

（2）第二轮量化宽松。2010 年 4 月，美国的失业率依然停留在 9% 以上的高位。此时，希腊爆发主权债务危机，欧洲和整个世界经济再度陷入低迷。2010 年 9 月 10 日，美联储公开市场委员会发表声明称随时准备再度实施量化宽松货币政策。10 月 15 日，伯南克宣布：鉴于美国经济持续疲弱，美联储需要采取更多行动来刺激经济，譬如大规模购买美国财政部发行的债券。10 月 29 日，伯南克再次明确宣告：我们有必要进一步采取行动来刺激疲弱的美国经济。2010 年 11 月 4 日，美联储公开市场委员会再次发表声明称，为促使经济复苏更加强劲，将在市场上再购买 6 000 亿美元中长期国债，每月购买额为 750 亿美元，直至 2011 年 6 月。这就是美联储的第二轮量化宽松（QE2）。QE2 的目的是通过大量购买美国国债，压低长期利率，进而提振美国经济，避免通货紧缩，并解决第一轮量化宽松未能解决的高失业率问题。QE2 实施期间，美国股市出现新一轮上涨，再次推动美国经济增长，失业率略有下降，但仍维持在 9% 以上，美国经济复苏依然脆弱。

（3）扭曲操作。2011 年 9 月 21 日，美联储发表声明称，为了进一步刺激经济复苏，计划到 2012 年 6 月推出 4 000 亿美元扭曲操作。所谓扭曲操作（Operation Twist，OT），是指卖出较短期限国债买入较长期限的国债，在不扩大资产负债表总规模的前提下，延长所持国债资产的整体期限。从收益率曲线来看，这样的操作相当于将曲线的较远端向下弯曲，这也是扭曲操作得名的原因。美联储此次扭曲操作的具体措施是：在 2012 年 6 月底之前，出售剩余期限为 3 年及以下的 4 000 亿美元中短期国债，同时购买相同数量的剩余期限为 6 ~ 30 年的中长期国债。2012 年 6 月 21 日，美联储再次发表声明称将即将到期的 OT 延期至年底，额度再增加约 2 670 亿美元。2012 年 12 月，美联储宣布“扭曲操作”终止。从效果来看，此次扭曲操作降低了长期利率，但是 GDP、CPI、失业率等数据并未明显体现出其对美国经济产生的积极影响。

（4）第三轮量化宽松。2012 年 9 月 13 日，美国联邦公开市场委员会发表声明，由于失业率仍旧维持在较高水平、企业固定投资增长速度有所放缓、住房部门仍旧处于受抑制状态，为了促进美国经济持续稳定复苏，将实施新一轮量化宽松政策（QE3），具体内容包括：①以每个月 400 亿美元的速度购买更多的机构抵押贷款支持债券；②将 2011 年 9 月出台的扭曲操作（OT）结束时间延长至 2012 年年底；③在 2015 年中期以前保持基准利率不变。美联储称，如果劳动力市场没有实质的改善，美联储会继续购买机构债 MBS，同时还会购买额外的资产和实施其他的政策工具。在价格稳定的前提下，这些政策会持续到劳动力市场改善。与前两轮 QE 相比，QE3 在推出之初具有以下三个方面的特点：首先，没有明确量化宽松的规模上限。QE3 推出时仅说明每月购买 400 亿美元 MBS，直至就业明显改善为止，并没有规定明确的规模上限。其次，持续时间不定。QE3 推出时没有明确持续的时间，仅说明持续到劳动力市场改善，但是劳动力市场改善是一个非常不确定的概念，这也给了市场更多的想象空间，同时为货币政策的改变提供了更多的回旋空间。再次，与前两轮 QE 购买的资产品种不同。QE3 购买的债券品种仅为 MBS，而 QE1 包括国债、MBS 和机构债，QE2 只有国债。

时隔 3 个月之后，2012 年 12 月 13 日，美联储联邦公开市场委员会再次宣布，扩大现有资产购买计划，并用量化数据指标来明确超低利率期限，此举也被称为升级版 Q3。具体内容为：自 2013 年 1 月起，每月购买 450 亿美元长期国债，同时继续执行今年 9 月开始实施的每月购买 400 亿美元机构抵押贷款支持证券（MBS）的计划，到期债券回笼的资金再投入市场购买债券。这意味着，美联储每月的资产采购额将达到 850 亿元。同时，美联储首次将货币政策取向与失业率指标挂钩，称将维持利率接近于零的水平，直到美国失业率降至 6.5%，并称只要预计未来一两年的通胀预期不超过 2.5%，且较长期通胀预期受控，上述利率承诺就不会改变。

2014 年 10 月 29 日，美联储公开市场委员会发表声明称，自购买资产计划推出以来，就业市场前景已经取得了明显的改善，委员会认为经济活动潜在的增长势头足以支持在物价稳定的前提下继续向就业最大化迈进。因此，委员会决定在本月结束购买资产计划。

此外，美联储还表示，在本月购买资产结束后的相当长时间内维持联邦基金利率在 0 ~ 0.25% 目标区间将可能是合适的，尤其是如果预估通胀继续低于委员会 2% 的较长期目标，且通胀预期仍牢牢受控。如果未来信息显示向委员会就业和通胀目标所取得的进展比目前预期更快，则可能比目前预期更早上调联邦基金利率目标区间。至此，美联储持续六年的量化宽松货币政策宣告终结。Q3 期间，美联储总计购买了 1.6 万亿美元的国债和抵押贷款支持证券。此前在 QE1 和 QE2 期间，美联储分别采购 1.725 万亿美元和 0.6 万亿美元资产。三轮 QE 下来，美联储资产负债表大规模扩容了 3.938 万亿美元。

3. 美国量化宽松货币政策取得了实质性效果

（1）量化宽松货币政策拯救了美国的银行业。从短期来看，美国量化宽松货币政策拯救了美国的银行业，稳定了美国的金融市场，避免了美国大型金融机构的倒闭潮。QE1 实施之前，美国倒闭的大型金融机构多达六家，然而在美国推出 QE1 之后，受金融危机影响的大型金融机构只有桑恩柏格房贷公司，其资产规模只有 365 亿美元，不及雷曼兄弟的 1/20。

（2）量化宽松货币政策在一定程度上使美国的流动性得到了缓解。QE1 推出后，美国的 M2 从 2008 年年底的 82 672 亿美元上升到 2010 年 3 月的 85 795 亿美元，其上升幅度高达4%，而且 M2/GDP 的值也稳步上升到 8.6 左右，从而使美国金融危机后流动性不足的局面得到了很大的改善。

（3）量化宽松货币政策还有利于提振市场信心。短期内量化宽松货币政策还有利于提振市场信心，增强美国经济更快复苏的预期。量化宽松货币政策会直接作用于美国股市，推升股市，从而提高美国企业的盈利预期，刺激投资和降低失业率。据统计，在美国实施量化宽松货币政策之后，美国道琼斯指数开始触底反弹，从 2009 年 3 月的 6 626.94的最低点上市到2010 年 3 月底的 10 927.07，其上升幅度高达65%，从而大大增加了投资者的信心。

——资料来源：张栋．美国量化宽松货币政策最新进展及其影响研究［J］．金融发展评论，2013（12）：47－62.

14.1.2 案例分析

1. 美国实施量化宽松货币政策的原因

（1）巨额财政赤字限制了财政政策空间。为扭转不断恶化的经济形势，美国政府一直大力实施扩张性财政政策。连年大量发行国债，力图通过扩大公共投资直接作用于社会最终需求。然而，美国高企的财政赤字使扩张性财政政策日益不可持续，美国财政部数据显示：从2008 年10 月到2009 年6 月，美国联邦政府收入为1.589 万亿美元，支出为2.675 万亿美元，使2009 财年前9 个月的赤字达到1.086 万亿美元，为2008 财年同期的3 倍多。不仅联邦政府，地方政府也普遍面临财政困难，如加利福尼亚州政府濒临破产。中央和地方政府负债累累，财政赤字严重，美国如果继续大幅度扩大财政赤字，财政危机迟早会爆发。因此，扩张性货币政策成为美联储最后的政策手段。

（2）中长期利率高企，借贷成本升高。为了应对次贷危机及可能产生的经济衰退后果，自 2007 年9 月 18 日以来，美联储开始连续十次降息，动用一切可以运用的手段来刺激经济复苏，2008 年 12 月 16 日，美联储甚至将联邦基准利率从 1% 调整至接近零利率水平的 0.25%。然而，在 2008 年 12 月到 2009 年 3 月，美国中长期利率非但没有维持在与零利率相适应的较低水平，而且不断走高，截至 2009 年 3 月，美国 10 年期国债收益率已回升到 3.0%，且回升势头不减。中长期国债收益率高，直接带动了相应期限的商业贷款利率升高，居民按揭贷款利率升高阻碍了房地产市场的回暖，企业借贷利率的升高阻碍了企业扩张生产活动，从而阻碍了经济复苏。

（3）货币乘数下降，信贷全面紧缩。货币供应量的增长取决于货币乘数的变化和基础货币的增长两个因素。如果价格水平保持不变，货币供应量的增长率就应该等于货币需求的增长率。过去 1 年之中，美国基础货币的增长率高达112%，远高于正常水平，但 M2 货币供应量的增速却只有 9%，第二季度名义 GDP 同比增长率只有 －1%，这表明货币流通速度在过去 1 年中下降了 10% 左右，而货币流通速度的下降则反映了在通货紧缩压力和金融不确定性增大情况下银行系统的中介功能在不断萎缩。

2. 美国量化宽松货币政策对中国经济的影响

（1）引起大量短期资本流入中国。在美联储量化宽松的货币政策作用下，2009年以来流入中国的短期国际资本呈现出加速的态势。按照错误与遗漏的方法测算，2009年上半年短期国际资本流入228亿美元；按照残差法的测算，2009年上半年短期国际资本流入达452亿美元。之后一段时间，随着国际金融机构“去杠杆化”进程的结束，美联储向金融市场注入的大量流动性，通过各种渠道流向包括中国在内的新兴市场同家。同时，美国联邦基金利率已降至接近零利率的水平，目前中国的一年期存款利率经过四次降息后为2.25%，远高于美国联邦基准利率水平，短期内美联储加息的可能性不大，中美利差倒挂的局面将继续维持。在这种情形下，短期国际资本流入中国的趋势还将持续。

（2）增加人民币汇率机制改革的难度。量化宽松货币政策加大了美元汇率的波动，增加了人民币汇率机制改革的难度。从2008年7月到2009年3月，金融危机急剧恶化，避险情绪升温，国际金融机构和企业纷纷将资金撤回美国或兑换成美元资产，导致美元对主要货币汇率保持升值。在这一背景下，人民币又重归盯住美元，人民币兑美元的波动幅度维持在6.82~6.84。2009年3月下旬美国量化宽松货币政策的推出，导致美国通胀预期上升、国债融资风险增加和美元融资套利交易活跃，加上全球经济反弹使得美元作为避险工具的需求大大减弱，以美元资产保值的资金重新追逐高收益资产，美元呈贬值趋势。随着美元走弱，人民币汇率自2009年3月后连续7个月呈贬值态势，名义有效汇率和实际有效汇率分别贬值9.17%和7.67%。

（3）带来人民币升值的压力。在美元贬值和短期国际资本涌入的背景下，人民币升值压力再次显现，中国政府不太可能选择大幅升值的策略。首先，在大幅升值策略下，热钱在很短的时间内就可以获得升值带来的收益，热钱获利的成本将大大降低。其次，很难找到一个均衡汇率点，无法计算怎样的升值幅度为一个合适的水平。采取大幅升值策略，人民币汇率很可能出现超调，资金流向逆转的风险很大，或者是一次性大幅升值以后如果没有升到位，可能还会有下一次的升值预期，造成过多的游资流入。无论是哪一种情形，都会造成资金大进大出，产生宏观金融风险。再者，大幅升值对出口型企业将带来较大冲击，经济可能出现大幅下滑，进而引发严重的失业问题。

（4）央行部分丧失货币政策的自主性。美国史无前例的量化宽松政策的推出，对中国货币政策最直接的影响是，中国被动跟随美国进行调整。如果中国不跟随美国和全球的量化宽松政策，人民币将可能产生更大的升值压力，带来更多的资金流入。如果中国跟进美国的政策，由于中国的家庭和金融机构并不存在去杠杆化的问题，那么中国货币供应量将十分充足。因此，无论中国跟随还是不跟随美国的货币政策，都会出现流动性充裕的情形，这将推动资产价格泡沫的出现。由于人民币重归“盯住”美元的机制，根据蒙代尔的“三元悖论”，在资本跨境流动无法得到有效控制的情况下，中国央行将部分丧失货币政策的自主性。

14.1.3 案例启示

1. 加强国际资本的流动管理

美联储实施量化宽松货币政策后，人民币升值，资金出于套利目的将大规模流入包括我国在内的新兴国家。因此，我国必须加强对国际流动资本的监管，控制热钱的流入，遏制资产泡沫。由于我国的资本项目尚未实行完全开放，资本管制的难度明显小于其他新兴国家，因此可以从以下几个方面入手：一是加强短期资本管制。建立联动机制关注资产价格，以加强对热钱的监控，并可适当增加国际资本的流动成本。二是加强长期资本项目的外汇管理。严格控制通过国际游资进行的人民币升值套利交易，并对国际资本入境后的用途进行严加控制监管。三是制定相关法律法规，对违法违规行为开展积极有效的打击行动，并对流入的违规资金进行查处。四是完善健全监控体系，建立对资本流入、流出的双向监控体系，制定应急反应措施。

2. 保持人民币汇率的相对稳定

人民币汇率的稳定对我国经济和金融市场的发展有着非常重要的影响。在这种因美国量化宽松货币政策而形成的人民币升值压力下，更加需要采取有效的措施来保持人民币汇率的相对稳定，以减少不必要的资金波动和衍生的交易成本，从而保持我国商品的国际竞争力。要想稳定我国人民币的汇率，就要从现阶段的汇率水平和汇率的形成机制两方面入手，这关系着国内市场能否正常运作与发展。人民币汇率的形成机制，从本质上说，就是人民币汇率制度如何选择的问题，即在原有汇率机制的基础上，进一步将操作步骤灵活化，废除不再适用当前形势的部分，以及对外汇环境进行整顿，使汇率机制更加完善。美元是我国外汇储备的主要货币，因此美国推行的量化宽松货币政策给完善人民币汇率形成机制带来了新的挑战。为了削弱美国这一货币政策所带来的负面影响，中国进一步完善人民币汇率机制，就需要在立足于市场供求的前提下，扩大我国货币汇率的市场化规模，最大程度地发挥市场资源自由配置在人民币汇率形成机制中的重要作用。另外，浮动汇率制度不仅符合我国的基本国情，也有助于促进我国经济社会稳定发展。

3. 必须将货币政策与财政政策相结合

美国推出量化宽松货币政策以后，美元流动性剧增，人民币升值压力加大，迫使我国跟随美国进行货币政策的调整。根据蒙代尔的“三元悖论”理论，在量化宽松的影响下，货币政策必将丧失其独立性。因此，我国必须从实际情况出发，明晰单一的货币政策已经无法有效地控制当前的经济走向，这就要求我国必须将货币政策与财政政策相结合。如“紧货币、宽财政”，紧货币包括加息、提高存款准备金等；宽财政主要是增加政府性支出，刺激国内市场的总需求。

案例14.2 中国2015年货币政策稳中有进

14.2.1 案例介绍

1. 遵循“稳增长、调结构、防风险”的改革思路

2015年，中国人民银行继续实施稳健的货币政策，在操作上更加注重松紧适度、预调微调，在灵活调控、区间调控的同时加大定向调控力度，同时，“寓改革于调控之中”，各项金融改革明显加快。总体来看，全年银行体系流动性充裕，货币信贷平稳较快增长，利率水平明显下降，人民币汇率弹性增强，为稳增长、调结构、防风险提供了良好的货币金融环境。2015年11月末，广义货币供应量M2余额同比增长13.7%，较上年同期高1.4个百分点。人民币贷款余额同比增长14.9%，较上年同期高1.5个百分点；比年初增加11.7万亿元，同比多增2.6万亿元。7天期银行间债券回购利率（回购定盘利率）从年初的4.89%降至年末的2.40%，下降2.49个百分点，一年期贷款基础利率（LPR）从年初的5.51%降至年末的4.30%，下降1.21个百分点。

2. 中国2015年货币政策实施情况

（1）注重松紧适度与适时适度预调微调。多种货币政策工具协调使用，流动性总量合理充裕。2015年，受外汇占款以及宏观经济变化等因素影响，人民银行连续4次普降金融机构存款准备金率，全年合计下调存款准备金率2.5个百分点。而且，在外汇占款出现阶段性放缓的情况下，主动运用中期借贷便利，补充基础货币。全年累计净投放1 000亿元，期末中期借贷便利余额6 658亿元。同时，中期借贷便利的结构引导和中期政策利率导向性作用进一步发挥，有效引导金融机构加大对小微企业和“三农”等国民经济重点领域和薄弱环节的支持力度，降低贷款利率和社会融资成本。

公开市场操作灵活适度，预调微调效果明显。在国内外金融市场波动加大、影响流动性供求不确定性因素较多的情况下，人民银行以逆回购为主搭配短期流动性调节工具开展公开市场操作，加强与法定存款准备金等其他政策工具相配合，适时调整公开市场逆回购操作期限，加强预调微调。全年通过公开市场逆回购操作投放流动性32 380亿元，开展短期流动性调节工具（SLO）操作投放流动性5 200亿元。与此同时，在经济仍面临一定下行压力、物价涨幅有所回落的情况下，配合存贷款基准利率下调，公开市场操作利率弹性逐步增强，货币市场利率的引导和调节效果显现，促进了市场利率在合理区间平稳运行和货币信贷合理增长。2015年上半年，顺应市场利率走势变化，公开市场7天期逆回购操作利率先后7次下行，累计降幅达135个基点。下半年，公开市场操作利率注重稳定短期利率，提高利率传导效率。8月下旬，7天期公开市场逆回购操

作利率稳定在2.50%的水平，8月27日和10月25日，与存贷款基准利率两次下调相匹配，引导7天期逆回购操作利率分别下行至2.35%和2.25%。

分支机构常备借贷便利操作向全国推广，地方法人金融机构流动性管理进一步增强。2015年年初，人民银行在前期10省（市）试点的基础上在全国范围推广分支行常备借贷便利操作。同时，为加快建设适应市场需求的利率形成和调控机制，常备借贷便利利率发挥利率走廊上限的作用也在积极探索之中。结合流动性形势和货币政策调控需要，2015年11月20日，对符合宏观审慎要求的地方法人金融机构，隔夜、7天的常备借贷便利利率分别下调至2.75%和3.25%。2015年前11个月累计开展常备借贷便利操作3 347亿元左右，到期已全部收回。

（2）继续发挥基准利率的引导作用。寓改革于调控之中，稳步推进市场化改革，协同推进存贷款基准利率调整和利率市场化改革。2015年，为继续发挥基准利率的引导作用，中国人民银行连续五次下调金融机构存贷款基准利率，下调幅度合计1.25个百分点。随着政策措施效果的逐步显现，金融机构贷款利率明显下降，货币市场、债券市场利率继续走低，企业融资成本高的问题得到有效缓解。存款利率总体下行，分层有序、差异化竞争的金融机构存款定价格局进一步形成。结合存贷款基准利率下调，中国人民银行逐步取消了存款利率浮动区间，稳步推进利率市场化改革。2015年3月和5月，将存款利率浮动区间上限依次扩大到1.3倍和1.5倍，并在全国范围内放开小额外币存款利率上限；8月26日，放开金融机构一年期以上（不含一年期）定期存款利率浮动上限；10月24日，进一步放开商业银行和农村合作金融机构等活期及一年期（含）以内定期存款利率的上限。至此，存贷款利率管制已经基本取消，利率市场化迈出了非常关键的一步。

（3）进一步完善人民币汇率形成机制。2015年，中国人民银行继续按主动性、可控性和渐进性原则，以市场供求为基础，参考一篮子货币进行调节，增强人民币汇率弹性，保持人民币汇率在合理均衡水平上的基本稳定。中国外汇交易中心公布的人民币汇率指数显示，2015年12月31日，中国外汇交易系统（China Foreign Exchange Trade System，CFETS）人民币汇率指数为100.94，较2014年年末升值0.94%；参考BIS货币篮子和SDR货币篮子的人民币汇率指数分别为101.71和98.84，分别较2014年年末升值1.71%和贬值1.16%，显示2015年人民币对一篮子货币总体保持了基本稳定。为增强人民币兑美元汇率中间价的市场化程度和基准性，自2015年8月11日起，人民银行完善人民币兑美元汇率中间价报价机制，从而校正了人民币对美元汇率中间价与市场汇率之间的偏差。

（4）扩大信贷资产质押再贷款试点。2015年9月，在前期山东、广东试点经验的基础上，人民银行决定在上海、天津、辽宁、江苏、湖北、四川、陕西、北京、重庆九省（市）推广信贷资产质押再贷款试点，将评级结果符合标准的信贷资产纳入人民银行发放再贷款可接受的合格抵押品范围。央行抵押品范围的扩大，一方面扩大了抵押品的多样性，分散了风险；另一方面，可以推动商业银行更加重视商业贷款的信用审查，从而提升整个金融系统的稳定性，进而有助于提高央行货币政策的灵活性及其对市场流动性的支持。但随着抵押品范围的扩大，抵押品的质量也会下降，因此应该坚持审慎的态度，在借鉴国际成熟经验的基础上，加强对新增抵押品品种的信用评级和风险防范。

3. 发挥政策合力协调稳增长与调结构的平衡关系

采取综合措施引导金融机构优化信贷结构。充分发挥货币政策、宏观审慎政策工具以及信贷政策的信号和结构引导作用，加强信贷政策与产业政策的协调配合，引导金融机构优化信贷结构。积极运用信贷政策支持再贷款、再贴现和抵押补充贷款（PSL）等工具引导金融机构加大对小微企业、“三农”和棚改等国民经济重点领域和薄弱环节的支持力度，适时下调信贷政策支持再贷款和抵押补充贷款利率，引导降低社会融资成本。

继续实施定向降准引导金融机构加大薄弱环节信贷投放。2015 年，中国人民银行继续实施定向降准，完善引导金融机构提高“三农”和小微企业贷款比例的正向激励机制。2 月定向降低农业发展银行存款准备金率 4.5 个百分点，对小微企业贷款达到规定标准的城市商业银行和非县域农村商业银行额外下调存款准备金率 0.5 个百分点；4 月定向降低农业发展银行存款准备金率 3 个百分点，农村合作银行、农信社、村镇银行、财务公司、金融租赁公司和汽车金融公司存款准备金率额外下调 1 ~1.5 个百分点；9 月额外降低县域农村商业银行、农村合作银行、农村信用社和村镇银行等农村金融机构存款准备金率 0.5 个百分点，额外下调金融租赁公司和汽车金融公司存款准备金率 3 个百分点；10 月对符合标准的金融机构额外降低人民币存款准备金率 0.5 个百分点。

——资料来源：http：//www.chinairn.com/news/20150209/115354427.shtml。

14.2.2　案例分析

1. 顺应新常态下供给侧结构性改革的需要

认识新常态、适应新常态、引领新常态，是当前和今后一段时期我国经济发展的大逻辑，对于未来一段时期货币政策前景的展望也离不开这个大逻辑。在这样的背景下，包括货币政策在内的宏观调控政策也应走向新常态，重点是从过去的总量宽松、粗放刺激转向总量稳健、结构优化，为新常态下供给侧结构性改革创造良好的货币金融环境。

总体来看，我国流动性存量大，杠杆率水平明显偏高，资产泡沫风险不容忽视，未来一段时期要顺利实施去产能、去库存、去杠杆等任务，在“宏观政策要稳”的大方向下，货币政策需要继续保持“稳健”的基本取向。同时，根据经济金融形势的发展变化，强化预调微调，为经济结构调整与转型升级营造中性适度的货币金融环境。尤为重要的是，随着金融机构存款利率上限管制的放开，货币政策框架也相应面临从数量型为主向价格型为主转变的重大挑战，货币政策调控与深化改革将更加紧密地结合在一起，这要求央行继续完善调控模式，强化价格型调节和传导机制，疏通货币政策向实体经济的传导，进一步提高政策的有效性。从大的方向看，货币政策改革创新的重点将集中在三大“锚”的健全和完善上。

2. 适度宽松的货币政策能够确保经济的持续稳定增长

从投资需求看，实施适度宽松的政策一方面有利于增加企业投资资金的可得性，扩大投资资金来源，增强企业的投资能力；另一方面会调低利率总水平，降低企业的投资成本。这两方面归结到一起，有利于刺激企业及其他经济主体的投资热情，扩大投资需求。但在产能过剩的大背景下，要提高投资效率，使投资更好地发挥拉动经济增长的作用，必须通过政府的政策引导，使投资资金更多地流向经济社会发展的“短板”，如“三农”、节能环保、保障性住房、自主创新高科技等行业。应改善投资环境，消除行业和市场壁垒，给民营资本以“国民待遇”，使其能够在依法合规的前提下公平参与金融、教育、医疗等领域的投资。

3. 对总量型货币政策工具赋予结构调控功能

以央行作为经常性政策调控工具的存款准备金比率为例，改变“一刀切”的存款准备金比率，实行差别存款准备金制度，对主要的商品粮基地所在地区、金融资源相对贫乏的经济落后地区，可实行相对较低的存款准备金比率。这样做，既可以增强政策调控的针对性和有效性，也有利于促进地区间经济的协调发展。

14.2.3 案例启示

1. 增强利率在货币政策框架中的作用

在现代信用货币制度和中央银行体制下，利率市场化改革实际包括两个维度：一是利率形成方式市场化，即利率的品种、期限以及水平不再由货币当局直接决定，而是由金融资产供需双方依据金融市场变动状况自行决定；二是利率调控方式的市场化，即中央银行对利率体系的调控，不再通过行政规定，而是通过调整自身的资产负债表、调节基准利率进而调控整个市场利率水平。

在利率管制基本放开的条件下，构建市场化的利率调控方式，当前面临两大迫切任务。一是中央银行政策利率的选择问题。在价格型货币政策调控框架下，货币政策的功能是为市场利率提供一个短期“锚”或目标利率，中央银行政策利率的宣示和相关操作，就是确定和实现这个“利率锚”或基准的过程。二是价格型货币政策操作模式的选择问题。一般认为，中央银行利率操作模式分为公开市场操作模式与利率走廊模式。利率走廊操作系统可以直接降低市场利率波动，另外也可以消除商业银行等金融机构对流动性的“囤积性需求”，从而减少央行进行公开市场操作的频率和数量，降低央行操作成本。当前，我国以常备借贷便利利率为上限、超额存款准备金利率为下限的利率走廊雏形已经初步形成，可以考虑分步骤渐进实施，为营造利率正常化的市场环境奠定制度基础。

2. 加强市场沟通和预期管理

以利率为核心的央行间接调控机制，并不仅仅只是确定某个政策利率水平的问题，而是包括了货币政策决策、传导以及和市场有效沟通机制在内的一整套框架。以和市场的有效沟通为例，货币政策委员会定期会议和信息公开制度，以及央行通过各种渠道表明对宏观经济态势的看法等，都是间接调控框架下实现货币政策利率调控目标的重要方面。从最近三十年各国货币政策经验看，正是 20 世纪 80 年代中期以来对货币政策规则重要性认识的加强，才促进了政策的透明和经济的稳定，从而开启了 90 年代以来的“大缓和”时代。作为本轮危机反思的一项重要内容，美国、日本、英国、欧洲央行纷纷引入新一轮的“前瞻性指引”，企图以一种更为清晰和前瞻性的方式，与市场沟通经济前景及货币政策取向，目的是方便市场主体决策，同时抑制市场过度波动，提振市场信心。未来一段时期，我们需要更多发挥央行政策利率和利率走廊系统对稳定市场预期的积极作用，进一步提高货币政策操作的透明度，加强与市场的沟通，合理引导社会预期，通过规则目标制定上的科学性和操作上的艺术性的有机结合，提升货币政策的有效性。

3. 有效防范系统性金融风险

当前中国经济正处在增速换挡和转变发展方式的阶段，结构调整的阵痛导致我国已逐渐步入金融风险敏感期，需高度关注系统性金融风险的集中和突然爆发。在应对举措上，以下几个方面值得重点关注。一是进一步完善宏观审慎政策框架。从 2016 年起，中国人民银行将原有的差别准备金动态调整和合意贷款管理机制“升级”为“宏观审慎评估体系（Macroprudential Assessment，MPA）”，MPA 体系更加全面、系统、灵活、有弹性。二是改革并完善适应现代金融市场发展的金融监管框架。近来频繁显露的局部风险，特别是资本市场的剧烈波动说明，现行监管框架存在着不适应我国金融业发展的体制性矛盾。国际金融危机爆发后，主要国家均加大了金融监管体系改革力度，尤其是对系统重要金融机构、金融控股公司、重要金融基础设施等的监管进行了重大调整，这些做法都可以成为我国金融监管框架改革的借鉴。三是完善金融市场结构，提升直接融资比重，增强金融市场弹性和抗风险能力。未来一段时期，金融对内对外开放的步伐将进一步加快，利率市场化、汇率市场化和资本项目可兑换改革进程将继续推进，以更具竞争性和包容性为特征的金融市场体系和普惠金融体系的构建力度会进一步加大，经济金融风险的防范和化解，将更多依赖于金融市场以及各类要素市场的健全。

案例 14.3　欧盟货币政策实践

14.3.1　案例介绍

1. 欧洲中央银行体系的诞生

两次世界大战的血腥历史，使欧洲各国政治家逐渐意识到，统一将是一个漫长的历史过程，只有在经济统一的基础上才有可能实现政治统一。第二次世界大战结束后不久，丘吉尔首相在苏黎世的一次演说中提出了建立在法国、德国领导下的“欧洲合众国”的设想。然而，各国领导人没有并采取政治同盟先于经济同盟的方式，而是提出了通过经济联合的手段促成欧洲最终的统一，欧洲经济共同体就是在这样一个背景下产生的。

1969 年 12 月初，欧共体各成员国首脑在海牙召开会议，首次提出建设“欧洲经济与货币联盟”的正式目标。在《维尔纳报告》中，提出了建立欧洲中央银行的设想。将欧洲中央银行体系的建立提上议事日程的重要文件是《德洛尔报告》。根据《德洛尔报告》，欧洲经济与货币联盟第一阶段在 1990 年 7 月 1 日正式启动后，需要就有关的货币政策进行协调和统一。1991 年 12 月，欧共体 12 国首脑签署了《欧洲联盟条约》（即《马约》）。1994 年 1 月 1 日，欧洲货币局的成立标志着欧洲经济与货币联盟进程跨入第二个阶段。欧洲货币局全面负责监督货币统一进程，欧洲中央银行体系的筹建工作也正式开始。

1998 年 6 月 1 日，欧洲中央银行宣告成立，同年 7 月 1 日正式投入运作。欧洲中央银行体系以《欧洲联盟条约》为其法律依据，负责在欧元区内行使统一的货币政策及对外汇率政策。从制度框架上讲，它由两个层次组成：一个是位于德国法兰克福的欧洲中央银行（ECB）；另一个是欧洲联盟 15 个成员国中央银行（National Central Banks，NCBs）。实际上，在欧洲中央银行体系中存在着一个紧密层——欧元体系（Euro system），它是由欧洲中央银行和加入欧元区国家的中央银行构成。欧洲中央银行具有独立的法人地位，是欧洲中央银行体系的主体，欧洲中央银行体系由欧洲中央银行的决策机构负责管理，各成员国中央银行是欧洲中央银行体系的执行机构。

2. 欧洲中央银行货币政策的目标与传导机制

（1）单一的货币政策目标即物价稳定。欧洲中央银行货币政策的首要目标是保持物价稳定，中期通胀率接近 2%。

（2）中介目标选择。在确立了最终目标之后，欧洲中央银行进一步提出了实现该目标的具体策略，通常被称为“双支柱法”（Two-pillar Approach）：其一，公布广义货币供应量 M3 增长的参考值为每年 4.5%，并以三个月的移动平均值计算；其二，综合运用一系列经济指标对未来的价格风险进行广泛评估。这两个支柱构成了一个框架，如图 14-1 所示（按 M3 增长率进行分析的参考值）。

欧洲中央银行所遵循的“双支柱法”之中，第一根支柱的理论依据是传统的货币主义思想。货币学派的政策思路与凯恩斯学派也是大相径庭：中央银行应该采取规则的货币政策，坚持固定比例的货币供应量，这样才能建立公众对中央银行货币政策的信心，从而有助于实现经济运行的稳定。正是基于货币学派的政策主张，欧洲中央银行确定了每年 4.5% 的货币供应量增长率，并以此作为其实现最终目标的第一根支柱。

欧洲中央银行货币政策战略的第二根支柱遵循了格林斯潘（Alan Greenspan）的思维，而格林斯潘则更加青睐于与货币主义相悖的相机抉择的货币政策，这显然源自凯恩斯主义经济学。

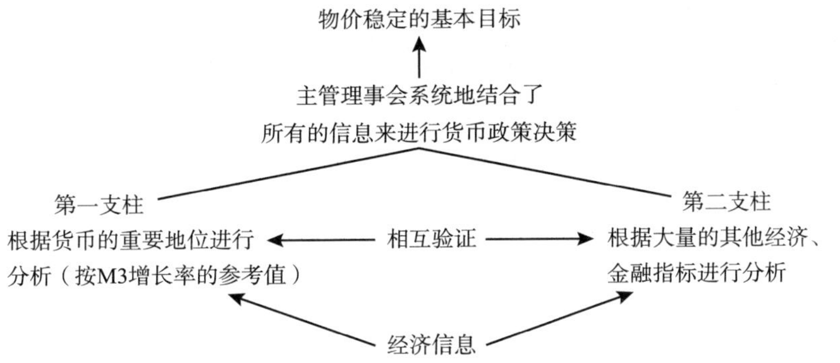

图 14－1　货币政策决策的两大支柱

欧洲中央银行将针锋相对数十年的两种学说统一在自己的货币政策战略之中，这无疑是一项空前的创举。

（3）欧元区货币政策传导机制。货币政策在欧元区各国间的传导并不能简单地视为被扩大了的一国货币政策的国内传导，只有在联盟内各成员国经济周期一致、金融市场完全一体化、要素市场具有充分流动性、影响要素市场的外生变量统一时，才可以将前者视为后者的延伸。

将货币政策决策传导至价格水平的链条起始于欧洲中央银行利率的变化，特定是指主要再融资业务和备用信贷便利利率的变化。欧洲中央银行的货币决策对于货币市场利率起着决定性的作用，而货币市场利率的变化又会反过来对其他市场的利率产生不同程度的影响。欧洲央行的货币决策一旦公布和执行，就会影响到人们对未来货币政策的预期，进而影响到长期利率、通货膨胀预期、工资和价格制定，以及资产价格和汇率。

3. 货币政策工具的选择及运用

为了确保物价稳定目标的实现，顺利实施货币政策战略，欧洲中央银行必须要选择适当的货币政策工具。根据《欧洲联盟条约》的有关条款以及《欧洲中央银行体系章程》的规定，欧洲中央银行体系货币政策工具的选择必须遵照以下原则，即：效率原则、一致原则、公平原则、分权原则、持续原则、协调原则。在这几项原则的指导下，欧洲中央银行在决定采用哪种货币政策工具时应着重考虑：①能够使欧洲中央银行体系有效地控制和运用；②准确地反映货币政策强度的差别；③能向金融市场提供基本的信用手段；④反映必要的利率弹性，便于控制货币总量。

（1）公开市场业务（Open Market Operation）。欧洲中央银行公开市场业务的实施有四种类型：主要再融资操作、较长期再融资操作、微调性操作以及结构性操作。在欧洲中央银行的操作框架中，公开市场业务主要由各成员国中央银行组织实施，但其适用的条件则由欧洲中央银行体系统一制定。这意味着，欧洲中央银行体系对整个欧元区的短期市场利率水平有决定权。在进行上述四种类型的公开市场操作时，使用的五种金融工具是：反向交易、发行债券、直接交易、外币掉期和吸收定期存款。在这些工具中，最主要的工具是反向交易，它适用于上述四种类型的操作，其他几种工具更多地适用于进行结构性调整操作的工具。

（2）备用信贷便利（Standing Facilities）。欧洲中央银行体系为了控制隔夜市场利率，不断表明其货币政策的基本立场，设立了备用信贷便利。在这种便利下，欧洲中央银行可以向市场提供或者吸纳大量资金，使市场利率不超出欧洲中央银行体系所确定的范围。具体而言，备用信贷便利包括边际贷款便利和存款便利。

根据以上两种操作工具，欧洲中央银行体系事实上为短期市场利率限定了一个波动的范围：上限为贷款便利利率，下限为存款便利利率。存货款便利可以说是欧洲中央银行体系的一大创新，既丰富了央行的货币政策工具，又提高了操作的灵活性；它一方面能够使欧洲中央银行有效地执行货币政策，另一方面又能保持金融市场的稳定，避免短期利率的大幅波动。

（3）最低存款准备金制度（The Minimum Reserve System）。按照《欧洲中央银行体系章程》的有关规定，自1999年1月1日起，凡是在成员国建立的信贷机构都要向所在成员国中央银行缴存最低存款准备金。这样确定了欧洲中央银行体系最低存款准备金制度的法律框架。这意味着，总部没有设在欧元区，但是在欧元区有分支机构的都需要缴存最低存款准备金。欧洲中央银行体系确定最低存款准备金的数额取决于两个因素：一是存款准备金比率；二是存款准备金基础，它是由信贷机构负债项目中的隔夜存款、2年期以下的通知存款和定期存款、原始期限为2年期以下的证券以及货币市场票据加总而成。

——资料来源：https：//www. docin. com/p－1718130976. html。

14.3.2 案例分析

1. 欧洲中央银行货币政策调整的原因

（1）维持价格稳定和支持总体经济政策。欧元区的价格发展可以分为两个阶段：1999年1月到2000年3月的前15个月间，价格水平均在欧洲央行2%的目标值范围以内，但2000年3月在消费物价指数第一次超出目标0.1个百分点后，消费物价几乎一直高居在2.0%水平上，始终超出了欧洲中央银行设定的价格目标。出于维持价格稳定和支持总体经济政策的考虑，根据双支柱指标的变动，欧洲中央银行从1999年1月1日欧元启动到2002年2月总共进行了15次货币政策调整，其中1999年5次，2000年6次，2001年4次。自1999年4月9日起主导利率一直呈上升趋势，2000年2月至4月，主导利率连续3个月上调，随后继2000年6月9日、9月1日和10月6日3次调整之后，欧元区主导利率调整到欧元启动以来的最高点。2000年5月，欧洲央行在历时两年的紧缩政策之后首次降低主导利率，并在8月31日、9月18日和11月14日三次放松货币政策。

（2）应对经济衰退和促进经济增长。为了应对经济衰退，2001年5月，欧洲中央银行与美联储一起转向实行扩张性货币政策，大幅调低利率。然而，2005年上半年，在美联储持续加息的同时，欧洲中央银行却正面临着巨大的降息压力。4月和5月，国际货币基金组织提出，欧元区通货膨胀势头已经得到遏制，降息条件基本具备。同时，一些欧元区国家也要求降息，以刺激经济复苏。但是，欧洲中央银行态度强硬，严词拒绝降低利率。

2. 欧洲央行货币政策收效甚微

随着美国次贷危机的蔓延，欧元区经济面临下行风险。2007年第一、二季度，GDP同比分别增长2.1%和1.5%，其中第二季度较上年同期下降0.9个百分点。就业状况基本稳定，第二季度各月失业率分别为7.2%、7.3%和7.3%，比第一季度略有上升。贸易逆差扩大，1~5月达132亿欧元，而上年同期为顺差21亿欧元。通货膨胀压力明显上升，第二季度各月综合调和消费者物价指数（HICP）分别为3.3%、3.7%和4.0%（欧元区成立以来新高），平均为3.7%，大大超出欧洲中央银行2%的通货膨胀目标。欧洲中央银行2007年上半年保持基准利率不变，7月3日宣布升息25个基点，即主要再融资利率、存款便利利率和贷款便利利率分别升至4.25%、3.25%和5.25%。第三季度各月失业率分别为7.4%、7.5%和7.5%，平均为7.5%，比上个季度上升0.1个百分点。贸易逆差明显扩大，1~8月累计逆差24亿欧元，而上年同期为顺差165亿欧元。通货膨胀压力略有缓和，第三季度各月综合调和消费者物价指数（HICP）同比增长分别为4.0%（欧元区成立以来新高）、3.8%、3.6%，平均为3.8%，仍明显高于欧洲中央银行2%的通货膨胀目标。

14.3.3 案例启示

1. 货币政策目标始终要以价格稳定为核心

从欧洲央行3年来的货币政策调整可以看出，欧洲中央银行体系提高主导利率、紧缩货币政策的主要目的就是为抑制通货膨胀，维持欧元区的价格稳定；尽管欧洲央行在2001年5月的首次降息中表现得比较勉强，但放松的货币政策则显然是为了支持欧元区的总体经济政策。从欧洲中央银行货币政策的初衷看，是希望避免出现过高的价格水平，使货币供应量和价格发展不会危及价格稳定的目标，从而保证欧洲央行的信誉不受损害。

2. 货币政策工具的采用需要考虑多方因素影响

欧洲中央银行拒绝降息主要出于两方面担心：第一，担心欧元区的通货膨胀率继续上升。欧洲中央银行的货币政策目标是通胀率低于2%，2005年上半年，欧元区通胀率已达到2.1%。欧洲中央银行的货币政策中介目标是广义货币M3的参考值不超过4.5%，2005年上半年，欧元区广义货币供应量折合成年率增长均为6.4%，大大超过预期目标。第二，担心房地产泡沫问题。2005年上半年，欧元区住房贷款折合成年率增长10.1%，高于上年同期的8.3%，法国和西班牙房价上升15%。到2005年下半年，欧洲中央银行顶住强大的舆论压力，不仅不降息，反而提高了欧元利率。欧洲中央银行于2005年12月1日将主要再融资利率、存款便利和贷款便利的利率分别上调0.25个百分点至2.25%、1.25%和3.25%，这是欧央行自2003年6月以来的首次升息。欧洲中央银行自2005年年底以来连续加息八次。欧洲中央银行于2006年3月2日将主要再融资利率、存款便利和贷款便利的利率分别上调25个基点至2.5%、1.5%和3.5%，这是欧洲央行自2005年12月1日以来的第二次加息。其后欧洲中央银行于2006年3月2日、6月8日、8月3日和10月5日分别将主要再融资利率上调25个基点，达到三年多来最高水平3.25%。欧洲中央银行于2007年3月8日、6月6日分别将主要再融资利率上调25个基点，达到4.0%。所以，一项货币政策工具的采用需要考虑多方面的制约因素，并且与其他货币政策工具配合使用。

3. 要重点关注货币政策实施的有效性

从欧盟货币政策实施情况来看，经济增长、就业率、贸易差额、价格水平等指标的变化都不如期望的那样，如2007年第一季度至第四季度GDP同比增长分别为2.1%、1.4%、0.6%和-1.2%；就业形势上半年相对稳定，下半年有所恶化，失业率从6月的7.4%持续攀升至12月的8.0%；贸易逆差明显扩大，全年累计逆差为321亿欧元，而上年同期为顺差158亿欧元；价格水平先升后降，综合消费价格指数同比增长从年初的3.2%一度升至7月4.0%的历史高点，高于欧洲中央银行2%的通货膨胀目标水平。所以，在货币政策实施过程中要重点关注货币政策实施的有效性，适时进行货币政策工具的调整和使用，使工具的采用能够顺利地达到货币政策的目标值要求。

参考文献

［1］姚遂．中国金融史［M］．北京：高等教育出版社，2007.

［2］曹龙骐．金融学案例与分析［M］.4版．北京：高等教育出版社，2015.

［3］骆志芳，许世琴．金融学［M］．北京：科学出版社，2013.

［4］彭丁带，豆军峰．金融纠纷案例与实务［M］．北京：清华大学出版社，2018.

［5］杨雯．国民政府时期的法币改革［J］．金融经济，2017（14）：69－71.

［6］王忠宝．利益集团与民国“废两改元”货币制度改革研究［D］．沈阳：辽宁大学，2017.

［7］唐国正，刘力．金融学案例［M］.2版．北京：北京大学出版社，2013.

［8］黎敏，王善祥．美国次级抵押贷款市场的问题分析及启示［J］．中国商界（下半月），2009（09）：68.

［9］周环宇．美国次级抵押贷款市场危机带给我们的思考［J］．现代经济信息，2008（12）：5，4.

［10］许志鹏．美国住房金融市场历史演变及其借鉴［D］．杭州：浙江大学，2011.

［11］代兵．美国次贷危机及其影响［D］．长春：东北师范大学，2009.

［12］陈钧磊．美国次贷危机的成因、影响及对中国启示［J］．国际商务财会，2017（03）：41－43，63.

［13］朱正武．浅谈美国次贷危机及其对中国经济的影响［J］．商，2016（05）：83.

［14］谢宝峰，刘金林．美国次贷危机对我国房地产市场风险控制的启示［J］．改革与战略，2019（05）：37－47.

［15］傅勇．危机与契机：美国存款利率市场化回顾［J］．金融市场研究，2013（12）：63－74.

［16］王家强，瞿亢．英国利率市场化的历史沿革与银行业应对策略［J］．中国货币市场，2012（07）：24－30.

［17］祝红梅，雷曜，王亮亮．英国利率市场化回顾及其对金融业改革的影响［J］．中国货币市场，2012（06）：20－23.

［18］刘志晓，赵奎伟．中国金融机构发展趋势分析［J］．未来与发展，2018，42（03）：40－44.

［19］方勇．中国金融机构转型发展的对策分析［J］．山东工商学院学报，2014，

28 (06): 55 -61.

[20] 宋玮. 欧洲银行业在次贷危机冲击下黯然失色 [J]. 银行家, 2009 (03): 86 -89.

[21] 刘浩远. 美国次贷危机对日本金融机构冲击扩大 [EB/OL]. (2008 -02 -03) [2020 -01 -10]. http: //finance. sina. com. cn/j/20080203/10234487668. shtml.

[22] 邱思立. 美国次贷危机对国内金融机构经营管理的启示 [J]. 科技风, 2009 (11): 229 -230.

[23] 李健旋, 裴平. "次贷危机" 诱因及美国应对措施分析 [J]. 江苏社会科学, 2009 (01): 82 -84.

[24] 黄美龄. 美国次贷危机的成因、影响与启示 [D]. 厦门: 厦门大学, 2008.

[25] 王立军. 韩国金融体系改革的措施与成效 [J]. 国际金融研究, 2000 (10): 20 -26.

[26] 董欲晓, 由曦. 工行变阵: 总行启动组织架构大规模整合 [J]. 财经, 2014 (01): 54 -60.

[27] 林跃武. 遭挤兑两年后分析北岩银行危机原因及启示 [J]. 金融管理与研究, 2010 (02): 34 -39.

[28] 谢怀筑, 邱晓东. 富国银行受处罚事件探析 [J]. 金融纵横, 2018 (10): 17 -24.

[29] 王燕. 从私人股份银行到中央银行——英格兰银行三百周年回顾 [J]. 上海金融, 1995 (10): 30 -31.

[30] 郑兴无. 剖析欧洲中央银行体系 [J]. 世界经济, 1999 (09): 65 -70.

[31] 中国人民银行分行行长赴美考察团. 关于美国联邦储备系统运作情况及联邦储备银行职能的考察报告 (一) [J]. 中国金融, 1994 (10): 22 -24.

[32] 中国人民银行分行行长赴美考察团. 关于美国联邦储备系统运作情况及联邦储备银行职能的考察报告 (二) [J]. 中国金融, 1994 (11): 36 -38.

[33] 中国人民银行分行行长赴美考察团. 关于美国联邦储备系统运作情况及联邦储备银行职能的考察报告 (三) [J]. 中国金融, 1994 (12): 36 -37.

[34] 中国人民银行分行行长赴美考察团. 关于美国联邦储备系统运作情况及联邦储备银行职能的考察报告 (四) [J]. 中国金融, 1995 (01): 27 -28.

[35] 李箐, 于宁. 华夏证券生死之间 [J]. 财经, 2005 (04): 40 -46.

[36] 任健. 接管南方证券 [J]. 新财经, 2004 (02): 24 -35.

[37] 张金凤. 美国国际集团 (AIG) 危机案例分析 [J]. 时代金融, 2019 (05): 108 -109, 132.

[38] 陈彪如. 国际金融市场 [M]. 上海: 华东师范大学出版社, 1982.

[39] [美] 戈登. 伟大的博弈 [M]. 祁斌, 译. 北京: 中信出版社, 2011.

[40] 潘英丽等. 国际金融中心: 历史经验与未来中国 [M]. 上海: 上海人民出版社, 2010.

[41] 李宇．伦敦金融城：一平方英里的神话［J］．宁波经济（财经视点），2014(04)：46－47.

[42] 李亚敏，王浩．伦敦金融城的金融集聚与战略发展研究——兼议对上海国际金融中心建设的启示［J］．上海金融，2010（11）：79－83.

[43] 周沅帆．香港离岸人民币债券［M］．北京：中信出版社，2013.

[44] 王丽春．香港人民币离岸市场发展研究［D］．乌鲁木齐：新疆财经大学，2015.

[45] 陈莹．我国台湾地区人民币债券市场发展动态与思考［J］．国际金融，2014，(02)：41.

[46] 陈小辛．香港国际金融中心地位演变与路径选择［D］．长春：吉林大学，2017.

[47] 屠晶．人民币国际化进程中离岸金融市场发展研究［J］．金融论坛，2011(12)：73－79，100.

[48] 巴曙松．香港离岸人民币市场快速成长时期更需框架设计［N］．经济参考报，2011－03－31.

[49] 陈雨露．人民币国际化报告2014［M］．北京：中国人民大学出版社，2014.

[50] 葛春晖．“钱荒”升级　资金利率全线飙涨［N］．中国证券报，2013－06－20.

[51] 董云峰．资金面“高烧”不退　短期国债出现流标［N］．第一财经日报，2013－06－17.

[52] 王学东，董云峰．钱荒惊魂时刻：银行老总最后五分钟借几十亿平掉敞口［N］．第一财经日报，2013－06－26.

[53] 曹奇．我国“钱荒”的形成原因及对策研究［D］．哈尔滨：哈尔滨工程大学，2016.

[54] 周琳．六月“钱荒”案例分析［D］．沈阳：辽宁大学，2014.

[55] 安明明．中国农业银行B分行票据诈骗案例分析［D］．沈阳：辽宁大学，2017.

[56] 张珏景．A银行票据业务风险管理案例分析［D］．南昌：江西财经大学，2018.

[57] 王喆．中国农业银行票据转贴现业务风险案例分析［D］．南昌：江西财经大学，2017.

[58] 彭作刚，严敏．LIBOR利率操纵事件原因、影响及启示［J］．债券，2012(03)：47－52.

[59] 王莹．余额宝的流动性、收益性及风险分析［J］．中国商贸，2013（35）：65－66.

[60] 贾静颖，张弘．美国版“余额宝”为什么失败？［J］．清华金融评论，2017(03)：108－111.

[61] 张怡姮．镜鉴美日版“余额宝”［J］．金融博览（财富），2014（03）：52－53.

［62］杜懿．中美“余额宝”对比及启示［J］．对外经贸，2014（09）：100－103.

［63］李昊．神雾环保债券的违约原因及风险预警分析［D］．上海：上海师范大学，2019.

［64］杨光．神雾环保债券违约案例研究［D］．保定：河北大学，2019.

［65］许多，黄佳．商业银行发行优先股的历程和基本问题［J］．农村金融研究，2014（12）：7－12.

［66］申梓澈．我国上市公司优先股发行案例研究［D］．成都：西南财经大学，2016.

［67］王润超．商业银行优先股融资研究［D］．乌鲁木齐：新疆财经大学，2017.

［68］张针针．安然事件后美国 GAAP 的变革及对我国的启示［J］．统计与咨询，2008（03）：45－47.

［69］余志勇．安然公司破产的原因及启示［D］．成都：电子科技大学，2002.

［70］胡燕，盛颖逾．美国“安然事件”给我们的启示［J］．领导之友，2002（06）：50－51.

［71］赵刚．资金的运营与企业战略——德隆集团崩塌的案例分析［J］．财会学习，2007（08）：56－59.

［72］刘英华．期货投资经典案例［M］．上海：远东出版社，2009.

［73］张宗成，万威一．“3.27”国债期货逼仓事件评析［J］．计划与市场，1998（12）：16－17.

［74］王郧．3.27 国债期货逼仓事件的反思［J］．当代经济，2006（09）：126－127.

［75］徐伟．国债期货市场呼唤法制——“327 事件”透析［J］．特区企业文化，1995（02）：28－29.

［76］汪威刚．巴林银行倒闭事件的行为金融学解析［J］．经营与管理，2018（11）：37－39.

［77］马红．巴林银行倒闭事件的反思［J］．科技风，2017（14）：258－259.

［78］殷钊．从巴林银行倒闭看金融机构风险管控机制［J］．商，2016（06）：190.

［79］总行信息中心．英西敏寺银行巨额亏损衍生工具风险警钟长鸣［J］．国际金融，1997（04）：57.

［80］秦乔旭．货币供应量与通货膨胀的关系分析［J］．海峡科技与产业，2019（02）：44－45.

［81］苏文倩．我国货币供应量与物价关系的实证分析［J］．传播力研究，2018（10）：200－201.

［82］胡浩强．通货膨胀的危害与成因分析［D］．郑州：河南财经政法大学，2013.

［83］韩一烜．浅谈津巴布韦恶性通货膨胀［D］．哈尔滨：哈尔滨工业大学英才学院，2012.

［84］赵硕刚．日本通货紧缩的成因分析及启示［J］．中国物价，2015（05）：12－15.

[85] 张栋. 美国量化宽松货币政策最新进展及其影响研究 [J]. 金融发展评论, 2013 (12): 47 – 62.

[86] 叶珺. 论欧洲债务危机的原因 [D]. 长春: 吉林大学, 2013.

[87] 林超. 浅谈欧洲债务危机给中国的启示 [J]. 商品与质量: 学术观察, 2012 (03): 201.

[88] 王晓梅. 欧洲债务危机产生的原因及影响分析 [J]. 商, 2014 (24): 70.

[89] 孟莹. 浅谈欧洲债务危机对中国经济的影响及启示 [J]. 商场现代化, 2010 (26): 186.